华章IT
HZBOOKS | Information Technology

数据科学与工程技术丛书

R FOR MICROSOFT EXCEL USERS
MAKING THE TRANSITION
FOR STATISTICAL ANALYSIS

统计分析
以R与Excel为分析工具

[美] 康拉德·卡尔伯格（Conrad Carlberg）著
程豪 译

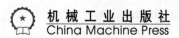

图书在版编目（CIP）数据

统计分析：以R与Excel为分析工具 /（美）康拉德·卡尔伯格（Conrad Carlberg）著；程豪译 . —北京：机械工业出版社，2018.10

（数据科学与工程技术丛书）

书名原文：R for Microsoft Excel Users: Making the Transition for Statistical Analysis

ISBN 978-7-111-61001-4

I. 统… II. ① 康… ② 程… III. 统计分析 – 应用软件 IV. C819

中国版本图书馆CIP数据核字（2018）第221117号

本书版权登记号：图字 01-2017-0482

Authorized translation from the English language edition, entitled R for Microsoft Excel Users: Making the Transition for Statistical Analysis, ISBN: 978-0-7897-5785-2 by Conrad Carlberg, published by Pearson Education, Inc., publishing as Que, Copyright © 2017 by Pearson Education, Inc.

All rights reserved. No part of this book may be reproduced or transmitted in any form or by any means, electronic or mechanic, including photocopying, recording, or by any information storage retrieval system, without permission of Pearson Education, Inc.

Chinese simplified language edition published by China Machine Press. Copyright © 2018 by China Machine Press.

本书中文简体字版由美国Pearson Education培生教育出版集团授权机械工业出版社独家出版。未经出版者书面许可，不得以任何方式抄袭、复制或节录本书中的任何部分。

统计分析能够帮助人们发掘有利于生产生活的规律和价值，为相关决策提供依据和参考。本书为熟悉Excel操作的人士提供通向R语言的实用性指南，借助R与Excel工具系统阐述统计分析方法、技术。全书共6章。第1章介绍如何顺利完成从Excel到R的过渡；第2章介绍描述性统计；第3章介绍回归分析；第4章介绍方差和协方差分析；第5章介绍logistic回归；第6章介绍主成分分析。书中详细列举出所需函数及代码，可有效帮助读者在类比中掌握R语言，实现从Excel到R的过渡，适合于从事统计分析工作的专业人士，以及高等院校相关专业师生。

出版发行：机械工业出版社（北京市西城区百万庄大街22号 邮政编码：100037）				
责任编辑：冯秀泳		责任校对：李秋荣		
印　　刷：北京市兆成印刷有限责任公司		版　　次：2018年10月第1版第1次印刷		
开　　本：185mm×260mm　1/16		印　　张：15		
书　　号：ISBN 978-7-111-61001-4		定　　价：59.00元		

凡购本书，如有缺页、倒页、脱页，由本社发行部调换
客服热线：(010) 88378991　88361066　　　　投稿热线：(010) 88379604
购书热线：(010) 68326294　88379649　68995259　　读者信箱：hzjsj@hzbook.com

版权所有 • 侵权必究
封底无防伪标均为盗版
本书法律顾问：北京大成律师事务所　韩光/邹晓东

译 者 序

统计分析能够帮助人们发掘有利于生产生活的规律和价值，为相关决策提供依据和参考。统计分析工具的正确选择和使用，既能体现出数据处理硬件技术的进步，又能满足信息数字化和网络迅速发展的实际需求。作为基础分析软件，Excel 简单易懂、方便快捷，在基础研究、行政管理等领域应用广泛。但随着数据急速膨胀，统计分析的内容不断扩大，不仅需要完成数据整理、模型构建、可视化等环节，还需要借助功能强大的分析工具，丰富方法模型的内容，加强研究学习的深度，呈现分析结果的特色。作为一种功能强大的开源编程语言，R 语言包含丰富的软件包和绘图技术，能帮助我们完成数据分析，构建统计模型，展现研究结果。

本书为熟悉 Excel 操作的人士提供通向 R 语言的实用指南。通过两种软件的比较，围绕描述性统计、回归分析、方差分析、logistic 回归、主成分分析几大模块，详细举出所需函数及代码，有效帮助读者在类比中学习掌握 R 语言，实现从 Excel 到 R 的过渡。

从大学开始，本人花了 9 年时间学习统计学。《The Elements of Statistical Learning》《复杂数据统计方法——基于 R 的应用》以及《An Introduction to Statistical Learning with Application in R》对我的影响很大。让我在深入学习数据挖掘与机器学习、社会网络分析、结构方程模型、分位回归和缺失数据理论方法的同时，关注 R、Python、SAS 等软件的编程与实现。这类编程软件不但可以帮助我们训练大脑的逻辑，验证改进方法的效果，而且有助于我们获得研究结论。也正因如此，我才致力于向广大读者推荐编程类软件，灵活多样地实现个性化需求，完成深度研究任务。

虽然我独立翻译过《Python 数据可视化》《预测分析建模：Python 与 R 语言实现》和《R 统计应用开发实战》，参与翻译过《商务与经济统计》和《R 语言编程艺术》，也参与编写过《大数据挖掘与统计机器学习》，但本次翻译与以往不太一样。它让我重新认识了 Excel 和 R 之间的区别与联系，用不同软件示范处理同一问题，为广大读者提供多种选择。

记得在中国人民大学"毕业十星"之"学术之星"的获奖感言中,我曾写道:对我而言,翻译是一种特殊的休息方式。与音乐一样,知识的传播没有国界。因此,翻译不仅是知识表达语言的转换,更是一次学习和交流的机会。与原作者对话,高山仰止,受益匪浅;与读者对话,高山流水,闻过则喜。我喜欢这种自由创作的休息方式,更乐意在翻译中发现自己的不足。

　　最后,非常感谢机械工业出版社的编辑。感谢刘钰洁参与第4章初稿的校对工作,程悦参与第5章、第6章初稿的校对工作。

　　感谢中国科协创新战略研究院的各位领导和同事。感谢我的博士导师——中国人民大学的易丹辉教授。感谢我的爷爷奶奶、爸爸妈妈以及各位亲朋好友,是他们给了我前行的动力和勇气。

　　鉴于个人时间与水平有限,如有纰漏,向您致歉,还望海涵。同时也请各位读者予以反馈,不吝赐教!

程豪

作者简介

康拉德·卡尔伯格（Conrad Carlberg）是美国定量分析、数据分析和管理应用程序（Microsoft Excel、SAS 和 Oracle）领域的知名专家。曾获科罗拉多大学统计学博士学位，是微软 Excel 的 MVP。个人网站是 www.conradcarlberg.com。

Carlberg 是南加利福尼亚本地人。大学毕业后，他搬到科罗拉多州，在那里就职于一些创业公司，并进入研究生院继续深造。他还在中东待过两年，从事计算机科学教学工作。研究生毕业后，Carlberg 在美国西部公司（从 AT&T（美国电话电报公司）解体时分拆出来的"小贝尔公司"（Baby Bell））的产品管理部门和摩托罗拉公司工作。

1995 年，他创办了一家小型咨询公司，为那些想通过定量分析指导商业决策的公司提供设计与分析服务。如今，这些定量分析方法统称为"分析学"。他喜欢有关这些分析技术，尤其是有关如何通过最广泛使用的数值分析应用程序 Microsoft Excel 来实现这些技术的写作。

前　言

父亲曾经告诉我，在学术界，研究问题像木桩，各种应用程序像刀，因为木桩很小，所以伐木的刀需要格外锋利，否则难以砍下木桩，解决棘手的问题。这曾是高校教职人员不断争论的话题。我还听过很多不同的其他版本。当看见人们在讨论应用程序 R 和 Microsoft Excel 的区别时，我又想起了这句话。那种感觉异常强烈。

如果说我对 R 和 Excel 存在个人偏好，那么你可能认为我更倾向于选择 Excel。自 20 世纪 80 年代末以来，我一直使用 Excel 作定量分析。无论是金融分析还是统计推断，Excel 都能帮助我很好地解决问题。作为一名顾问，如果客户的系统中安装了 Excel 并且他们能熟练操作，那么这对我来说意义非凡。

Excel 可以展示出很多统计分析内部（"黑匣子"）的细节。客户尽管没必要掌握从原始数据到最终概率表达的所有细节，但也需要知道这些细节可查，以便应对不时之需。

此外，Excel 还是一种功能强大的学习工具。Excel 的工作表函数和求解器 Solver 可以构建二元 logistic 回归模型。完全理解统计分析的最佳方法就是从头开始完成整个操作。

从更技术的角度来说，Excel 并不是理想的统计应用程序。（Excel 从不在考虑范围内。）这是因为自从 30 年前 Excel 首次发布以来，你还是会发现它在统计性能上的一些缺陷和错误，但 SAS、SPSS、Stata、Minitab 等软件不存在这些不足。在此期间，Microsoft 已经解决和修正了很多统计功能方面的问题。但是，解决 LINEST() 函数中常数为 0 的问题比较麻烦，需要对传统代数矩阵进行 QR 分解。从 Excel 2016 的分析功能来看，这些问题仍然存在。

但是，Excel 确实有助于统计分析，尤其是用 VBA 新增功能修复本地工作表函数时，Excel 的帮助更大。另一方面，Excel 能够处理的统计问题有限。比如，习惯于分析损益表和资产负债表的 Excel 用户，很容易达到初级、中级的统计分析水平（如多元回归）。Excel 在处理统计问题方面也仅限于此。

R 则有所不同。你很难举出 R 无法处理的统计问题。作为另一种免费开源软件，学会使用 R 完全是另一回事。我们主要通过命令行界面和菜单结构实现 R 的操作。（也可以通过一些图形用户界面使用 R，在我看来这些界面都不令人满意。）下面列出

R 的一些特征：

- R 语言是区分大小写的，使用时要确保正确使用大小写字母。例如，Anova 和 anova 在 R 中是两个不同的函数。尽管这两个函数都可返回方差分析表（方差分析的首字母缩略词即为函数名），但只有一个函数可以正确处理单元格观测数不同的因子分析。

    再比如，函数 XLGetRange 可以直接导入 Excel 工作表数据，为后续分析做准备。但是，最好不要输入 xlgetrange，因为 R 会显示无法找到目标函数 xlgetrange。

- R 不存在明确的数据格式管理规则。存在这样一类函数，需要通过设置一些函数参数来决定函数结果的小数位数。还有一类函数，需要通过 options 语句或 print 语句来提供这些信息。在某些情况下，可以将字符作为整数中的千位分隔符，对于分数等数值，需要再次使用字符作为分隔符。

- R 中反斜杠的作用与文件地址中的反斜杠不同。以前，可能常用反斜杠指定一个路径，比如，csv 文件的地址如下：C:\Users\Fred\Desktop\jr.csv。

    但如果在 R 的 read.csv 函数中用反斜杠读入文件，则会出现错误。

    R 不用单个反斜杠分隔子文件夹和文件夹。R 中的单个反斜杠解释为一个转义符。如果想要指定文件路径，则必须输入两个反斜杠：

    C:\\Users\\Fred\\Desktop\\jr.csv

    或者使用斜杠：

    C:/Users/Fred/Desktop/jr.csv

现在，这些规则可以称为一些"小麻烦"，而不是"错误"或者"缺陷"。R 与 Excel 在 LINEST() 中返回回归系数的顺序问题类似，R 与 Excel 中的函数 CORREL() 和 PEARSON() 等价。然而，这些代表着成功学会用 R 进行统计分析的阻碍。

上面提到的问题仅仅是一些例子。那么，如何充分利用这一免费且功能广泛的应用程序，而不受这些"小麻烦"的影响呢？在我看来，唯一的方法是多加练习，熟能生巧。

但是，如果你习惯用 Excel 做统计分析，我知道你会做哪些分析。你会得到均值、标准差、中位数等描述性统计量和置信区间等推断统计量，以便更好地理解数据的分布特征。这些统计分析工作会用到诸如 AVERAGE() 的工作表函数和数据分析插件等应用工具。

对于简单的相关关系和不同因子水平下数值变量的双变量分析，通常会用到 Excel 工作表函数，如 CORREL()、带趋势线的散点图和数据透视表。

可以用多元回归分析多变量的样本数据。对于这类统计推断问题，Excel 中的

TREND() 和 LINEST() 函数，以及数据分析插件中的回归工具，都是有用的方法。

你可能不想止步于对不同因子水平下数值变量的简单统计分析，也不想仅仅完成对数据总体的统计推断。这时可以用方差分析法（ANOVA），即用标准的工作表函数完成 ANOVA，同时得到上述的统计分析和推断结果。数据分析插件中的工具同样能够达到相同的效果。

或许，你还想进一步研究二分类结局变量（如购买/不购买）的概率，作为以*生产线*等为因子、*页面停留时间*等为协变量的函数。那么你需要使用前面提到的 logistic 回归，使用 LN() 和 EXP() 以及求解器 Solver 来确定方程表达式，预测二分类结局变量。

甚至还有可能，Excel 的统计分析功能已无法满足你的需求，需要用 VBA 代码从相关矩阵提取主成分。主成分分析法是处理数据集中可测变量过多的一种标准方法，它可以在 Excel 工作表中将这些变量降维为少数几个潜变量。

此外，你可能还常常在 Excel 中进行一些其他的统计分析工作，但上面列出的应该是你会在 Excel 中进行的绝大多数分析工作。这些都可为学习 R 打下理想的基础。

假定你一开始关注的是 R 中与 Excel 处理任务相同的函数。那么随后，你可以关注与 Excel 操作最为类似的 5 或 10 个 R 程序。通过比较这两个应用程序的运行结果，你可以像熟悉 Excel 中类似功能一样熟悉这 5 或 10 个 R 函数。

通过上述学习方法可以减少学习 R 的难度。这样，你就突破了现有的分析限制。你的数据集可能至少包括两个因子并且每个单元格的观测数不同，或者包括一个因子和一个协变量，你需要使用方差分析法。尽管这些分析过程需要付出很大努力，但是你仍有充足的理由用 Excel 解决这些问题。

但如果你已经尝试用 R 的 ANOVA 函数处理平衡因子设计，那么在处理不平衡因子设计时只需要验证需要设置的选项。接下来的一小步是知道如何通过方差分析检验因子和协变量交互效应。尽管 Excel 能够展示分析的内部过程，但在细节设置方面有些不足。相比之下，R 看起来更具吸引力。

这些就是我在本书中采取的方法。能够用 Excel 进行统计分析的你，应该至少熟悉前面提到的一些常用分析方法：单变量描述性统计、双变量分析、一元回归和多元回归、方差和协方差分析、logistic 回归和主成分分析。

作为引言或者综述，我会给出这些分析在 Excel 中的实现过程。我也会展示如何用 R 得到相同的正确结果，包括安装哪些软件包以及如何获取这些软件包。这样你就可以在特定情况下做出选择：也许，Excel 适合于需要逐步解释分析过程的你，而 R 适合于对 Excel 持怀疑态度，直接完成运行，得到翔实分析结果的你。

从未用过 R 的读者可能会在第 1 章讨论的内容中发现一些不同于 Excel 的新知识。

致谢

感谢 Charlotte Kughen 和 Michael Turner。Charlotte 过去一直指导我写书,Michael 提供了简化清楚的技术建议。我很高兴感受到他们为本书的付出——因为本书的目的是覆盖两种应用程序,而不仅仅是一种,所以本书看起来有些难度。也要感谢 Trina MacDonald 将这些内容整理到一起。

目 录

译者序
作者简介
前言

第1章 从Excel到R的过渡 ………1
1.1 调整预期 ………2
　1.1.1 分析数据：软件包 ………3
　1.1.2 存储和排列数据：
　　　　数据框 ………3
1.2 用户界面 ………4
1.3 特殊字符 ………5
　1.3.1 使用波浪线 ………5
　1.3.2 使用赋值运算符 <- ………8
1.4 获取R ………11
1.5 扩展包 ………13
1.6 运行脚本 ………14
1.7 从Excel向R导入数据 ………16
1.8 从R向Excel导出数据 ………24
　1.8.1 导出为CSV文件 ………25
　1.8.2 直接导出 ………25

第2章 描述性统计 ………29
2.1 Excel中的描述性统计 ………29
　2.1.1 使用描述性统计工具 ………31
　2.1.2 理解结果 ………32
　2.1.3 对R中的Pizza文件使用
　　　　Excel描述性统计工具 ………36
2.2 使用R的DescTools软件包 ………40
2.3 输入一些有用的命令 ………41
　2.3.1 控制符号类型 ………41
　2.3.2 报告统计量 ………44
　2.3.3 对名义变量运行Desc
　　　　函数 ………53
2.4 用Desc运行双变量分析 ………54
　2.4.1 两个数值型变量 ………55
　2.4.2 按因子划分数值型变量 ………60
2.5 用一个因子分析另一个因子：
　　列联表 ………70
　2.5.1 Pearson卡方 ………74
　2.5.2 似然比 ………76
　2.5.3 Mantel-Haenszel卡方
　　　　检验 ………78
　2.5.4 估计关系的强弱 ………80

第3章 用Excel和R做回归分析 ………82
3.1 工作表函数 ………82

- 3.1.1 CORREL() 函数 ·········· 83
- 3.1.2 COVARIANCE.P() 函数 ··· 84
- 3.1.3 SLOPE() 函数 ··········· 85
- 3.1.4 INTERCEPT() 函数 ······· 87
- 3.1.5 RSQ() 函数 ············· 90
- 3.1.6 LINEST() 函数 ·········· 92
- 3.1.7 TREND() 函数 ·········· 95
- 3.2 统计推断函数 ················ 96
  - 3.2.1 T.DIST 函数 ············ 97
  - 3.2.2 F.DIST 函数 ············ 99
- 3.3 Excel 中的其他回归分析资源 ···· 101
  - 3.3.1 回归工具 ·············· 101
  - 3.3.2 图的趋势线 ············ 105
- 3.4 R 中的回归分析 ············· 106
  - 3.4.1 相关和一元回归 ········ 106
  - 3.4.2 分析多元回归模型 ······ 110
  - 3.4.3 R 中的模型比较 ········ 113

第 4 章 用 Excel 和 R 进行方差和协方差分析 ········ 118

- 4.1 单因子方差分析 ············· 118
  - 4.1.1 使用 Excel 的工作表函数 ·············· 119
  - 4.1.2 使用 ANOVA：单因子工具 ·············· 120
  - 4.1.3 对 ANOVA 使用回归方法 ·············· 122
- 4.2 使用 R 进行单因子 ANOVA ···· 124
  - 4.2.1 设置数据 ·············· 124
  - 4.2.2 安排 ANOVA 表 ········ 125
  - 4.2.3 带缺失值的单因子 ANOVA ·············· 128
- 4.3 因子化 ANOVA ·············· 130
  - 4.3.1 Excel 中的平衡双因子设计 ·············· 131
  - 4.3.2 平衡的双因子设计和 ANOVA 工具 ·········· 133
  - 4.3.3 使用回归进行双因子 ANOVA 设计 ·········· 135
  - 4.3.4 用 R 分析平衡因子化设计 ·············· 141
- 4.4 分析 Excel 和 R 中的不平衡双因子设计 ·············· 144
  - 4.4.1 区分三种情况 ·········· 148
  - 4.4.2 效应的指定方法 ········ 153
- 4.5 Excel 和 R 中的多元比较程序 ·············· 154
  - 4.5.1 Tukey 的 HSD 方法 ····· 155
  - 4.5.2 Newman-Keuls 方法 ····· 158
  - 4.5.3 在 Excel 和 R 中使用 Scheffé 程序 ·········· 161
- 4.6 Excel 和 R 中的协方差分析 ···· 165
  - 4.6.1 在 Excel 中用回归进行 ANCOVA ············ 165
  - 4.6.2 用 R 进行 ANCOVA ····· 168

第 5 章 用 Excel 和 R 进行 logistic 回归 ············· 173

- 5.1 线性回归和名义变量中的问题 ·············· 174
  - 5.1.1 概率问题 ·············· 175
  - 5.1.2 用几率代替概率 ········ 177
  - 5.1.3 使用几率的对数 ········ 178

5.2 从对数几率到概率 ·············180
   5.2.1 重新编码文本变量 ········180
   5.2.2 定义名称 ··············181
   5.2.3 计算 logit ·············182
   5.2.4 计算几率 ··············182
   5.2.5 计算概率 ··············183
   5.2.6 得到对数似然 ··········183
5.3 配置 Solver ···············185
   5.3.1 安装 Solver ············185
   5.3.2 用 Solver 进行 logistic 回归 ················185
5.4 logistic 回归中的统计检验 ······189
   5.4.1 logistic 回归中的 R^2 和 t ···············189
   5.4.2 似然比检验 ············190
   5.4.3 约束条件和自由度 ······193
5.5 用 R 的 mlogit 软件包进行 logistic 回归 ···············195

   5.5.1 运行 mlogit 软件包 ·······195
   5.5.2 比较模型和 mlogit ······200
5.6 用 R 中的 glm 函数 ············201

第 6 章 主成分分析 ···············203

6.1 用 Excel 进行主成分分析 ········204
   6.1.1 浏览对话框 ············205
   6.1.2 主成分工作表：R 矩阵及逆矩阵 ···············207
   6.1.3 主成分工作表：特征值和特征向量 ············210
   6.1.4 变量的公因子方差 ······212
   6.1.5 因子得分 ··············213
6.2 Excel 中的旋转因子 ············215
6.3 用 R 语言进行主成分分析 ·······217
   6.3.1 准备数据 ··············217
   6.3.2 调用函数 ··············219
   6.3.3 R 中的最大方差法旋转 ···222

第 1 章

从 Excel 到 R 的过渡

有时很多有经验的 Excel 用户出于各种原因，决定尝试使用 R。可能你已经习惯于用 Excel 比较生产线，预测网站点击率或医院病人数，按照性别和政治关系划分选民调查。对于这些统计分析，Excel 几乎总是表现良好。

而且，Excel 通常很容易完成数值分析并得到结果。在大多数商业、教育和政府环境中，你很难找到没有安装 Excel 的电脑，也很难找到不会使用 Excel 的人。

尽管如此，你还是可以遇到 Excel 无法完成的统计工作。Excel 只是一个普通的分析包，不可能包括所有的统计应用工具。

比如，多元分析通常需要你从相关矩阵提取主成分。Excel 在诸如 VBA 子程序等的外部帮助下可以实现主成分分析。抑或在方差分析 (ANOVA) 中，你可能想运行基于 q 分布而不是更普遍的 t 分布或 F 分布的多元比较程序。在大多数情况下，Excel 无法实现这些分析。同样，Excel 也无法帮助你得到诸如区间、中位数和分位数的所谓"稳健"统计量：你可以很轻松地在 Excel 数据透视表中计算并得到均值，但第一分位数的计算和获得就没那么容易。

更复杂地，很多办公单位存在一些对应用程序的偏见：这暗示着任何不会用 R 完成统计分析的人可能都无法胜任这里的工作。

1.1 调整预期

在此,我由衷地说明:将 R 加入到 Excel 工具箱并不简单。R 与 Excel 存在很多不同之处,比如:

- 我们习惯于菜单式的应用程序(比如 Office 办公应用程序),R 的用户界面看起来完全不同。R 需要你输入命令行。命令行所在位置是 R 控制台。图 1.1 是打开 R 后立即可以看到的控制台。
- Excel 在单元格中保存计算公式,在工作表中展示结果,当引用单元格数据发生变化时会自动更新计算结果。R 展示的是静态结果,这意味着当引用单元格数据发生变化时需要人工重新计算从属单元格数据。
- Excel 中的函数名称和参数不需要区分大小写。无论输入 "=average(A1:A10)"、"=AVERAGE(A1:A10)" 还是 "=AvErAgE(A1:A10)",都可以得到相同的结果。但 R 可以识别 "DescTools",却无法识别 "desctools"。

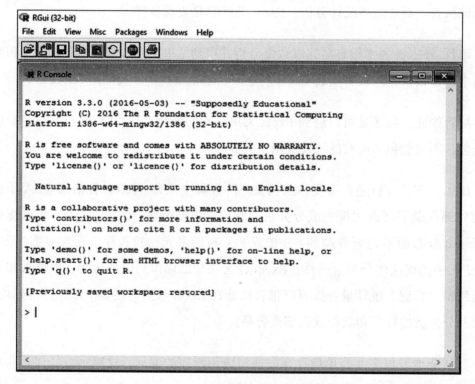

图 1.1 稍大一些的是命令提示符。可以在其右侧立即输入命令行

因此,如果你正从 Excel 或其他菜单式的应用程序向 R 过渡,那么就需要彻底

改掉一些长期存在的习惯。这里将举出一些例子，让你有所认识，并在必要时重复强调。

1.1.1 分析数据：软件包

R 自带一些已安装好的软件包，比如 base（基础）和 stats。这些软件包提供很多函数（比如均值函数），你需要花费一些时间才能熟悉这些统计功能。此外，R 也提供了大量扩展包，用于拓宽 base 应用程序的功能。R 列出的扩展包成千上万。你在使用时可能会读到更多软件包。

例如，一种比较基本的软件包是 DescTools，具体介绍见第 2 章。使用 DescTools 软件包中的 Desc 函数，可以快速获得单个名义变量或者数值变量的分布信息。可以通过一些方法进行双变量分析，比如：

- 数值变量的相关关系（以及散点图）
- 根据名义变量（R 中称为因子）划分数值变量
- 两个因子的列联表，通常叫做交叉表。

你可能希望从 R 的 base 应用程序中得到这类信息，但从 DescTools 软件包得到的结果更为深入：不仅包括 Pearson 相关系数，还有 Spearman 相关系数 r 和 Kendall 相关系数 tau；按秩划分的 Kruskal-Wallis 单因素方法；以及 Pearson 卡方检验中列联表的似然比。

1.1.2 存储和排列数据：数据框

R 强烈依赖于数据框。你如果熟悉 Oracle、DB2、SQL Server 等主流的几个数据库管理系统中的一个，那么就会发现数据框和数据库中的表格类似。数据框是矩形的，即每行有相同的列数，每列有相同的行数。这个特点限制了数据框的结构类型——因此，你不能在数据框中存储一个统计报告。通常，在数据框中存储的是原始数据。

数据框比数据值蕴含更多信息。无论是你提供，还是你不提供时默认 R 提供，数据框都包括变量名信息。它们会自动识别每个变量中的数据值类型：常规文本型、数值型和逻辑型（即布尔值 TRUE 和 FALSE）。

无论出自 R 的基础系统还是扩展包，数据框通常是 R 统计程序使用的数据源。生成数据框的方法多种多样。可以通过 R 控制台生成数据框，尽管这些方法通常是最耗时的且单一的。也可以将 Access 或者 Excel 等其他应用程序的 CSV（逗号分隔值）格式文件导入到 R 中。可以用如 XLGetRange 的 R 函数，直接从一个开源的 Excel 工作表抓取数据。

> **注释** 很多函数（包括本书提到的在内）都属于特定的扩展包。因此，只有安装并加载扩展包，R 才能识别出相应的函数。比如，在使用 XLGetRange 前，先运行 library(DescTools) 语句，这是因为 XLGetRange 是定义在软件包 DescTools 中（而不是 R 中）的函数。

R 的基础系统及其扩展包包括你可用的数据框，用来比较已有分析结果和预期结果间的差异。

1.2 用户界面

R 的大多数操作在控制台中实现（如图 1.1 所示）。对控制台越熟练，操作效率越高。R 控制台包括一个菜单结构（文件、编辑、视图等），但该菜单结构的排列非常稀疏。发送给 R 的绝大多数命令都是通过在控制台中输入命令语句来实现的。

R 命令语句很容易输错——比如，R 语句需要区分大小写，你可能会发现自己输入的是 Mean 而不是 mean。因此，通常需要返回一处命令（有时是多处命令）进行修改。这时，你可能想要复制错误命令，返回命令提示符，粘贴并改正。

上述操作有时很有帮助，尤其当出现问题的命令还在控制台时。还有一种更好的方法是按向上的箭头键，直到命令提示符旁再次出现错误命令行，使用向左的箭头键或者通过单击定位到错误位置进行修改，然后不管光标是否在命令行中间，都按 Enter 键回车。Enter 键不会在命令中间位置回车：它只是让 R 运行光标所在的命令行。

在 R 会话过程中，通常可以创建用于存储的对象：数据框、列表和向量，甚至还有将要存储到一个变量中的统计分析结果。这些对象都保存到 R 的工作空间（workspace）中。

当退出 R 会话时，R 会在关闭前弹出对话框，确认是否保存工作空间。如果回答 Yes，工作空间的映像就会保存到工作目录中。当下一次打开 R 时，工作空间就会打开，其中的对象可以调用。

R 有很多函数，它们用于处理控制台的工作空间。下面举出一些最具价值的函数。它们既可以在控制台菜单中找到，也可以通过命令调用（www.statmethods.net/interface/workspace.html）：

- 返回工作目录路径：getwd() 函数。
- 改变工作目录：File → Change Dir 或者 setwd(" 文件路径和文件名 ") 函数。
- 返回工作空间内容列表：Misc → List Objects 或者 ls() 函数。
- 在单独窗口中展示当前对话的命令：history() 函数。
- 将当前对话的命令列表保存到工作目录中，文件命名为 .Rhistory：File → Save History 或者 savehistory() 函数。
- 将 .Rhistory 文件中的命令加载到控制台中：File → Load History 或者 Loadhistory() 函数。
- 在工作目录中保存一个工作空间的备份（映像）。工作空间保存到名为 .Rdata 的文件中：File → Save Workspace 或者 save.image() 函数。
- 加载已保存的工作空间：File → Load Workspace 或者 load("myfile.Rdata") 函数。

1.3 特殊字符

R 可以自由使用波浪号（~），以及小于号（<）和破折号（–）的组合。波浪号可能比小于号和破折号的组合（即 <–）更容易解释。

1.3.1 使用波浪线

用英文解释 R 中破折号的意思是 "is a function of（……的函数）"。下面举出一些例子：

如果使用 DescTools 软件包（第 2 章详细讨论），你通常发现自己同时分析两个变量。你可能想得到披萨的配送时间与送达时披萨的温度间的 Pearson、Spearman 和 Kendall 相关系数。(DescTools 软件包包括成百上千条披萨传送数据的数据框,名为 d.pizza。)

为了用 DescTools 软件包进行分析,需要采用软件包中的 Desc 函数:

Desc(temperature ~ delivery_min, d.pizza)

结果如图 1.2 所示。

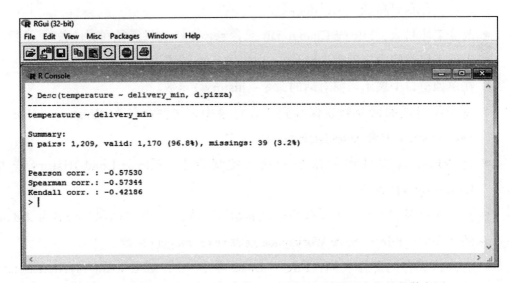

图 1.2　在函数 Desc() 中增加参数 plotit 就可以得到两个变量的散点图

这里,你向 Desc 函数提供数据框 d.pizza 中的两个变量名。波浪线意味着 Desc 认为温度是配送时间的函数。因为这两个变量是数值型变量,所以图 1.2 展示了三种相关系数。

下面命令可以用于比较披萨配送到不同区域的时间:

Desc(delivery_min ~ area, d.pizza)

结果如图 1.3 所示。

这里,波浪线会告诉 Desc 将 delivery_min 作为 area 的函数,结果展示出将披萨配送到数据框 d.pizza 中三个地点所需时间的均值和中位数。此处的分析与图 1.2 不同。这是因为 Desc 函数中波浪线左侧的变量是数值型,如图 1.2 所示,但波浪线右侧的变量是字符型——在 R 统计编程中,字符型变量 area 需要进行因子转化处理。数据框的特征是已知每个变量的数据取值类型，因此像 Desc 这样的函数能够充分利用数据信息。

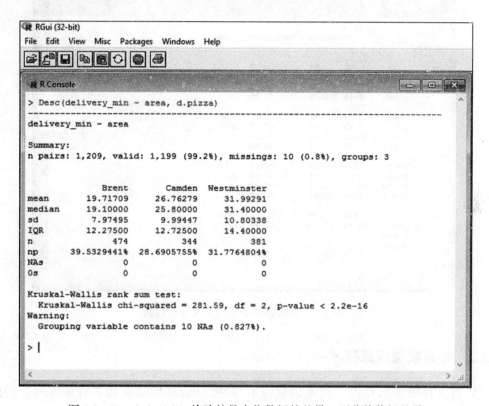

图 1.3　Kruskal-Wallis 检验的是中位数间的差异，而非均值间差异

最后，如果两个变量都是字符型，应该如何处理？比如，数据框 d.pizza 中的 area（上面的例子）和 quality（可分为低、中、高三个等级）。下述命令：

　　Desc(quality ~ area, d.pizza)

提供了两个变量的交叉列联表，如图 1.4 所示。

这里，Desc 指定 quality 为 area 的函数，正如变量的顺序和波浪线出现的位置所示。

显然，在两个变量间插入波浪线并不能建立两个变量间的因果关系。而且两个变量的顺序并不意味着第二个变量是第一个变量的原因。在早期使用 R 作研究时，考虑使用波浪线有助于分析一个变量是另一个变量的函数。在这种情况下，R 返回的是适用于两个变量测量尺度的双变量分析。

```
                area
          Brent Camden Westminster    Sum
quality
low     freq     30     46         79   155
        perc    3.0%   4.6%       7.9% 15.5%
        p.row  19.4%  29.7%      51.0%    .
        p.col   7.6%  16.0%      25.0%    .

medium  freq    134     97        122   353
        perc   13.4%   9.7%      12.2% 35.3%
        p.row  38.0%  27.5%      34.6%    .
        p.col  33.8%  33.8%      38.6%    .

high    freq    232    144        115   491
        perc   23.2%  14.4%      11.5% 49.1%
        p.row  47.3%  29.3%      23.4%    .
        p.col  58.6%  50.2%      36.4%    .

Sum     freq    396    287        316   999
        perc   39.6%  28.7%      31.6% 100.0%
        p.row    .      .          .      .
        p.col    .      .          .      .
>
```

图 1.4　列联表中变量间关系强度检验

1.3.2　使用赋值运算符 <-

R 有 5 种赋值运算符。其他语言仅有一种。Excel 的赋值运算符是等号。因此，当你在单元格 C3 中输入下式时：

=A2/2

就实现了用等号将 A2/2 赋值给单元格 C3。

R 的五种赋值运算符如下：

- <-
- ->
- <<-
- ->>
- =

在 R 的正式文件和其他资料中，最常见的赋值符是 <-。该赋值符告诉 R 的命令是：将赋值符右端的内容赋给左端。图 1.5 举出一个例子。

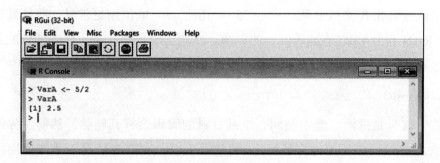

图 1.5 公式的计算结果赋给 VarA.

图 1.5 中,第一行代码使用赋值符 <-,将公式 5/2 赋给变量 VarA。通过这条语句可以声明变量。根据所赋内容,VarA 可以是一个标量(即单个值)、向量、数列或者矩阵。在 R 控制台中,一种了解变量或其他对象含义的方法是输入变量名并按回车键。在这种情况下,VarA 仅包括一个值,如图 1.5 中 [1] 后面的内容所示。

> **注释** 在 R 中,向量中所有数值必须有相同的测量尺度:通常有字符型、数值型或逻辑值型。列表可以混合不同测量尺度的数值类型。

在 R 中,等号处理任务的方式与赋值符 <- 相同:等号右端的内容赋值给左端。作为一个实际问题,该用法通常可见于参数列表中:例如,将 scores(得分)参数设置为 TRUE,令 scores = TRUE。

> **注释** 通常,为了节约时间,可以在函数的参数设定中,将 TRUE 和 FALSE 简写为 T 和 F。

由此可以猜想,赋值符 -> 改变了赋值的方向:将赋值符左端的内容赋给右端,如图 1.6 所示。

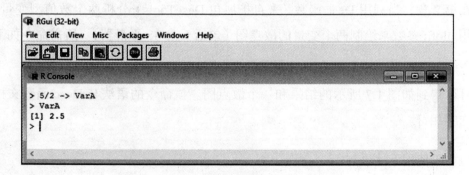

图 1.6 结果与图 1.5 相同

我承认我只在 R 文档中见过 ->。与 -> 相比，<- 的使用更常见。我怀疑这受到像 FORTRAN 和 BASIC 等编程语言的影响。在这类编程语言中，任务的分配方向总是将符号右侧的内容赋给左侧；例如：

StDev = Var^(0.5)

当然，这只是推测。毫不疑问，维基百科的编辑会将其删除。然而，你经常看到 R 的一些建议，在任何地方使用 <- 的效果，以及在某些情况下才能使用的其他运算符。

我认为这个建议过于简单。请见图 1.7。

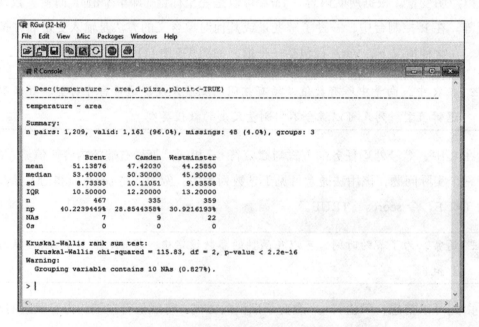

图 1.7　Desc 函数在不同的赋值运算符下得到不同的结果

在第 2 章，当利用 Desc 函数（来自扩展包 DescTools）分析两个数值型变量时，可以用 plotit 参数来绘制两个变量的散点图（包括 LOESS 平滑器）。所需命令如下：

Desc(temperature ~ area, d.pizza, plotit = TRUE)

可以得到如图 1.7 所示的结果和一个散点图。该命令的语法与 Desc 函数文档介绍的内容相符。

但如果使用下述语句：

Desc(temperature ~ area, d.pizza, plotit <- TRUE)

用 <- 代替等号，你将得不到散点图：仅仅能得到图 1.7 所示的结果。符号的替换不会报错，但生成的结果并不相同。

这就是我说"过于简单"的意思。在允许使用任何赋值运算符的情形下，可能会用 <-，但不一定能得到相同的结果。

本书面向既使用和用过 Excel 作统计分析，又想通过 R 拓展研究范围的读者。强烈建议这些读者密切关注有关软件包和函数的文档和使用案例。使用其中建议的语法，尤其是运算符和大小写的区别。

与"任何情况下都使用 <-"的操作相比，上述做法不易出错。

最后介绍一下运算符 <<- 和 ->>：通常不会在 R 控制台——即命令提示符旁边输入的命令中发现它们。这两个运算符倾向于只在函数中出现：R 研发者编写代码，用来定义具体函数，诸如 Desc 和 mean 函数。

实践中，你习惯于使用 <- 和等号。上面两个运算符可能在用 R 作统计分析时才会用到。

1.4 获取 R

在你的系统上安装 R 并没有神秘之处。R 的下载、安装和使用都是免费的。你仅需要大约 70MB 的磁盘空间用于下载和安装，大约 200MB 的磁盘空间用于存储扩展文件。

如果你使用的是 Windows 操作系统，那么在开始安装 R 之前，需要先看看电脑系统是否为 64 位。这是因为 R 中的一些文件只在 64 位环境下才能使用。这些文件能够处理比 32 位系统更多的内存空间。因此，R 文档建议你为 64 位系统下载 64 位文件。

为了确定你正在 Windows 10 中运行哪种系统，可以通过下述步骤：

1. 单击 start 菜单。
2. 单击菜单左下角的 Setting。

3. 单击 Setting 窗口中的 System。

4. 单击导航栏中的 About。

这样就可以看到所有系统属性，包括是 64 位还是 32 位系统。

> **注释** 在 Windows 8 中，需要打开常用工具栏，找到控制面板，后续步骤与上面类似。

在确定好电脑是 32 位还是 64 位系统后，就可以下载 R 安装文件。首先，在浏览器中打开下面的网址（cran 是 Comprehensive R Archive Network 的缩写）：

https://cran.r-project.org/

网页的上方有三个下载链接：一个适用于 Linux 系统，一个适用于 Mac 系统，还有一个适用于 Windows 系统。三个链接会连接到三个不同的网页，根据不同操作系统，提供对应的 R 安装文件。对于 Windows，可以单击 Windows 链接下载 R，获得安装 R 的新网页，得到首次安装的安装链接。单击此链接跳转到另一个下载 R 3.3.0 的网页。我在编写本书时，Windows 系统安装的 R 最新版本是 3.3.0，但当读者拿到本书时，R 可能已经出现更新的版本。

下面是下载和安装 R 的步骤：

1. 退出应用程序而非浏览器。
2. 单击 Windows 系统 R 3.3.0 的下载链接，开始下载。
3. 会提示你保存该 R 文件。当点击 Save File 时，可以自己导航到想要保存的位置。这时所有下载和保存的文件都是安装文件，可以在安装完成后删除这些文件。
4. 单击 Save。下载开始。
5. 下载完成后（下载非常快），打开保存的地址，双击文件夹。就会开启一个向导，指导你完成整个安装过程。

这个向导会向你提供一些选择，比如是否在桌面添加 R 的快捷方式。大多数情况下，可能所有情况下，选择都有你（尤其是作为新用户的你）可选的默认项。64 位和 32 位系统的选择除外，你应该至少选择一种系统文件。

安装完成后，双击桌面上的 R 快捷方式（假定在安装导向中你接受该选项），就可打开 R。或者如果你愿意，可以在 Start 菜单中打开 R。无论哪种打开方式，都可以获得与图 1.1 类似的窗口。

1.5 扩展包

添加 R 扩展包与添加 Excel 插件的流程非常类似。你如果想使用 Excel 的数据分析插件，就需要从本地或者共享服务器上安装。（以前，你需要从购买 Excel 时得到的 CD 选择安装插件。现在，你更可能依赖于技术服务部门或微软网站安装程序，来安装整个应用程序。）

一旦把插件安装到 Excel 中，你就不得不激活 Excel，以便（例如）数据分析命令或 Solver 命令出现在功能区的数据标签中。Excel 插件安装过程与版本有关，因此此处跳过这部分内容，除了在最新发布的版本中，通过单击 Excel 文件标签和选择项开始安装过程。

类似地，为了得到安装在电脑上的 R 扩展包，需要选择一个可用的镜像进行下载。假定你要用 DescTools，但该软件包还未安装，那么需要采用下述步骤：

1. 从 R 的 Package 菜单选择 Install Packages。
2. R 要求你选择一个镜像地址。你可以选择一个 https 地址或者多个地址中的一个。（一些 R 文档建议你使用一个安全的 https 镜像。）R 建议你选择距离你所在位置最近的网址，以减轻网络的负担。
3. 选择镜像地址后，你将得到由成千上万扩展软件包名称组成的列表框。向下滑动滚动条，找到并单击所需的软件包。因为这些软件包没有分类，而且它们的名字通常没有清晰地表明用途，所以找到所需软件包的过程较为麻烦。但至少这些软件包的名字是按字母顺序排序的。庆幸地，每个给定的软件包只需要安装一次。
4. 单击软件包名称后，继续单击 OK 按钮。CRAN 就开始工作，下载，解压压缩文件并安装，测试和校验，最后在 R 控制台将控制权返回给你。

> **注释** 最近，我新买了一台笔记本电脑，R 扩展包的下载和安装几乎要逼疯我。不知为什么，它们安装不到目标位置。新电脑自带着防病毒软件包，使得所需的软件包安装失败。我后来发现我需要关掉软件包的实时扫描。虽然它本身并没有妨碍安装的功能。我也不得不在 Start 菜单中开启 R 时选择以管理员身份运行（在 Start 菜单单击 R 的跳转列表，选择 More，再选择 Run as Administrator）。只有满足关闭软件包的实时扫描和选择以管理员身份运行这两个条件时，我才可以在 R 首选的地址安装所需软件包。公平地说，这在真正意义上并不是 R 的错，而应归咎于自以为比你更了解需求的那些人。

在 R 完成软件包的下载和安装后，你仍需告诉 R 已安装的软件包。这与提醒 Excel 最新安装了哪些插件的步骤类似：

1. 单击 Excel 的 File 标签。
2. 单击导航栏中的 Options。
3. 单击导航栏中的 Add-Ins。
4. 在窗口底端单击管理 Excel 插件。
5. 勾选 Excel 可以发现的所有插件的复选框，以便这些插件出现在功能区中。

在 R 中，只需要输入命令，以 DescTools 为例：

library(DescTools)

在后续的 R 会话中，可以跳过下载和安装步骤，仅用 library 命令加载软件包。输入下述命令，就可以卸载扩展软件包：

remove.packages("cp")

这里 cp 是一个扩展软件包的名称。要在当前的 R 会话中加载软件包，可使用诸如下述的命令：

library(DescTools)

这里不需要双引号。然而，为了从工作空间删除软件包，可以使用如下命令：

remove.packages("DescTools")

这里需要双引号。R 是一种奇怪的语言，这是其中的一个地方，你只要习惯就好。

 提示　为了得到已安装的软件包列表，需要用下述命令：

library()

为了得到当前会话中加载的软件包列表，使用下述命令：

search()

1.6 运行脚本

我经常发现，每次使用应用程序时都要在 R 中运行一些命令。当这些命令冗长、复杂并且含有嵌套的圆括号时，我容易出错。下面只是一种简化脚本的情况。

比如，当我要用DescTools包（第2章会详细讨论）中的Desc函数时，我想要改变它用到的一些数字格式。到万不得已我才使用科学（即指数）记号。通常，我喜欢保留两位小数，而且我个人认为保留三位小数有些凌乱。在大量数字中有成千上万的分隔符，作为美国人的我习惯于看到逗号，而非省略号或句号。顺便提一下，我不想忘记用library命令加载DescTools。

在这种特定的情况下，我会用Notepad创建一个小文本文件，其中包括执行任务的R命令，如图1.8所示。

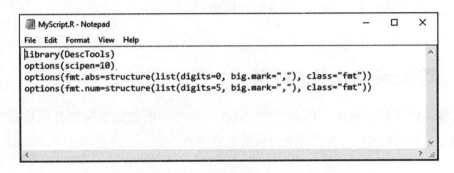

图1.8 即便你已在R控制台中输入这些命令，也要逐个运行

我的脚本文件和你的脚本文件的内容本身意义不大。关键是你经常要运行这些脚本中的命令，而且命令越复杂，你就越不想重新编译。（然而，library命令加载了DescTools；命令中的关键词scipen控制了科学记号的使用；两个格式命令控制了成千上万的分隔符和整数与浮点数中的数字个数。）

当我已经在Notepad这类文本编辑器中输入命令时，我会将文件保存到一些适当的位置，比如：

C:\Users\ellen\Documents\R

并对文件命名，如myscript.txt。（文件名也可以是George.txt或者Jean.R。根据不同扩展包的要求，也可能有不同的脚本文件。这种情况下，可能将一个文件命名为Desc Tools.txt，将另一个命名为stats.txt。）

现在，我准备就绪。打开R，在控制台输入下述命令：

source("C:/Users/ellen/Documents/R/myscript.txt")

加载DescTools软件包和设定某些格式化选项的命令是自动运行的。

也可以从 R 的 File 菜单选择 R 源代码，浏览并运行脚本文件。

可能要在脚本中加入一个 print 命令，以便在控制台中可以看到这些结果。

关于 source 命令有两点需要注意：

- 路径和文件名用引号括起来。
- 分隔文件名的斜杠是正斜杠（/），不是反斜杠（\）。甚至在解释文本常数时，R 将单个反斜杠解释为一个转义符。还有一种方法是用正斜杠代替。也可以连用两个反斜杠，如 \\，来分隔文件名。

1.7 从 Excel 向 R 导入数据

通常，由于很多原因，你需要将 Excel 工作表中的数据复制到 R 的数据框中。假定你在工作表中有一个如图 1.9 所示的表或列表。

	A	B	C	D
1	Variable A	Variable B		
2	73	55		
3	12	50		
4	3	13		
5	47	80		
6	57	56		
7	44	73		
8	0	24		
9	74	96		
10	11	87		
11	83	19		
12				
13				

图 1.9 一个区域包括连续的 2 列和连续的 11 行

我将简要地介绍一种向 R 直接导入数据的方法。在此之前，我想先介绍另一种方法，这是因为：第一，总有一天你会需要它；第二，它有助于你理解另一种方法的容易程度。

可以称较麻烦的方法为 csv 方法。图 1.9 所示的工作表，将文件保存为一个 CSV 文件：

1. 单击 File 标签，再单击导航栏中的 Save As。
2. 单击 Browse 链接，定位到想要保存或至少临时保存的文件地址。假定位置是 C:\。
3. 在 Save As 窗口中找到 Save As 下拉菜单。选择 CSV 格式（逗号分隔）(*.csv)。
4. 你将会看到一个警告，指出一些功能可能不会保留到 CSV 文件中。继续并保存。假定文件名为 mydata.csv。
5. 记录完整的文件路径和文件名。最好用文件资源管理器等找到保存的 CSV 文件，右击，并从快捷菜单选择 Properties。
6. 在 Properties 窗口中拖动文件的位置：本例中，就是 C:\。使用 Ctrl+C 复制所选文本。
7. 转到 R 控制台，在命令提示符后输入文本：

mydf<-read.csv(file="

8. 用 Ctrl + V 粘贴刚刚复制的路径。
9. 将路径中每个反斜杠增加为两个，或者将一个反斜杠改为一个正斜杠。（R 将一个反斜杠解释为一个转义符。）
10. 在所粘贴的路径末端，输入：

\mydata.csv",header=TRUE)

你现在应该可以看到 R 命令提示符后的命令：

mydf<-read.csv(file="C:\\mydata.csv", header = TRUE)

或者，如果你想用正斜杠：

mydf<-read.csv(file="C:/mydata.csv", header = TRUE)

其中，参数 header = TRUE 说明 R 将 CSV 文件数据的第一行作为变量名，而不是变量取值。

11. 按 Enter 键。

你会得到另一个命令提示符。现在 R 已经读取 CSV 文件的内容，并存入到名为 mydf 的数据框。（R 将这个过程称为"coercing"：R 将数据强制保存到数据框中。）

在命令提示符处，输入：

mydf

R 会列出已复制到 mydf 数据框中的 CSV 文件内容,请见图 1.10。

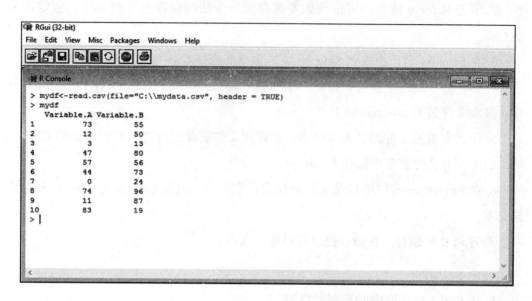

图 1.10　表头和数据都在数据框中

至此,你可能已经注意到 R 操作过程中有关设定文件路径和文件名的一些困难。

- 很容易忘记将路径中的每个 \ 改为 \\ 或者 /。
- Windows 中的路径很长,你几乎不得不从属性窗口复制和粘贴文件路径和名称。本例中,你可能保存一个 CSV 文件,比如,C:\mydata.csv,但是,这样简单指定的位置通常超出 Windows 安全措施的限制。

此外,还存在另一个潜在的隐患。假定你在 CSV 文件中有一个随机数,比如图 1.11 单元格 F13 所示。

当你用 read.csv 导入 CSV 文件时,会出现困难。图 1.12 展示 R 出现的问题。

R 将 C 到 F 列的空格全部替换为 NA。现在最好的办法可能是切换到 Excel,去掉 F13 中(可能)不想要的数值,重新保存 CSV 文件,切换到 R,再导入文件。

这些是我不再使用 read.csv 从 Excel(或者从任何生成 CSV 文件的应用程序)向 R 中导入数据的部分原因。从 Excel 导入数据时,我会用 DescTools 软件包,调用名为 RDCOMClient 的软件包。这种方法不需要指定文件路径——或者文件名。

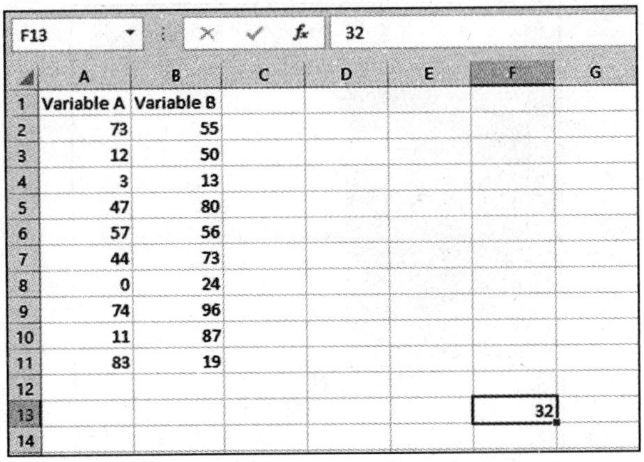

图 1.11　F13 中的数值在 Excel 中通常不是问题

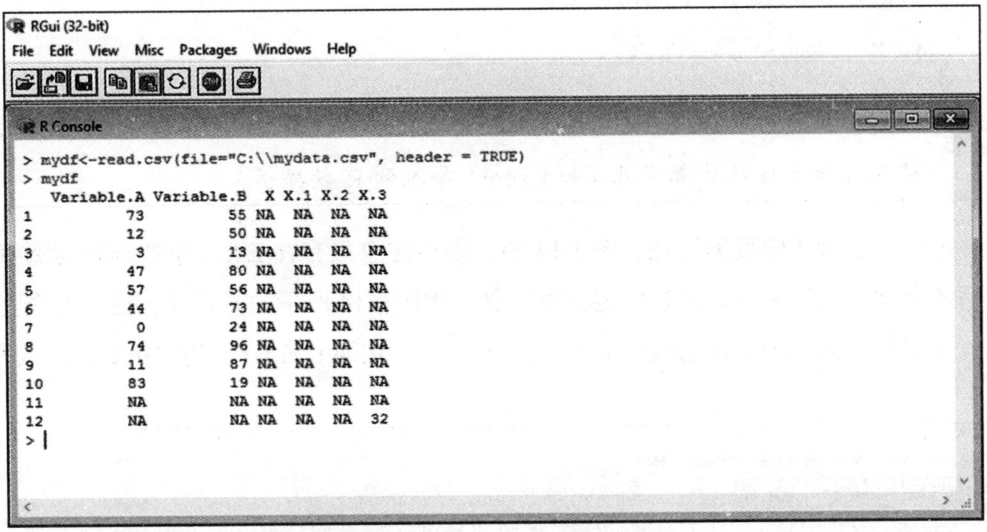

图 1.12　F13 中的数值连同可能不太想要的 NA 值，一起被复制过来

DescTools 包调用 RDCOMClient 中的 XLGetRange 函数。为了准备导入工作，你需要采取的步骤如下：

1. 用 R 的 Packages 菜单安装 DescTools 软件包和 RDCOMClient 软件包。（仅需要安装一次。）

2. 通过 library 命令，使用 R 中的 DescTools 包。DescTools 将自动提供 RDCOMClient。

3. 切换到 Excel，并选择想要导入的数据区域。保持区域工作表是活动工作表且 Excel 工作簿打开。如图 1.13 中的工作表所示，包括单元格 E14 中（未选择的）数值在内。

图 1.13　E14 中的数值不被导入

4. 切换为 R，并输入下面的命令：

mydf<-XLGetRange(header=TRUE)

> 注释　此时，RDCOMClient 软件包不可用于 Mac 或 Linux 系统。这两种系统需要使用其他方法从外部资源（如 Excel）导入到 R 数据框。

R 导入了所选的数据区域。图 1.14 中，需要注意只有在 Excel 中被选定的那些单元格才会被导入到 R 中。同样需要注意的是，用图 1.14 所示的直接导入法不会改变表头。如图 1.12 所示的 csv 方法，在表头（图 1.11 中的 A1 和 B1）的空格处插入句号。

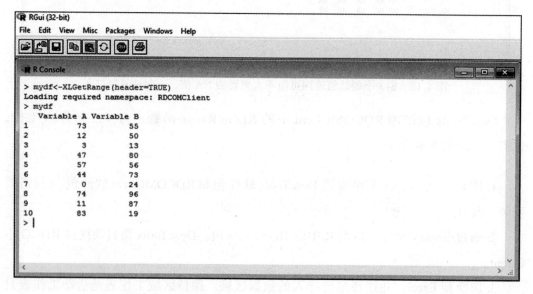

图 1.14　如果你一开始选择了一个单元格区域，那么会得到一个数据框

如果你一开始在 Excel 中进行多重选择，那么使用 XLGetRange 函数的结果将不同于图 1.14。我不推荐你这样操作。我假定你习惯于用 Excel，而且能够事前重新安排工作表中的数据，而不是事后解决问题。这只是一个有可能造成不必要问题的例子。如图 1.15 所示。

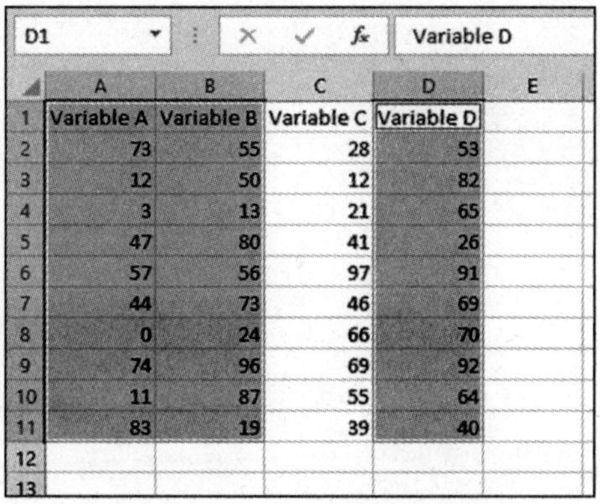

D1　Variable D

	A	B	C	D	E
1	Variable A	Variable B	Variable C	Variable D	
2	73	55	28	53	
3	12	50	12	82	
4	3	13	21	65	
5	47	80	41	26	
6	57	56	97	91	
7	44	73	46	69	
8	0	24	66	70	
9	74	96	69	92	
10	11	87	55	64	
11	83	19	39	40	
12					
13					

图 1.15　你一开始进行多重选择

这种情况下，你通过鼠标选定区域 A1:B21，然后按 Ctrl 键并同时选定区域 D1:D21。这就是多重选择。

现在，假定你切换到 R，并且（已用 library 加载 DescTools 软件包）使用 XLGetRange 函数：

```
multsel<-XLGetRange(header=TRUE)
```

这里的“multsel”表示“多重选择（multiple selection）”。

在打开的 Excel 工作表中多重选择的结果是“强制”导入到名为 multsel 数据框中。为了查看数据框中的内容，只需要在命令提示符处输入名称，multsel，即可。结果如图 1.16 所示。

因此，Excel 工作表中的多重选择导致 R 数据框由两部分组成，分别命名为 'A1:B11' 和 'D1:D11'。比如，为了查看 Excel 中列 D 的内容，就需要在 R 控制台中输入：

```
multsel$'D1:D11'
```

结果如图 1.17 所示。

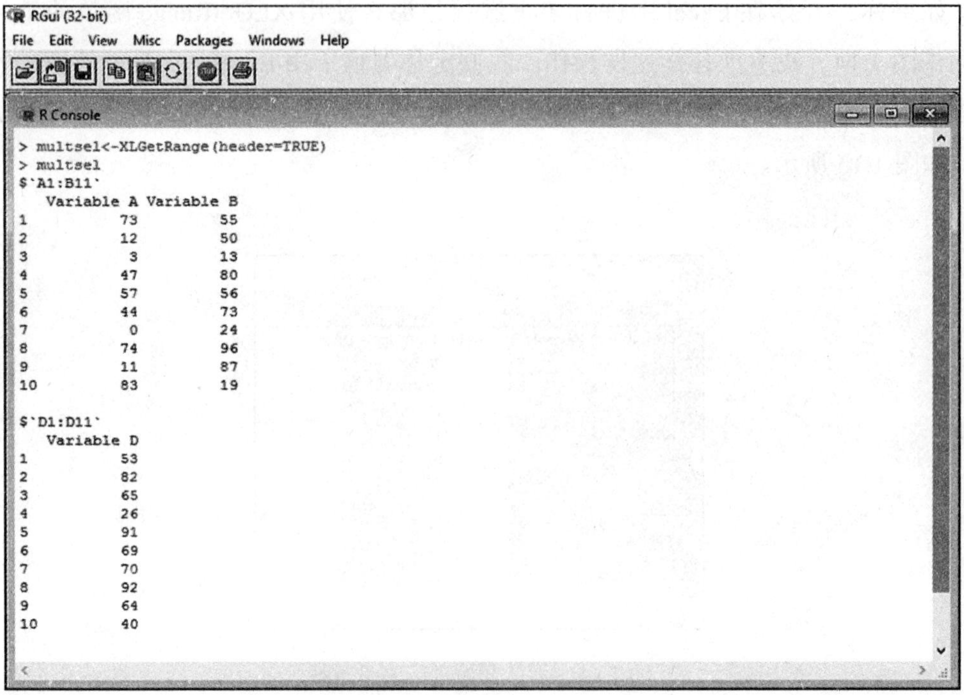

图 1.16　数据框包括两部分，以 Excel 的列命名

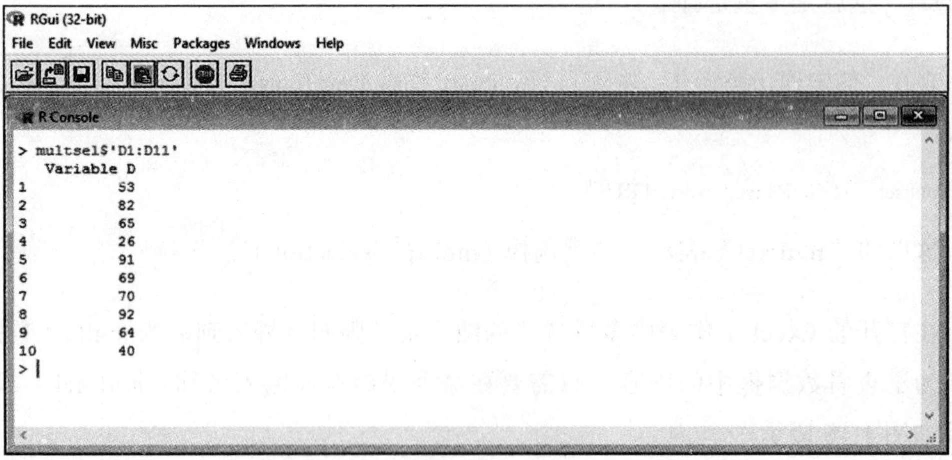

图 1.17　数据框的第二部分

需要注意，R 用美元符分隔数据框名（multsel）和组成部分名（'D1:D11'）。你可以在统计分析中使用该组成部分，但需要提前再做一些准备工作。

例如，R 的基础系统包括均值（mean）函数。如果你尝试对 'D1:D11' 使用均值函数，则会得到 NA 值——缺失值。该均值函数无法处理文本型数据。

> **注释** 基础系统的均值函数包括参数 na.rm,比如 na.rm=TRUE。该参数的设置让 R 在计算均值前删除 NA 值——缺失值。但是,在我们遇到存在两部分表头 'D1:D11' 和 '变量 D' 的情况,而无法进行下去时,设定参数 na.rm=TRUE 没有作用。

因此,我们需要更具体地限定问题。使用另一个美元符 $ 分隔 'D1:D11' 和 'Variable 变量 D':

mean(multsel$'D1:D11'$'Variable D')

如图 1.15 所示,该命令得出区域 D2:D11 所有单元格数值的均值为 65.2。

类似地,你如果想用 DescTools 扩展包中的 Desc 函数,就需要继续下述操作步骤。这里假定你已经安装 DescTools,并在当前会话中创建了 multsel 数据框,或者通过 load 命令已将该数据框加载到 R 中:

load("C:/Users/ellen/Desktop/multsel.rda")

数据框完成加载后,操作只剩两步:

1. 命令 library(DescTools) 将扩展包 DescTools 加载到 R 中。因为你已经下载并安装了 R 能够找到的软件包,所以无需指定除软件包以外的任何内容。但要记得软件包名称的大小写。

2. Desc(multsel$'D1:D11'$'Variable D') 调用 DescTools 软件包中的 Desc 函数。该命令找到数据框 multsel 中的变量 D,并返回一些统计量。

这些统计量基于变量 D 中的 10 个数值,包括均值、均值的标准差、中位数、最大值、极差、变量系数——Desc 函数得出的更多内容请见第 2 章。

总的来说,当需要处理 Excel 工作表中直接基于多重选择的数据框时,R 存在一些其他困难。如果可行,你应该尽量重新安排工作表中的数据,以便于你能够得到单一选择导入 R 得到所有内容。这样一来,你将不必处理基于工作表地址的组成部分的名称——无论如何,将这些地址作为 R 数据框中的一部分几乎没什么好处。

然而,如果你非要将多重选择导入 R 中,那么就需要通过对一系列的组成部分标记美元符 $ 来进行处理。

1.8 从 R 向 Excel 导出数据

与用 CSV 文件从 Excel 导入到 R 的方法类似（参见前面部分，理解为什么这种做法通常不是最佳选择），使用相同的技术也可以从 R 导出到 Excel 中。

我想到一些情况，需要将 R 数据框中的原始数据移动到 Excel 工作表中，但实际上这种需求很少出现。Excel 应用和它的工作簿的数据库案例意味着你存储到 Excel 工作簿的数据比数据框多很多。因此，将原始的 Excel 数据导入 R 中的需求和机会要比将原始的 R 数据导入 Excel 中更为频繁。

但确实会发生这样一种情况，需要将 R 已运行出来的分析结果复制到 Excel 中。此时，你可能需要将数据框中的原始数据导入到 Excel 工作表中。下面是一种漫长的方法，随后我将展示一种便捷的方法。

本章前面我提到的 DescTools 软件包包括一个名为 d.pizza 的数据框。这是一个很好的案例，因为该数据框包含可观的记录数（大约 1200），15 个左右的数值型、名义型和逻辑型变量以及充足的缺失数据，用以检测分析软件包如何处理数据以及处理效果。这里我将用 d.pizza 展示如何通过 CSV 文件从 R 导出数据，并直接导入到 Excel 中。（更多有关 d.pizza 的内容请见第 2 章。）

图 1.18 展示了 d.pizza 中记录和变量的一个简短的子集。

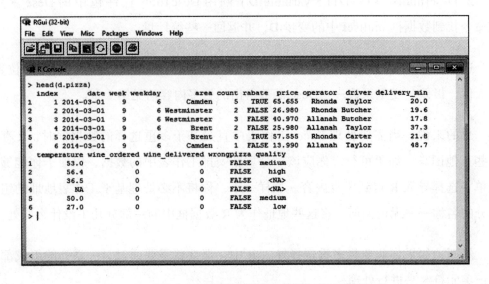

图 1.18　用 head 命令检测数据框中前几条记录的细节

1.8.1 导出为 CSV 文件

你可以用命令 write.csv，将整个数据框保存到 CSV 文件中：

write.csv(d.pizza,file="C:/Users/ellen/desktop/pizza.csv",na="")

该数据框将被保存到用户 ellen 的台式电脑上，名为 pizza.csv 的 CSV 文件。在 R 中通常用 NA 表示的缺失值将在 CSV 中保存为空白格。

> **注释** 如果你省略命令 write.csv 中的 na 参数，那么将会得到 Excel 文件中的空白格。如果用下述命令指定 na：
>
> write.csv(d.pizza,file="C:/Users/ellen/desktop/pizza.csv",na="#N/A")
>
> 你将在 Excel 工作表中得到标准的 #N/A 错误值。

你可以双击 CSV 文件或者从 Excel 用户界面打开该文件。更多最新版本的 Excel 打开 CSV 文件，用逗号分隔每个字段形成列，并将数据保存到列中（之前需要用 Excel 的文本到列的转化功能，将列 A 中数据分离出来，并分派到足够多的列中）。图 1.19 展示了前几个案例的结果。

图 1.19 请注意空白格代表缺失值

CSV 文件的导出方法没有本章前面讨论的导入过程复杂。接下来要讨论的内容，我将让你决定这种方法是否像直接导入法一样有用。

1.8.2 直接导出

DescTools 软件包，除了前面讨论过的 XLGetRange 函数，都有一个 "直接" 将数据框导出到 Excel 的 XLView 函数。之所以对 "直接" 加引号，是因为这并不是真的直接：它包括 CSV 文件的创建，但你不需要观察或做任何处理。

你需要通过命令 library 加载 DescTools 软件包。也需要下载和安装 RDCOMClient 软件包，但不需要加载：DescTools 会帮忙加载。完成这些操作后，你可以用下述命令将数据框 d.pizza（或者其他数据框）导出到 Excel：

```
XLView(d.pizza)
```

数据框被导入到一个 CSV 格式的新 Excel 工作簿中。结果如图 1.20 所示。

	A
1	index;"date";"week";"weekday";"area";"count";"rabate";"price";"operator";"driver";"delivery_min";"
2	1;2014-03-01;9;6;"Camden";5;TRUE;65.655;"Rhonda";"Taylor";20;53;0;0;FALSE;"medium"
3	2;2014-03-01;9;6;"Westminster";2;FALSE;26.98;"Rhonda";"Butcher";19.6;56.4;0;0;FALSE;"high"
4	3;2014-03-01;9;6;"Westminster";3;FALSE;40.97;"Allanah";"Butcher";17.8;36.5;0;0;FALSE;
5	4;2014-03-01;9;6;"Brent";2;FALSE;25.98;"Allanah";"Taylor";37.3;;0;0;FALSE;
6	5;2014-03-01;9;6;"Brent";5;TRUE;57.555;"Rhonda";"Carter";21.8;50;0;0;FALSE;"medium"
7	6;2014-03-01;9;6;"Camden";1;FALSE;13.99;"Allanah";"Taylor";48.7;27;0;0;FALSE;"low"
8	7;2014-03-01;9;6;"Camden";4;TRUE;89.442;"Rhonda";"Taylor";49.3;33.9;1;1;FALSE;"low"
9	8;2014-03-01;9;6;"Brent";;;;"Allanah";"Taylor";25.6;54.8;;;FALSE;"high"
10	9;2014-03-01;9;6;"Westminster";3;FALSE;40.97;"Allanah";"Taylor";26.4;48;0;0;FALSE;"high"
11	10;2014-03-01;9;6;"Brent";6;TRUE;84.735;"Rhonda";"Carter";24.3;54.4;1;1;FALSE;"medium"

图 1.20　请注意记录实际上从第 2 行开始

图 1.20 关于工作表有几点需要注意：

- 数据值都在 A 列中，从第 2 行开始，用分号隔开。
- 变量名都在单元格 A1 中，也用分号隔开。
- 从第 2 行开始，每行第 1 个数是一个记录数。原始数据框 d.pizza 包括变量名为 Index 的记录数，放在每条记录的开头。

如果数据框中不包括像 d.pizza 中的变量 Index，你可以在 Excel 工作表中安排一个记录 ID。XLView 函数有 col.names 参数和 row.names 参数。这两个参数能决定 XLView 是否对每列命名变量名，以及对每行命名记录 ID。

这些参数的效果不完全符合你的预期。这里有一些可能的组合和结果：

- XLView(d.pizza, col.names = TRUE, row.names = TRUE)：记录数插入到数据框中第 1 个变量左侧。变量名插入到 Excel 工作表的第 1 行。变量名保存在 B1 单元格；数值保存在列 A 第 1 行下面。
- XLView(d.pizza, col.names = FALSE, row.names = FALSE)：没有插入记录数或变量名。第 1 条记录保存在 A1 单元格。
- XLView(d.pizza, col.names = TRUE, row.names = FALSE)：没有插入记录数。变量名插入到 A1 单元格。TRUE 和 FALSE 为 col.names 和 row.names 的默

认值，如图 1.20 所示。

- XLView(d.pizza, col.names = FALSE, row.names = TRUE)：记录数被插入到第 1 个变量的左侧。没有插入变量名。第 1 条记录值保存在 B1 的单元格中。

因此，如果将 TRUE 赋给 row.names 参数，则最终得到的 Excel 工作表的第 1 行数据会保存在 B1 单元格中，而非你期望的单元格 A1。

我总是想要变量名。但如果数据框像 d.pizza 一样，已有记录 ID，那么我不想再找变量名。因此，我倾向于对 d.pizza 使用这种形式的 XLView 函数：

XLView(d.pizza,col.names=TRUE,row.names=FALSE)

或者，等价地，可以用：

XLView(d.pizza,row.names=FALSE)

简化为：

XLView(d.pizza)

使用直接导出法而不是两步法的不足之处在于，CSV 文件路径是列 A 碎片化后的所有数据，所有变量名在单元格 A1 或 B1 中一起运行。Excel 的文本到列的转化功能会完成这项任务，但你仍需要事先调用。下面是在图 1.20 基础上继续导出的步骤：

1. 选择单元格 A1。
2. 当按向下箭头键时，按住 Ctrl 和 Shift 键，选择列 A 的其他记录。
3. 单击数据标签上的 Text-to-Columns 链接。开启一个三步向导。
4. 确保已选择 Delimited 选项按钮。单击 Next 按钮。
5. 去掉除 Semicolon 选项框外的所有 Delimiter 复选框。单击 Finish 按钮，或者如果你想用向导第三步来应用特殊格式，请单击 Next 按钮。

结果如图 1.21 所示。

提示　你如果用 XLView 删除列名（即变量名）而非行名，需要输入的命令如下：

XLView(d.pizza,col.names=FALSE,row.names=TRUE)

实际数据的第 1 行是变量名，当你调用列名和行名时通常从 B1 开始。如前所述，剩余的数据记录从列 A 开始。你在运行文本到列的转换功能时，需要考虑这点。

	A	B	C	D	E	F	G	H	I	J	K	L	M	N	O	P
1	index	date	week	weekday	area	count	rabate	price	operator	driver	delivery_	temperat	wine_ord	wine_deli	wrongpiz	quality
2	1	3/1/2014	9	6	Camden	5	TRUE	65.655	Rhonda	Taylor	20	53	0	0	FALSE	medium
3	2	3/1/2014	9	6	Westmins	2	FALSE	26.98	Rhonda	Butcher	19.6	56.4	0	0	FALSE	high
4	3	3/1/2014	9	6	Westmins	3	FALSE	40.97	Allanah	Butcher	17.8	36.5	0	0	FALSE	
5	4	3/1/2014	9	6	Brent	2	FALSE	25.98	Allanah	Taylor	37.3	#N/A	0	0	FALSE	
6	5	3/1/2014	9	6	Brent	5	TRUE	57.555	Rhonda	Carter	21.8	50	0	0	FALSE	medium
7	6	3/1/2014	9	6	Camden	1	FALSE	13.99	Allanah	Taylor	48.7	27	0	0	FALSE	low
8	7	3/1/2014	9	6	Camden	4	TRUE	89.442	Rhonda	Taylor	49.3	33.9	1	1	FALSE	low
9	8	3/1/2014	9	6	Brent				Allanah	Taylor	25.6	54.8			FALSE	high
10	9	3/1/2014	9	6	Westmins	3	FALSE	40.97	Allanah	Taylor	26.4	48	0	0	FALSE	high
11	10	3/1/2014	9	6	Brent	6	TRUE	84.735	Rhonda	Carter	24.3	54.4	1	1	FALSE	medium

图 1.21 空白格代替 NA 值

第 2 章

描述性统计

不管对某个特定数据集进行何种分析,你都想先了解数据集中变量的分布。这样做的原因既包括人为因素(输入的变量值异常),也包括技术因素(不同样本量带来不同方差)。

这些问题都可能发生,无论数据来自销售客户分户账,设计完美的医学实验还是政治倾向研究。无论出于什么原因,你都想了解数据集中是否存在异常值。进而采取一些步骤修正输入错误的数据,或在必要时调整决策规则,甚至在方法可能出错的时候重复试验。

关键在于,当记录员将一位病人周三早上的体温记为 986 度而不是 98.6 度时,复杂的多元分析法(比如最大方差法旋转的因子分析和 Cox 比例风险回归模型)不会发出警告。这种情况下,经过复杂的分析过程后,可能会得到荒唐的结果。但是你一般不会发现这是由于丢失了一个小数点造成的。

你在拿到数据时,如果先仔细看一些初步的描述性统计量,就可以避免很多悲剧发生。如果均值、观测值的极差或者标准差看起来有异常,你可能应该检查数据的收集、输入和存储方法,以免浪费太多时间。

2.1 Excel 中的描述性统计

如果你正在使用 Excel 分析数据,无论是前期验证还是主要数值应用,都需要在数据集中使用 Excel 的各种工作表函数。MIN() 得到最小值，MAX() 得到最大值，MAX() - MIN() 得到极差。COUNT() 可以计数，AVERAGE() 可以求均值，STDEV.S() 和 STDEV.P() 可以求标准差。

Excel 在数据分析插件（曾经称为分析 ToolPak 或 ATP）中自带描述性统计分析工具。描述性统计分析工具有利有弊。

优点是对现有数据集使用描述性统计分析工具，可以得到 16 种不同的描述性统计量，而且不必在工作表中输入函数。如图 2.1 所示。

图 2.1 展示了区域 A1:B12 中两个变量的 11 个取值。变量 MPG 的单变量分析结果请见区域 E3:F18，对变量 IPS 进行类似分析的结果请见区域 G3:H18。可以发现，每个统计量只与一个变量有关：没有统计量是关于两个变量的，例如，MPG 和 IPS，或者根据 MPG 的特定取值得到 IPS 的均值。得到的统计量仅仅是关于单个变量的。

	A	B	C	D	E	F	G	H
1	MPG	IPS			MPG		IPS	
2	28	0.41						
3	17	0.61			Mean	26	Mean	0.52
4	24	0.18			Standard Error	2.63	Standard Error	0.07
5	32	0.24			Median	28	Median	0.43
6	22	1			Mode	28	Mode	0.42
7	33	0.78			Standard Deviation	8.72	Standard Deviation	0.24
8	28	0.73			Sample Variance	76	Sample Variance	0.06
9	11	0.43			Kurtosis	-0.67	Kurtosis	0.09
10	17	0.42			Skewness	-0.20	Skewness	0.62
11	40	0.42			Range	29	Range	0.82
12	34	0.51			Minimum	11	Minimum	0.18
13					Maximum	40	Maximum	1
14					Sum	286	Sum	5.73
15					Count	11	Count	11
16					Largest(3)	33	Largest(3)	0.73
17					Smallest(3)	17	Smallest(3)	0.41
18					Confidence Level(95.0%)	5.86	Confidence Level(95.0%)	0.16

图 2.1 一次操作可以分析多个变量

得到这些统计量时可以不用知道 Excel 有计算样本记录标准差的 STDEV.S() 函数，或者第四行中的标准误差是指每个变量的均值的标准误差。在你开始熟悉数据集的时候，这些统计量都非常有用。当然，你通常想对数据有更多了解，但起码这些统计量的得出是一个好的开始。

缺点在于这些统计量的取值是静态的。比如，图 2.1 中单元格 F3 表示的信息是静态值 26，而不是下式：

=AVERAGE(A2:A12)

因此，如果要通过增加或删除一条记录来改动 A1:A12 的输入值，或编辑现有数据，那么没有一个统计量会发生变化。当有关数据变化时，工作表公式会重新计算，但是描述性统计分析工具不会重新计算：这些分析工具不会与数据有任何关系，因为它们只是数字。

2.1.1 使用描述性统计工具

描述性统计工具很容易使用。你会想在工作表中得到一个或多个列表或表格，比如图 2.1 中有两列 A 和 B。打开功能区数据标签，在分析组定位数据分析链接。单击就可以看到图 2.2 所示的列表框。

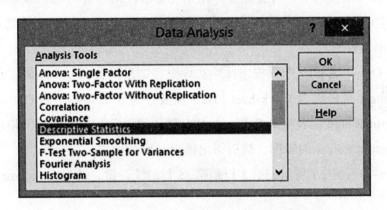

图 2.2 描述性统计是你分析所需的列表框条目

单击描述性统计，再单击 OK 键，你就会得到如图 2.3 所示的对话框。

接下来的步骤如下：

1. 单击 Input Range 框，选定数据所在的区域。在图 2.1 中，该区域是 A1:B12。如果分析一个变量，则该区域可能是 A1:A25，如果要分析三个变量，则该区域可能是 B1:D85。如果变量记录数不同，那么不用担心，保留空白的单元格，不在空白处填入 N/A。

2. 接受默认的 Grouped By Columns。

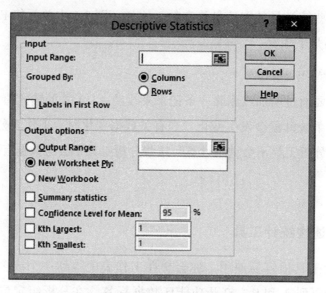

图 2.3　通常最好将输出保留到工作表中

3. 如果输入区域的第一行有标签，比如变量名，则需要勾选 Labels in First Row 复选框。这样，Excel 不会将标签当作合法的数据值，但通常导致错误信息：输入区域包括非数值型数据。

4. 单击 Output Range 选项按钮，除非你要将结果保存到一个新的工作簿或工作表。(Worksheet 原来称为 Worksheet Ply。)需要注意！如果你单击 Output Range 选项按钮，Input Range 框就重新打开，并且存储任何下一步单击的单元格或区域。首先，单击 Output Range 编辑框，然后指出输出开始的位置。

5. 如果要得到图 2.1 所示的第 3 行到第 15 行的统计量，请勾选 Summary Statistics 复选框。

6. 如果要构建均值的置信区间，请勾选 Confidence Level for Mean 复选框。在编辑框输入你想要的置信水平（通常取 0.90、0.95 或 0.99）。

7. 如果需要，请勾选 Kth Largest 和 Kth Smallest 复选框。同样也需要设定 K 的取值。换言之，如果你想要用第 5 大值，请勾选复选框，并在编辑框中输入 5。(我想不起来最后一次使用这两个统计量是什么时候。)

8. 单击 OK 按钮。几秒后你就可以看到如图 2.1 中列 E 到列 H 所示的结果。

2.1.2　理解结果

下面具体了解一下图 2.1 中的一些统计量。其中多数统计量和预期一样（均值、中位数、众数、极差、最小值、最大值、和、计数、第 k 个最大值和第 k 个最小值）。下面可能需要一些额外的补充信息。

均值的标准误差

假定图 2.1 中 A2:A12 的 11 个数是来自同一个总体的样本。现在假定你从同一个总体中抽取几百或者几千组相似的记录数为 11 的样本。其中每个样本都有各自的均值，如图 2.1 中单元格 F3 所示。如果你计算所有均值的标准差，就会得到一个统计量，称为均值的标准误差。图 2.1 中单元格 F4 是该统计量的估计值，因此你不必再抽取成几百或几千组样本。该估计值的计算如下：

$$S_{\bar{x}} = S/\sqrt{n}$$

其中：

- $S_{\bar{x}}$ 是均值的标准误差。
- S 是样本标准差。
- n 是样本记录数（计数）。

均值的标准误差通常用于检测样本均值和假设值间的差异。标准差也是基于样本均值的置信区间的组成部分。

标准差

Excel（以及一般的统计学领域）提供两类标准差：

- 数据构成总体。比如，你可能在某次流水线生产中生产了 100 件产品，之后模具损坏。
- 数据构成样本。你可能在每年生产上百万产品的生产过程中，随机抽取 100 件产品。

在第一个例子中，你有整个总体数据，标准差的计算公式将数据的实际数量 n 作为分母。在第二个例子中，你基于样本估计总体的标准差，分母是 $n-1$ 而不是 n。

在 Excel 中，当数据是总体数据时，你可以用工作表函数 STDEV.P()。当数据是样本数据时，可以用工作表函数 STDEV.S()。获得样本数据要比获得总体数据更加频繁，因此，描述性统计分析工具可以返回使用 STDEV.S() 函数的结果。

样本方差

方差是标准差的平方，约束条件与标准差相同；换句话说，方差存在总体方差（n）和样本方差（$n-1$）之分。描述性统计分析工具返回的是样本方差。

偏度

偏度测度的是数据分布的对称性。不对称的分布称为偏斜的。一种流行的偏度计算方法是求标准得分（称为 z 得分）立方的均值：

$$\sum_{i=1}^{n} z^3/n$$

Excel 用到的公式，在 n 增加时计算 z 得分立方的均值：

$$n\sum_{i=1}^{n} z^3/((n-1)(n-2))$$

对称分布的偏度为 0。

峰度

峰度测度的是得分分布在一定宽度范围内的尖峭或扁平程度。下面给出某本教科书里给出的峰度定义：

$$\left(\sum_{i=1}^{n} z^4/n\right) - 3$$

除了 z 得分取 4 次方而不是 3 次方外，这种峰度的定义与偏度类似。像正态曲线这样的分布会有 z 得分 4 次方的平均。因此，去掉公式中的 3 就得到峰度为 0 的正态曲线。

Excel 中峰度的计算公式有点不同，尝试去掉样本峰度的计算偏差：

$$峰度 = \frac{n(n+1)}{(n-1)(n-2)(n-3)}\sum_{1}^{n} z^4 - \frac{3(n-1)^2}{(n-2)(n-3)}$$

我之所以给出这些公式，是因为你可能需要比较使用 R 得到的偏度和峰度与使用 Excel 得到的偏度和峰度，以便于更好地理解这些差异。

置信水平

将描述性统计分析工具的输出结果中置信区间的取值称为置信水平（见图 2.1 中

的单元格 E18），是误称。置信水平是控制总体均值的样本置信区间的百分比：通常是 90%、95% 和 99%。

相比之下，为了得到置信区间，在增加或减少计算均值后，描述性统计分析工具会得出一个量。使用 Excel 函数语法，可以计算该量：

=T.INV.2T(0.05,10)*F4

单元格 F4 包括均值的标准误差。Excel 的 T.INV.2T() 工作表函数返回正 t 值，切掉 t 分布百分之几的面积，以便等分两侧尾端中间的部分。因此，下式

=T.INV.2T(.05,10)

返回 2.23。意思是：

- 这里用到的 t 分布与正态曲线类似，但中间有点扁平，尾端有点厚。它的形状部分依赖于构建分布的样本观测数。本例中，观测数是 11，因此自由度是 10。
- 这里 t 分布的均值为 0。你如果在 −2.23 和 +2.23 处截断，就会发现曲线下 95% 的面积在两个截点之间。
- 当然，5% 在截点外，其中 2.5% 在分布右尾，2.5% 在分布左尾。

但我们不研究 t 的取值范围，这些 t 值的标准差略大于 1。

> **注释** t 分布的标准差的计算公式如下：
>
> $$\sqrt{v/(v-2)}$$
>
> 这里，v 是自由度。因此，对于样本量为 5 的 t 分布，自由度是 4，标准差是（4/2）的平方根，等于 1.414。随着样本量的增加，标准差会减少，因此样本量为 11 的 t 分布的标准差为 1.12。

我们研究的是，图 2.1 所示的 MPG 的范围，标准差为 2.63。因此，在每个尾端都去掉分布的 2.5%，用 2.63 乘以 ±2.23，等于 ±5.86。将图 2.1 单元格 F4 的均值 26 增加 ±5.86，得到 95% 置信区间 [20.14，31.86]。另一种说法是从均值往后取标准差 2.23。这时，标准差是 2.63 个单位，因此我们从均值往后取 2.23×2.63 个单位。同样从均值往前也取相同的数量。最后得到的区域是该数据 95% 的置信区间。

下面解释一下置信区间：如果你要抽取来自同一总体的 100 个随机样本，在每

100个样本的均值处取95%的置信区间,这些置信区间中的95%覆盖总体的均值。下面的猜想更为合理,你所构建的置信区间是95%覆盖总体均值,而5%没有覆盖总体均值的。这就是置信区间有95%的信心覆盖真实总体均值的意思。

2.1.3 对R中的Pizza文件使用Excel描述性统计工具

让我们看一下Excel描述性统计分析工具如何处理R中披萨配送数据库的数值型变量。第一步是导出该数据库,以便于Excel可用该数据库。步骤如下:

1. 打开R。

2. 用R命令加载DescTools软件包:

library(DescTools)

3. 输入下述命令,导出名为d.pizza的数据框:

write.csv(d.pizza, file="C:/Users/Jean/Desktop/pizza.csv")

你可以给文件指定任何合法的目的名称和位置。该文件会形成一个逗号分隔的数值文件,或csv文件,因此你也可以用csv作为文件扩展名。同样也需要注意,在文件路径中使用向正斜杠(/),而非反斜杠(\):R将反斜杠解释为一个转义符。你可以用向正斜杠(/),或者两个反斜杠(\\)。

当控制返回到R界面——只要1~2秒——退出R并打开Excel。在保存csv文件的位置打开该文件。结果和图2.4中的工作表有些类似。

注意,图2.4中的NA值散布在正常值中。NA值表示不可用。因为NA是文本数据,所以当描述性统计分析工具把它们当作数字处理时,就会面临困难。

如果你想用Excel的工作表函数,则不会遇到阻碍。当这些函数(比如,SUM()、AVERAGE()或者STDEV.S())遇到像NA这样的文本值时,会自动忽略。图2.5举出了一些例子。

DescTools中披萨数据库的前10条记录在图2.5的区域A2:A11,记录了配送时披萨的温度。在单元格A13中输入的计算公式为:

=AVERAGE(A2:A11)

	A	B	C	D	E	F	G	H	I	J	K	L	M	N	O	P	Q
1	index	date	week	weekday	area	count	rabate	price	operator	driver	delivery_min	temperature	wine_ordered	wine_delivered	wrongpizza	quality
2	1	3/1/2014	9	6	Camden	5	TRUE	65.655	Rhonda	Taylor	20	53	0	0	FALSE	medium
3	2	3/1/2014	9	6	Westminster	2	FALSE	26.98	Rhonda	Butcher	19.6	56.4	0	0	FALSE	high
4	3	3/1/2014	9	6	Westminster	3	FALSE	40.97	Allanah	Butcher	17.8	36.5	0	0	FALSE	NA
5	4	3/1/2014	9	6	Brent	2	FALSE	25.98	Rhonda	Taylor	37.3	NA	0	0	FALSE	NA
6	5	3/1/2014	9	6	Brent	5	TRUE	57.555	Rhonda	Carter	21.8	50	0	0	FALSE	medium
7	6	3/1/2014	9	6	Camden	1	FALSE	13.99	Allanah	Taylor	48.7	27	0	0	FALSE	low
8	7	3/1/2014	9	6	Camden	4	TRUE	89.442	Rhonda	Taylor	49.3	33.9	1	1	FALSE	low
9	8	3/1/2014	9	6	Brent	NA	NA	14.22	Allanah	Taylor	25.6	54.8	NA	NA	FALSE	high
10	9	3/1/2014	9	6	Westminster	3	FALSE	40.97	Allanah	Taylor	26.4	48	0	0	FALSE	high
11	10	3/1/2014	9	6	Brent	6	TRUE	84.735	Rhonda	Carter	24.3	54.4	1	1	FALSE	medium
12	11	3/1/2014	9	6	Westminster	3	FALSE	66.41	Allanah	Miller	11.7	28.8	0	0	FALSE	low
13	12	3/1/2014	9	6	Brent	5	TRUE	62.955	Rhonda	Carter	19.5	51.3	0	0	FALSE	medium
14	13	3/1/2014	9	6	Camden	4	TRUE	46.764	Allanah	Taylor	32.7	24.05	0	0	FALSE	low
15	14	3/1/2014	9	6	Camden	1	FALSE	49.95	Rhonda	Carter	38.8	35.7	1	1	FALSE	low
16	15	3/1/2014	9	6	Brent	6	TRUE	73.746	Rhonda	Carter	23	53.6	0	0	FALSE	medium
17	16	3/1/2014	9	6	Westminster	5	TRUE	57.555	Rhonda	Miller	30.8	51.3	0	0	FALSE	NA
18	17	NA	NA	NA	Brent	2	FALSE	26.98	Allanah	Carter	27.7	51	0	0	FALSE	high
19	18	3/1/2014	9	6	Brent	2	FALSE	27.98	Rhonda	Butcher	29.7	47.7	0	0	FALSE	medium
20	19	3/1/2014	9	6	Brent	3	FALSE	41.97	Rhonda	Carter	9.1	52.8	0	0	FALSE	medium
21	20	3/1/2014	9	6	Westminster	1	FALSE	11.99	Rhonda	Miller	37.3	20	0	0	FALSE	low

图 2.4 用 Excel 打开的 csv 文件没有我们在 Excel 工作表中习惯见到的格式，比如货币格式

	A	B	C	D	E	F	G	H
1	temperature			delivery_min	temperature		delivery_min	temperature
2	53			20	53		20	53
3	56.4			19.6	56.4		19.6	56.4
4	36.5			17.8	36.5		17.8	36.5
5	NA			37.3	NA		21.8	50
6	50			21.8	50		48.7	27
7	27			48.7	27		49.3	33.9
8	33.9			49.3	33.9		25.6	54.8
9	54.8			25.6	54.8		26.4	48
10	48			26.4	48		24.3	54.4
11	54.4			24.3	54.4			
12								
13	46.00000000			-0.74494935			-0.74494935	
14	=AVERAGE(A2:A11)			=CORREL(D2:D11,E2:E11)			=CORREL(G2:G10,H2:H10)	
15								
16	46.00000000							
17	=AVERAGE(A2,A3,A4,A6,A7,A8,A9,A10,A11)							

图 2.5 Excel 中的相关关系函数（如 CORREL()）忽略了成对的记录

注意公式的参数包括单元格 A5 中的文本值 NA。返回的结果为 46.00。

在单元格 A16 中输入的计算公式为：

=AVERAGE(A2,A3,A4,A6,A7,A8,A9,A10,A11)

第二个 AVERAGE 公式包括除 A5 外的 A2:A11 的每个单元格。两个 AVERAGE() 计算公式都会得到相同的结果，46.00。当它们期望数值型数据时，你可以用 Excel 工作表函数如 AVERAGE() 和 SUM() 忽略像 NA 这样的文本值。

如图 2.5 所示，区域 D2:E11 包括温度和送达时间两个变量，记录与 A2:A11 相同。如果你想根据这些记录计算这两个变量的相关关系，那么 Excel 处理缺失数据的方法是，因为其中一个变量有缺失值，所以剔除第四行整条记录。注意 D2:D11 和 E2:E11 两列数的相关系数为 –0.7449。得到该结果的计算公式如下：

=CORREL(D2:D11,E2:E11)

在区域 G2:H10 中，我忽略了包括缺失值的记录。该区域数据相关系数的计算公式为：

=CORREL(G2:G10,H2:H10)

上述两式会得出相同的结果，因此，当任何一列存在文本型数值时，CORREL() 函数会忽略整条记录。

因此，如果你决定用工作表函数得到数据集（如披萨数据库）的统计量汇总表，那么一切会很顺利。如果你用的是 Excel 数据分析插件中的描述性统计分析工具，那么就不会这么简单直接。

如果你对包括文本数据的工作表区域使用描述性统计分析工具，那么就会返回一条错误信息：区域包括文本数据。如图 2.6 所示。

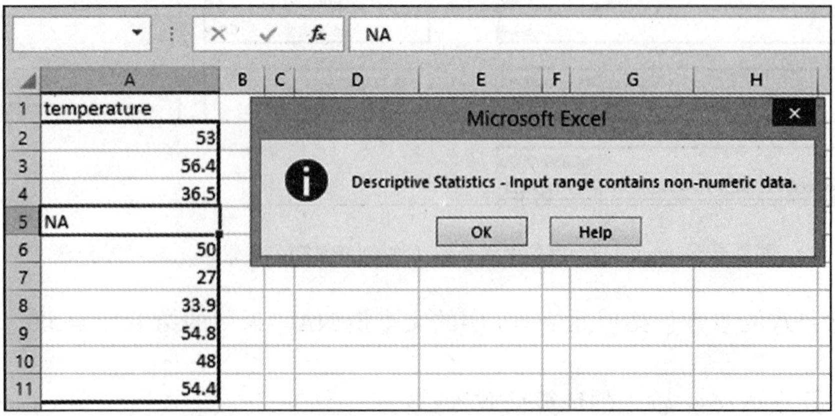

图 2.6 尽管所有工作表函数可以顺利地处理文本数据，但描述性统计分析工具会出现问题

为了用描述性统计分析工具处理数据，你需要先替换文本数据。显然，你不可以用编造的数据替换 NA 值。事实证明，如果用空白单元格替换文本数据，描述性统计分析工具就可以处理。

提示	工作表函数像忽略文本值一样忽略空白格，因此，你可以用其中任何一个替代缺失值。你可以用 #N/A 错误值或者 NA() 函数，而不是空白格或文本值，但是如果你这样处理，任何在参数中有单元格的工作表函数都会返回 #N/A 错误值。

因此，一种可能是将所有 NA 值替换为空白——换言之，在查找和替换对话框中，在查找框输入 NA，在替换编辑框什么都不输入。Excel 将真正的空白格当作缺失数据，像 AVERAGE() 和 SUM() 这样的函数返回指定单元格（包括数值型数据在内）的正确汇总数据。

遗憾的是，当数据集像 R 中的披萨数据集一样存在很多 NA 值时，那些替换的空白单元格会导致另一个问题。当工作表中的记录多达 1 209 条时，你很容易想通过单击变量标签选择一个变量（比如，图 2.4 的单元格 M1）来进行分析，然后同时按 Ctrl 键和向下箭头键。该序列会选择从第一个单元格径直往下到最后一个连续非空单元格的所有单元格。

但这可能只帮你取到部分数据集——甚至可能只有 10 条记录。一旦你替换 NA 值，令（比如）M5 为空白格，那么你在这列中搜索的最后一个值在 M4 中。

一种可行的解决方法是通过单击列头选择整列，完成输入。比如，输入区域框中的 M:M（如图 2.3 所示）。这会稍微降低处理过程的速度，但总比对数据列每个空白格单击向下箭头好一些。

另一种可能的解决方法是在另一个数值区域中使用处理文本数值的工作表函数。AVERAGEA() 将文本值当成合理的 0 值，然而，缺失值和 0 值在平均水平上存在差异。计算公式如下：

=AVERAGEA(1,2,"NA,"4,5)

返回 2.4。把 NA 当作 0 意味着和为 12，计数为 5，因此结果是 2.4。当完全忽略 NA 值时，总和仍为 12，但计数为 4，结果为 3。

在 Excel 中不存在完全令人满意的解决方法。你可以基于所选区域的第一行定义名称，在输入区域编辑框使用定义的名称，而不是工作表地址。但 Excel 不包括使用该方法命名的区域列名，因此描述性统计不能在结果中展示变量标签。如果仅仅从方便角度考虑，R 在这种情况下可能是比 Excel 更好的选择。

2.2 使用 R 的 DescTools 软件包

R 有名为 DescTools 的软件包。它包括很多函数：在进行更先进、更高要求的分析前，你可能想先进行基本分析。

例如，当比较两组或更多组均值时，会突然发生 Behrens-Fisher 难题。如果你要检验不同组均值间差异的统计显著性，问题就会出现。

当两组的观测数不同且异方差时，可能会发生下述两种结果的一种：

- **规模较大的组方差较大**。两组方差的合并过程使规模较大组在合并方差上的影响较大。这会人为增加 t 检验的分母，使得它比 t 分布更保守，以使你相信。这些表格可能告诉你 alpha 水平，拒绝原假设的概率，这里取值为 0.01——因为组规模和组方差间的关系——事实上，alpha 大概取值为 0.005。
- **规模较大的组方差较小**。这种情况下，规模较大的组仍然对合并方差有较大影响，这仅仅因为它的记录数较多。但在这种情况下效果恰恰相反：人为减少 t 检验的分母，使 t 检验比预期更自由。如果名义上的 alpha 水平是 0.01，真实的 alpha 水平可能是 0.05。与表格结果相比，你将更常拒绝真正的原假设。

在你陷入运行 t 检验的困难之前，需要了解这些内容。由于两组规模不同，通过增加或删除记录以保证两组观测数相同的做法可能是合理的。（当两组规模相同时，异方差不会存在统计检验问题。）或者你可能使用 Welch 修正，但这不是一种完全令人满意的解决 Behrens-Fisher 问题的方法。

关键在于 R 的 DescTools 软件包提供了你所需诸如此类的检验工具，这种检验可能是你在分析过程前期就想进行的。在 2015 年之前，软件包中的大部分工具在 R 中可用，只是分散在不同软件包中。这使得完成具体的初步分析需要大量时间。现在，你加载一个 DescTools 软件包就可得到这些工具。

2.3 输入一些有用的命令

DescTools 自带本章前面我用来说明 Excel 描述性统计插件的披萨数据框。因此，本节还用披萨数据框来说明 R 函数。这样就没必要重复从其他应用程序导入数据或从标准的逗号分隔数值 ASCII 格式导入数据的一系列步骤。

DescTools 包括非常有用的 Desc 函数，你可以基于下述内容得到描述性统计量：

- 单个数值型变量。
- 单个名义（或分类）变量。
- 两个数值型变量，就得到相关关系。
- 对于一个名义变量和一个数值变量，比如，可以根据名义变量的不同水平得到数值变量的均值。
- 两个名义变量，就得到一个列联表。

通过这样使用 Desc 函数，你可以得到单个数值型变量（披散数据框中的温度）的单变量统计量：

Desc(d.pizza$temperature)

> 注意 我已将本文中的变量名（如温度（Temperature））大写，以使读者容易读懂。披萨数据框不用大写，当在 R 的用户界面中输入命令时，你应该注意按照本文案例进行大小写，否则会立即出现警告。R 的语法区分大小写，因此温度 Temperature 不能识别 temperature，就像 true 与 TRUE 不是一回事一样。

2.3.1 控制符号类型

仅仅作为我的个人习惯，找到一组研究对象的平均体重，并且发现 R 返回的值是 1.49e+02，是令人恼火的。众所周知，1.49e+02 就是 149，可能平均体重的小数部分是不相关的——但另一方面可能至关重要。

DescTools 软件包通常默认报告结果采用科学记法，这里 "e" 是指 "10 的多少次方"。这可以作为一种表示大数的便捷的方法，但也使有效数字变得模糊不清。

因此，我通常在 R 会话中输入下述命令，使用 DescTools 软件包：

```
options(scipen = 10)
```

这里，设定关键词 scipen 等于 10。（该选项不只属于 DescTools。）该选项将一种罚——scipen 中的 pen——用到函数的结果，以保证科学的—scipen 中的 sci——记法替换为固定的十进制记数法，如 149.41。这种情况下，在固定记法转换为科学记法前，DescTools 不予处理直到固定记法比科学记法长 10 个字符。

图 2.7 和图 2.8 展示了两种结果的差异，第一种结果没有用 scipen 选项，第二种结果用了 scipen 选项。

	A	B	C	D	E	F	G
1							
2	> library(DescTools)						
3	> Desc(d.pizza$temperature)						
4	--						
5	d.pizza$temperature (numeric)						
6							
7	length	n	NAs	unique	0s	mean	meanSE
8	1.00E+03	1.00E+03	4.00E+01	4.00E+02	0	4.79E+01	2.91E-01
9							
10	0.05	0.1	0.25	median	0.75	0.9	0.95
11	2.67E+01	3.33E+01	4.22E+01	5.00E+01	5.53E+01	5.88E+01	6.05E+01
12							
13	range	sd	vcoef	mad	IQR	skew	kurt
14	4.55E+01	9.94E+00	2.07E-01	9.19E+00	1.31E+01	-8.42E-01	5.06E-02
15							
16	lowest :	1.93E+01	1.94E+01	2.00E+01	2.020e+01 (2e+00)	2.04E+01	
17	highest:	6.38E+01	6.41E+01	6.46E+01		6.47E+01	6.48E+01

图 2.7　你可以发现汇总数据的默认数字格式不会太丰富

	A	B	C	D	E	F	G	H
1	> options(scipen=10)							
2	> Desc(d.pizza$temperature)							
3	--							
4	d.pizza$temperature (numeric)							
5								
6		length	n	NAs	unique	0s	mean	meanSE
7		1'209	1'170	39	375	0	47.937	0.291
8								
9		0.05	0.1	0.25	median	0.75	0.9	0.95
10		26.700	33.290	42.225	50.000	55.300	58.800	60.500
11								
12		range	sd	vcoef	mad	IQR	skew	kurt
13		45.500	9.938	0.207	9.192	13.075	-0.842	0.051
14								
15	lowest :	19.3	19.4	20	20.2 (2)	20.35		
16	highest:	63.8	64.1	64.6	64.7	64.8		

图 2.8　通过将 scipen 选项设定到一个相对较大的值，你改变了默认的科学记法

用固定十进制记法代替科学记法一定会得到改进，但我们还没有这样处理。注意结果第一行的千位数字分隔符是一个省略号。在美国，常用的分隔符是逗号。你可以在结果的整数部分调用逗号——即长度（Length）、n、NA、单值数（unique）和0——通过下述命令：

options(fmt.abs=structure(list(digits=0, big.mark=","), class="fmt"))

因为所有的数都是整数，你可以要求小数的数量（称为位数）等于 0。千位数字分隔符称为 big.mark，这里设置为逗号。

下面快速解释一些 R 术语。图 2.7 和 2.8 中，前 5 个值都是计数结果，因此都是整数。这些标签的意思如下：

- Length：数据框 d.pizza 中的记录数
- N：变量温度的合理值个数
- NAs：变量温度的不可用数值的个数
- Unique：温度取值唯一的个数
- 0s：温度出现 0 值的次数

对整数变量中的逗号设定 big.mark 选项的效果如图 2.9 所示。

	length	n	NAs	unique	0s	mean	meanSE
	1,209	1,170	39	375	0	47.937	0.291
	0.05	0.1	0.25	median	0.75	0.9	0.95
	26.700	33.290	42.225	50.000	55.300	58.800	60.500
	range	sd	vcoef	mad	IQR	skew	kurt
	45.500	9.938	0.207	9.192	13.075	-0.842	0.051
lowest:	19.3,	19.4,	20.0,	20.2 (2),	20.35		
highest:	63.8,	64.1,	64.6,	64.7,	64.8		

图 2.9 现在 0s 的长度用到的千位数字分隔是逗号

尽管选项语句在整数变量上有预期的效果（没有小数点；数字分隔符是逗号），但对如均值到峰度的统计量没有效果，对数据框中 5 组最小值（"最低值"）和最大值("最高值")也没有影响。

这是因为选项语句只为整数设定格式；fmt.abs 参数仅对整数变量产生效果。你需要对 DescTools 称作的数值型变量（均值、均值标准差等等）单独编写选项语句。注意，尽管整数的选项语句用 0 位小数，数值型变量仍在小数点后保留三位有效数字。为了控制数值型变量的格式（你可能也在考虑当作浮点或双精度），你需要指定 fmt.num 而不是 fmt.abs。假定你想要的数值是用逗号作为千位分隔符，并保留小数点后 5 位有效数字。你可以在 DescTools 中使用如下命令：

```
options(fmt.num=structure(list(digits=5, big.mark=","), class="fmt"))
```

	A	B	C	D	E	F	G	H
1	>options(fmt.num=structure(list(digits=5,big.mark=","),class="fmt"))							
2	>Desc(d.pizza$temperature)							
3	--							
4	d.pizza$temperature(numeric)							
5								
6		length	n	NAs	unique	0s	mean	meanSE
7		1209	1170	39	375	0	47.93667	0.29055
8								
9		0.05	0.1	0.25	median	0.75	0.9	0.95
10		26.70000	33.29000	42.22500	50.00000	55.30000	58.80000	60.50000
11								
12		range	sd	vcoef	mad	IQR	skew	kurt
13		45.50000	9.93820	0.20732	9.19212	13.07500	-0.84187	0.05058
14								
15	lowest:	19.3,	19.4,	20.0,	20.2 (2),	20.35		
16	highest:	63.8,	64.1,	64.6,	64.7,	64.8		

图 2.10　数值型统计量现在给出小数点后 5 位有效数字

2.3.2　报告统计量

既然我们可以看到汇总统计量，那么不妨再看一下图 2.10，了解这些统计量的真实含义。回忆一下你可以用 DescTools 的 Desc 函数调用这些统计量：

均值

均值是指变量中数值型数值的平均，因此，R 在计算时忽略了 NA 值。在披萨数据框中，我已经发现温度变量的均值，正如 R 计算的，与 Excel 计算结果不同，相差 0.000000000000071，即小数点后有 13 个 0，1 个 7 和 1 个 1。

均值的标准误差（meanSE）

本章已讨论过该函数的含义及其用途。R 用的是样本的标准差，而非总体的标准差，来计算标准误差——我认为这是合适的。如果你处理的是总体数值，那么计算像推断统计量（如标准误差）是没有意义的。Excel 计算的标准误差在小数点后第 14 位与 R 计算的标准误差不同。

7 个分位数

通过 Desc 函数分析数值型变量得到第二行的统计量的七个值统称为分位数。它们分别代表变量分布中第 5 个、第 10 个、第 25 个、第 50 个、第 75 个、第 90 个和第 95 个百分数。

比如，图 2.10 展示了 Desc 函数返回了第 5 个百分数（记为".05"），26.70000。为了验证这个统计量，你需要采取下面步骤：

1. 注意 Temperature 变量的计数 n 是 1,170 条合理的记录。
2. 计算 1,170 条记录中百分之五的方法是：0.05 乘以 1,170，即 58.5。
3. 把 Temperature 作为排序变量，对记录按升序排列。
4. 注意排序后第 58 个数和第 59 个数均为 26.7。
5. 因此，Temperature 取值分布的第百分之五个数为 26.7。

类似地，1,170 条记录的第百分之九十是第 1,053 条记录（即 0.9 乘以 1,170）。按温度排序，数据集中第 1,053 条记录中，温度为 58.8，和 Desc 函数的计算结果一样。

着重讨论 Desc 的分位数计算结果反映了 DescTools 软件包强调"稳健的"统计量。在这个背景下，稳健与推断分析的稳健性无关，比如关于推翻假设条件的方差分析。当分布中某个数改变时，稳健与一个统计量的静态值有关。

稳健性的一个最清楚的例子是分布的范围。除最大值和最小值，你可以改变分布中任意一个值，或者数量不限的任意多个值，分布的范围保持不变。Desc 返回的分位数不一定相同，但是效果相似。例如，为了改变第 5 个白分数的值，你需要在小于该百分数的位置增加一个新值，或者将小于该百分数的一个数移动到大于该百分数的位置。

个人观点：我不太愿意将这种性质称为"稳健的"。这个术语意味着一种通常令人满意的性质。当然，有时你更想看到分布特征不受排序位置上一条记录微小变化的影响。但是，移动一条记录导致的统计量的自动变化通常更会受到那个原因的影响。更多内容请见本章后面有关中位数绝对偏差（median absolute deviation，MAD）的部分。

你通常想调用 Desc 函数和 plotit 参数，命令如下：

Desc(d.pizza$temperature, plotit = TRUE)

当你运行上述命令返回单个统计量时，plotit 参数调用的图如图 2.11 所示。

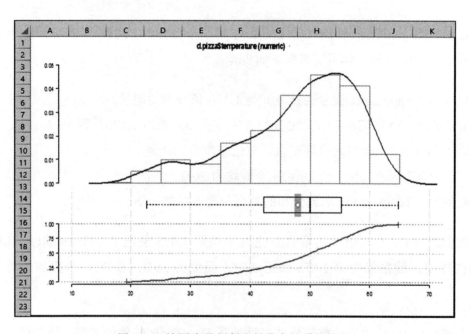

图 2.11　该图表是判断变量分布性质的捷径

图 2.11 展示了 4 张图：

- 叠加在直方图上的线图展示了不同观测的相对频数
- 箱线图
- 累积频数线图

线图和叠加的直方图基于温度间隔为 5 度的不同组观测。通过在 Excel 插入一个将温度间隔以 5 度的透视图,并将结果绘制为柱 - 线组合图,你就能得到相同图表。

箱线图需要一些更多的解释。箱线图中第一和第三分位数——即第百分之 25 和第百分之 75,John Tukey 称为 hinges——定义了图中间箱子的端点。

箱线图的端点更复杂。箱线图的创始人 Tukey 建议箱线图的总长度最好不要超过四分位距(即 IQR,指第 1 分位数与第 3 分位数间的距离)的 1.5 倍。Desc(R 及其他应用软件的其他函数)实现了这个建议,箱线图的端点是满足下面条件的真实观测:

- 距离中位数左侧或右侧最远的端点
- 不超过箱子内部四分位距(IQR)长的 1.5 倍

正如 2.11 所示,箱线图的最低点为 22.6,最高点为 64.8。图 2.12 展示了这些端点的计算方法。

temperature	Quartile	Percentile	Percentile's rank	Percentile's value	IQR	IQR * 1.5	Q1 - (IQR * 1.5)	Q3 + (IQR * 1.5)	Max value
19.3	Q1	25%	292.5	42.225	13.075	19.613	22.6125		
19.4	Q3	75%	877.5	55.300				74.913	64.8
20									
20.2									
20.2									
20.35									
20.4									

图 2.12 端点的计算虽不复杂但不清楚

下面给出如何计算箱线图的端点值,对图 2.12 作出一些解释:

1. 箱子的上下边缘——边界——是单元格 C2 和 C3 处的第 1 分位数和第 3 分位数。这些分位数对应排序后的第 25 百分数和第 75 百分数,如单元格 D2 和 D3 所示。

2. 单元格 E2 和 E3 展示了第 25% 和 75% 条记录的秩。按温度高低排序,这两个位置的数分别是 292.5 和 877.5。

3. 排名第 292 和第 293 的温度相同,排名第 877 和第 878 的温度也相同。因此,可以用真实温度大小定义第 1 分位数和第 3 分位数,或者箱子的边界。这些真实值如单元格 F2 和 F3 所示。

4. 四分位距（IQR）如单元格 G2 所示。这是温度第 1 分位数和第 3 分位数之差。IQR 乘以 1.5 得到 19.613，如单元格 H2 所示。

5. 基本已完成。取温度 19.613 作为箱线图下端点处的第 1 分位数。单元格 I2 展示的结果为 22.6125。可以将其与图 2.11 箱线图下端点进行比较。

6. 最后，将 19.613 增加到温度值中作为第 3 分位数。结果单元格 J3 出现 74.913。但是，该值比温度的最大观测值大。因此，用最大观测值作为箱线图的上端点。最大值为 64.8，如单元格 K3 所示。

当观测值在计算所得箱线图端点的外面时，R 会绘制出这些点，并称其为异常点。

> **注释** Excel 的箱线图在计算端点和展示异常点时使用相同的方法。

极差

极差是分析变量的最大值和最小值之差。它是极其静态的——有人称之为稳健性——测量一组数值的波动性。你可以改变数据集中除最值外的任何值，都不改变极差。

以前，在计算功效受限的工厂背景中，极差是测量统计过程控制波动性的有用方法。用笔和纸可以很快将控制极限的估计放入该极差。最近，计算机的方便使用消除了采用极差的这个原因。在数据输入中查找错误仍然是一个好方法。如果病人体温的取值范围是 [98.0，990.0]，则不难发现某位病人的体温丢掉一个小数点。

标准差（SD）

Desc 函数返回的标准差是样本版本，即它假定数据集组成了来自总体的一个样本，并除以自由度 (n–1)，来估计总体的标准差。这与本章前面讨论的均值标准误差计算方法一致。对于披萨数据集中的温度变量，Excel 和 R 计算出的标准差在小数点后第 14 位处相同。除此之外，Excel 和 R 都返回一系列 0。

变异系数（vcoef）

在单变量分析背景下，变异系数是一个变量的标准差与均值之比。其本身没有特别直观的含义。但它可以反映两个不同变量是否存在不同程度的变异性。这个想法是，标准差和均值的测量单位相同。因此，标准差除以均值可以消除测量标尺的影响，你得到一个通过变量测度内在离差大小的指标。

为了减少比率小于 1.0 出现的频率，通常用 100 乘以该比率。Desc 函数没有这样处理。

假定你想观察 1990 年和 2010 年计算机程序员的薪酬波动情况。研究显示，1990 年的平均薪水为 \$40,000，标准差为 \$4,000，变异系数为 10；2010 年均值为 \$60,000，标准差为 \$6,000，但变异系数仍为 10。通过测度可知，尽管标准差从 \$4,000 增加到 \$6,000，但是这 20 年间的波动性没有变化，因为该标尺——这里是 1 美元的购买力——随年份发生了变化。

有时同样的方法会用到单位而不是变量。例如，假定公司为内燃机制造活塞。为汽车发动机生产一种活塞，为二冲程发动机生产小号活塞。较大发动机的活塞环直径可能为 75 毫米，标准差为 0.01 毫米。二冲程活塞的直径平均为 30 毫米，标准差为 0.007 毫米。因此汽车发动机活塞环的变异系数为：

0.01 / 75 = 0.0001

二冲程发动机活塞环的变异系数为：

0.007 / 30 = 0.0002

因此，尽管汽车发动机活塞环直径的标准差比二冲程发动机活塞环大，但是，当去掉测量单位的影响时，二冲程发动机活塞环直径有较大的内在变异性。

变异系数的使用存在多种解释和变通方法。比如，通常建议采用均值的绝对值或比率的绝对值，以避免变异系数取负值。通常避免均值为 0 或接近 0 的变量，因此你不会遇到以 0 为分母的误差或巨大的变异系数。

中位数绝对偏差（mad）

中位数绝对偏差（MAD）是估计一组数据波动性的方法。常用方法是从中心趋势的测度中计算偏差的绝对值。

波动性的标准测量指标，如方差和标准差，都建立在平方偏差和（速记为平方和）基础上。如果你要找到，比如十个值距离均值的偏差，再对这些偏差求和，那么结果为 0。不管数值本身和数值个数，该结果总是 0。因此，平均偏差对波动性的测量是无用的。

基于平方和的方法通过求和前对偏差取平方，来解决这个难题。一个数的平方总是正数，因此——考虑数字发生的任何变动——变化越大平方和越大。

将平方和除以数值个数得到方差。这使得方差与观测数独立，即平均平方偏差。对方差取平方根得到标准差。

但对偏差取平方会导致高估方差。一个异常点会导致大的偏差，对该偏差取平方后会导致估计的方差不会出现在后续样本中。因此，另一种替代对偏差取平方返回正数作为结果的方法是取绝对值。

这样做的一种方法是计算数据集中每个值与均值间的偏差（即算数平均值）。计算每个偏差的绝对值，并取平均。

Desc 函数采用的方法是使用中位数而非均值。（遗憾的是，中位数（median）和均值（mean）都是以 m 开头，会导致首字母缩略词均为 MAD）。Desc 函数根据原始数据集的中位数计算偏差，然后找到偏差绝对值的中位数。

某些性质描述不同的统计量。比如，无偏性是一种很好的性质。一个无偏的统计量通常不会低估或高估待估的总体参数。样本均值是一个无偏统计量。它可能不等于总体均值——事实上，几乎一定不相等——但它通常不会低估或高估该参数。

相反，样本均值的平均平方偏差，即方差，是一个有偏的统计量。它通常会低估总体方差。这就是为何样本方差将平方偏差和除以（$n–1$）而不是 n：来修正偏差。（尽管标准差仍是有偏的。无偏统计量的平方根本身不一定是无偏的。）

统计量的另一种良好的统计性质是一致性。样本量越大，一致性统计量越接近总体参数。比如伊利诺斯洲所有居民的平均年龄是 55 岁。由生活在伊利诺斯洲的 10 个人组成的一个随机样本的平均年龄为 45 岁，比总体均值低 10 岁。因为均值是一致的统计量，由 100 位伊利诺斯洲居民组成的一个随机样本会更逼近总体均值——是 52 而非 45。这就是一致的统计量。

使用 MAD 的人通常想将其作为总体标准差的估计量。中位数的绝对偏差不是参数的一致性估计量。研究表明，如果用常数 1.4826 乘以中位数绝对偏差，该 MAD 是总体标准差的一性估计量。

图 2.13 展示了 Desc 函数中的 MAD 计算方法。

G2　　=E2*F2

	A	B	C	D	E	F	G
1	temperature	Median temperature	Deviations	Absolute values of deviations	Median Absolute Deviation	Constant	MAD
2	53	50	3	3	6.2	1.4826	9.19212
3	56.4		6.4	6.4			
4	36.5		-13.5	13.5			
5	50		0	0			
6	27		-23	23			
7	33.9		-16.1	16.1			
8	54.8		4.8	4.8			
9	48		-2	2			

图 2.13　我忽略了列 A 温度数据中的 NA 值

四分位距（IQR）

计算分布的第 75 百分数（或第 3 分位数）与第 25 百分数（或第 1 分位数）之差，很容易得到该统计量。IQR 定义了箱线图中箱子的长度（如图 2.11）。

偏度

偏度是一种测量分布偏离对称性的方法。有偏分布趋向于在分布的尾端聚集数据，通常导致另一侧尾端相对变长变薄。如果分布左侧是长尾且薄尾的，该变量称为负偏态分布；如果分布右侧是长尾且薄尾的，则是正偏的。图 2.11 所示的分布是负偏的。

通常计算分布的 z 得分立方的均值，得到偏度。具体如下：

1. 计算分布的均值和标准差。
2. 每个数值减去均值，再除以标准差，得到的每个数值作为 z 得分。
3. 对 z 得分取立方。
4. 求 z 得分立方的均值，决定原始数据的偏度。

图 2.14 展示了该过程。Desc 函数用同样的方法计算偏度。（顺便一提，正态分布的偏度为 0.0。）

	A	B	C	D	E	F
1	temperature	Mean temperature	Standard Deviation	Zs	Cubed z	Mean cubed z
2	53	47.93666667	9.93820393	0.50948173	0.132247	-0.841868
3	56.4			0.85159586	0.61759053	
4	36.5			-1.150778	-1.5239639	
5	50			0.20761632	0.00894921	
6	27			-2.1066852	-9.3497264	
7	33.9			-1.4123947	-2.817528	
8	54.8			0.69060098	0.32936812	
9	48			0.00637271	2.5881E-07	

图 2.14　负偏态展示了非对称分布

峰度

峰度测量的是与正态曲线相比，分布尖或平的程度。除以下两点，计算方法与偏度相同：

- z 得分被提高到取 4 次方而不是 3 次方。
- 通常对提高后的 z 得分的均值减去常数 3。

在正态曲线中被提高到四次方的 z 得分的均值为 3。均值减去 3 意味着正态曲线的峰度为 0——这只是个方便计算的结果，因为正态曲线偏度也为 0。比正态更平坦的曲线的峰度为负，比正态高的峰度为正。Desc 函数遵守将 z 得分四次方均值减 3 的习惯。

图 2.15 展示了计算峰度的过程。

最低和最高的 5 个值

主要用于帮助你解释箱线图中的异常点，Desc 列出了所选变量的 5 个最低值和 5 个最高值。如果存在链接，给定值条件下相链接的记录数会出现在后面的括号中。

图 2.15　正峰度说明分布比正态更尖峭些

2.3.3　对名义变量运行 Desc 函数

正如前面章节讨论的有关数值型变量的统计量，Desc 函数向你提供有关名义分类变量的有用信息。名义分类变量主要看频数和百分数，信息量比数值型变量更稀疏。

图 2.16 展示了一个例子，即当用 Desc 函数分析时，名义变量 Driver 会得到什么结果。

图 2.16　名义变量分析——R 中称为因子——仅限于简单的计数和百分数

名义变量数据形成了帕累托图（排序直方图）的基础，如图 2.17 所示。通过在 Desc 命令中设定 plotit = TRUE，你即可得到该图。

默认顺序是按频数递减。但你可以用参数 ord 改变默认顺序。比如：

Desc(d.pizza$driver,ord="asc")

会按频数递增顺序返回结果。

Desc(d.pizza$driver,ord="level")

会按司机的姓名依字母表顺序返回结果。(Desc 函数使用"level"指代一个因子可取的不同数值。)

2.4 用 Desc 运行双变量分析

Desc 函数除可以处理双变量分析以及本章目前讨论的单变量分析。比如，分析两个数值型变量会得到两个变量间的相关系数，分析一个数值型变量和一个因子会得到因子不同水平下数值变量的分类。在 Excel 和其他大多数统计分析专用软件中，你决定想要进行的分析（ANOVA、多元回归、相关、因子分析等等），并提供想要进行分析的变量名。

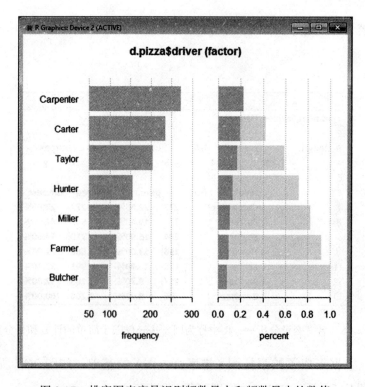

图 2.17 排序图表容易识别频数最大和频数最小的数值

在 DescTools 软件包中，你可以给出由波浪线（~）分隔的两个变量名，使 Desc 函数知道你想要通过第二个变量分析第一个变量。比如：

Desc(temperature ~ delivery_min, data=d.pizza, plotit=TRUE)

这里的命令用 Desc 函数通过配送时间（delivery_min）（派送订单所需的分钟）分析温度（temperature）。你也看到识别目标数据框和感兴趣变量的其他方法。在本章前面的单变量分析案例中，用这种结构足够简单：

d.pizza$temperature

当涉及两个或更多变量时，这种做法有些笨拙，因此通过配送时间（delivery_min）分析温度（temperature），仅命名变量，后面用"data="和数据框名。你如果真需要快点，那么甚至可以忽略"data="，命令如下：

Desc(temperature ~ delivery_min, d.pizza, plotit=TRUE)

2.4.1 两个数值型变量

在前面的例子中，Desc 函数注意到设定参数的两个变量都是数值型变量，因此选择相关关系作为要分析的类型。这种方法非常不同于有经验的 Excel 用户所习惯的方法。Excel 要求你选择一种分析——比如，相关关系中的 CORREL()，或者回归中的 LINEST()。你将目标变量在工作表中的地址提交到该函数中。例如：

=CORREL(A1:A50,B1:B50)

但使用 DescTools，你通过命名要分析的变量来选择分析类型。Desc 函数会注意每个变量的类型，因此相应地选择要返回的结果类型。在前面的例子中，Desc 注意到变量都是数值型的，因此调用相关系数。

图 2.18 展示了温度（temperature）与配送时间（delivery_min）的统计分析。

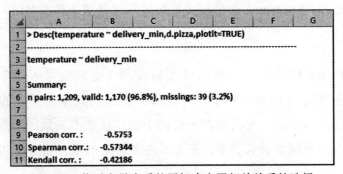

图 2.18　你对变量本质的了解决定了相关关系的选择

	A	B	C	D	E	F	G	H	I
1	Variable A	Variable B		S		Unique Values, Variable A	Count of Ties, Variable A	Unique Values, Variable B	Count of Ties, Variable B
2	1.5	2.5		8		1.5	2	2.5	2
3	1.5	2.5		8		3	1	7	1
4	3	7		1		4	1	4.5	2
5	4	4.5		5		6	3	1	1
6	6	1		5		8	1	6	1
7	6	4.5		5		9.5	2	11.5	2
8	6	6		5		11	1	8.5	2
9	8	11.5		-3		12	1	10	1
10	9.5	11.5		-2					
11	9.5	8.5		1		Kx	5		
12	11	8.5		1		Ky	4		
13	12	10							
14				34		n*(n-1)/2	66		
15									
16						Tau	0.5528638		

G16 =D14/(SQRT(G14-G11)*SQRT(G14-G12))

图 2.19　这是 R 计算 Kendall's tau 的方法

> **注释**　图 2.19 中的数据分析来自 M.G. Kendall 的秩相关方法，第 4 版（Hodder Arnold，1976），被 A. I. McLeod 引用到"Kendall 秩相关和 Mann-Kendall 趋势检验"(https://cran.r-project.org/web/packages/Kendall/Kendall.pdf)。

图 2.19 展示了 R 的 DescTools 软件包（R 也支持 Kendall 软件包）计算 Kendall's tau 的方法。多年来，最好的计算 tau 的建议已经发生了改变，但是它们都基于计数的正序数（*agreements*）和逆序数（*inversions*）（在一些资源中被称为一致数对和不一致数对）。大多数用于研发创新的相关关系测度指标的其他努力都依赖于原 Pearson 乘积矩方法，匹配一条记录到一个变量均值的距离与它到另一个变量均值的距离。比如，Spearman 的秩相关系数只不过是基于秩而非区间或比率计算的 Pearson 相关系数。

对 Kendall's tau 概念化的一种方法是对变量（比如变量 A）的记录按降序排列。然而，对于变量 B 的每个例子，计算每个例子比其他例子大的个数，这是一致的个数。也计算每个例子比其他例子小的个数，这是不一致的个数。一致个数小于不一致个数的数量通常被称为 S。如果不存在打结的秩，将 S 除以 n(n−1)/2 得到 Kendall's tau。

如果你查找 20 世纪 70 年代的统计学教材,就会找到一些尤其特殊的计算方法。我在大学遇到的一个问题是根据两个变量中某个变量的秩对记录进行排序。然后在两个 1 中间画一条线,在两个 2 中间画一条线,依次下去。最后,你算出交叉线的个数。这就是不一致的个数。当然,后来我们有了个人电脑,这种方法好像更适合 Etch-a-Sketch,而不是 HP。

现在的情况更加复杂,尽管我承认,通过考虑以前的正序数/逆序数二分法,你可以很好理解 Kendall 方法和 Pearson 乘积矩方法的本质区别。如图 2.19 所示,通过 Desc 采用的方法开始时将两个秩的集合作为排序标志,对记录进行排序(就像大多数计算 Kendall's tau 的方法一样)。图 2.19 在单元格 D2 中使用数组计算公式:

=SUM(SIGN(A2-A3:A$13)*SIGN(B2-B3:B$13))

我已有将近 30 年的时间使用 Excel 和检查其他人准备的 Excel 工作表,我不相信自己遇到 SIGN() 工作表函数的次数超过两到三次。它取一个数字作为参数,如果该数为正则返回 1,如果该数为 0 则返回 0,如果该数为负则返回 –1。

正如这里所用到的,SIGN() 函数将 A2 中的值减去 A3:A13 中的每个值。因为该过程一开始是根据列 A 的数值对记录按升序排列,我们期望 A3:A13 中所有值大于或等于 A2 中的值。因此,该减法运算的结果将为负或 0,而且 SIGN() 函数返回 –1 或 0。

该数组计算公式对 B2 和 B3:B13 间的差距完成相似的操作。当 SIGN() 函数的两个例子都返回 +1 或 –1 时,它们的乘积是 +1,我们得到 "一致("agreement"或"concordance")"结果。忽略矩阵的打结问题,A2 值和 B2 值同时比后一行配对的数值小,或者比后一行配对的数值大。在 SUM() 函数中嵌入 SIGN() 函数会得到结果。

图 2.19 中,注意单元格 A2 和 B2 的数值比第 4、5、7 到 13 行对应的数字小,导致 9 个 +1 作为两个 SIGN() 函数乘积。只有在第 6 行,SIGN() 返回 1,另一个返回 –1,乘积为 –1。单元格 D2 的结果是 8:即 9 加 –1。

对单元格 D2 到 D12 区域的数据使用数组公式,会带来与后面行 D3,D4 等的比较。通过参考第 13 行最后的单元格(A$13 和 B$13),该比较区域从 A3:A$13 变到 A4:A$13,再从 A4:A$13 变到 A5:A$13,等等。

单元格 D14 汇总了 D2:D12 的数组计算公式的结果，并返回 tau 的分子 S。当不存在打结的秩时，Tau 的计算公式如下：

Tau＝$S/(n*(n-1)/2)$

但秩通常是打结的。因此，也需要其他计算方法，如图 2.19 的区域 F2:I12 所示。我们需要知道属于打结的秩的记录总数。在 Excel 中，最快速的方法是用 Excel 的高级筛选。本章下一节，我会详细讨论该过程。简而言之，下面是得到图 2.19 的必要计算步骤。

1. 确保列 F 和列 H 中没有数据。（高级筛选重写了现存数据，而且不能用撤销返回。）

2. 单击功能区 Data 标签的 Sort & Filter 组中的 Advanced 链接。

3. 选择 Copy to Another Location。

4. 单击 List Range 编辑框，并选定 A1:A13。

5. 单击 Copy to 编辑框，然后单击单元格 F1。

6. 勾选 Unique Records Only（记录不重复）复选框。

7. 单击 OK 按钮。你将在列 A 得到一列唯一秩。

8. 对列 B 中对秩重复步骤 2 到 7，在列 H 中存放唯一秩。

9. 在单元格 G2 数组输入：

    =SUM(IF(F2=A$2:A$13,1,0))

拖动到 G3:G9。

10. 在单元格 I2 数组输入：

    =SUM(IF(H2=B$2:B$13,1,0))

11. 在单元格 G11 数组输入下式，得到变量 A 的所有结，称为 Kx：

    =0.5*SUM(G2:G9*(G2:G9-1))

（注意 (G2:G9-1) 中减去 1 会导致任何无打结的秩，返回 0。）

12. 在单元格 G12 数组输入下式，得到变量 B 的所有结，称为 Ky：

    =0.5*SUM(I2:I9*(I2:I9-1))

13. 得到一个变量的 12 条记录中可能比较的总数，返回 n*(n−1)/2，其中，n 是记录数。在单元格 G14 输入：

=12*11/2

14. 在单元格 G16 中用下面公式计算 tau：

=D14/(SQRT(G14-G11)*SQRT(G14-G12))

为了证明上述 14 步返回的结果与 Desc 相同，请见图 2.20。该图对披萨数据集的温度和配送时间数据进行了相关计算。比较图 2.20 中单元格 M12 和图 2.18 中单元格 B11 中的 tau，并用 Desc 进行计算。

图 2.20 计算了列 A 和 B 的原始定距变量的 Pearson 相关系数，也将 Pearson 相关系数用到变量的秩上，计算 Spearman 秩相关系数。Excel 的 CORREL() 工作表函数被用于这两种情况。将这些结果与 Desc 得到的结果（图 2.18 中区域 B9:B10）相比较。

	A	B	C	D	E	F	G	H	I	J	K	L	M
1	delivery_min	temperature	Rank minutes	Rank temperature	S		Unique delivery_min	Count of ties, delivery_min	Unique temperature	Count of ties, temperature			
2	8.8	60.1	2	1099	-1025		8.8	3	60.1	3		Pearson	-0.57530
3	8.8	58.8	2	1052.5	-934		8.9	1	58.8	4		Spearman	-0.57344
4	8.8	57	2	963.5	-758		9	3	57	6			
5	8.9	57.6	4	993.5	-817		9.1	5	57.6	4		S	-287584
6	9	59.9	6	1096	-1017		9.2	3	59.9	3			
7	9	58.2	6	1025	-879		9.3	2	58.2	7		Kx	2016
8	9	53.1	6	735.5	-306		9.4	6	53.1	8		Ky	2308
9	9.1	63.3	10	1162	-1142		9.5	6	63.3	1			
10	9.1	60.5	10	1112	-1044		9.6	3	60.5	7		n*(n-1)/2	683865
11	9.1	56.2	10	915	-664		9.7	3	56.2	9			
12	9.1	52.8	10	720	-278		9.8	4	52.8	7		Kendall's tau	-0.42186
13	9.1	45.7	10	391.5	377		9.9	5	45.7	6			
14	9.2	56.8	14	951	-733		10	6	56.8	7			

图 2.20 Kendall's tau 用于披萨数据温度与配送时间关系的探讨

你在 Desc 函数的一个例子中，命名两个数值型变量并设定参数 plotit 为 TRUE，就得到如图 2.21 所示的散点图。

与 Excel 多项式趋势线类似，该线有阴影边界，通常称为平滑器。这条线不是一个多项式趋势线，而是由局部加权散点图平滑或 LOWESS（这是原始的首字母缩写词；近几年倾向于使用小写字母的缩写形式 lowess）生成的。该技术对变量 X 使用局部值（即临近某个值的 X 值的一个子集），计算变量 Y 的一个平滑分数。该分数值通常随 X 变化。

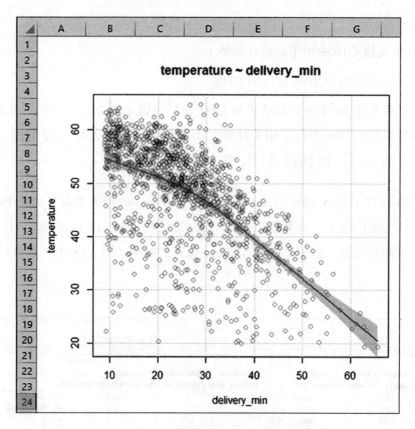

图 2.21 注意置信区域出现在平滑器周围

> **注释** 为什么不用运行的中位数或均值？这是因为 X 值可能不是等距的。

如果你通过 Desc 函数调用 plotit=TRUE，平滑器周围的置信区间默认为 95%。如果你要改变默认值，仅需要一点额外的工作：

```
> library(DescTools)
> plot(temperature ~ delivery_min, data=d.pizza)
> lines(loess(temperature ~ delivery_min, data=d.pizza), conf.level = 0.99,args.band
  = list(col=SetAlpha("blue," 0.4), border="black"))
```

注意第三行，置信区域的置信水平设定为 0.99。plot 命令本身可以生成散点图。命令 Lines 指定用于计算平滑器的变量，提供设定置信区间大小和图表组成部分颜色的参数。结果如图 2.22 所示。

2.4.2 按因子划分数值型变量

假定你对下面的问题感兴趣：派送披萨的温度是否是派送地点的函数。你如果最终决定进行诸如方差分析（ANOVA）的推断检验，那么可能在开始时先确定用到的 alpha 水平。你将想要预先确定 alpha 水平，以便于 alpha 的选择不可能基于温度均值的先验信息。

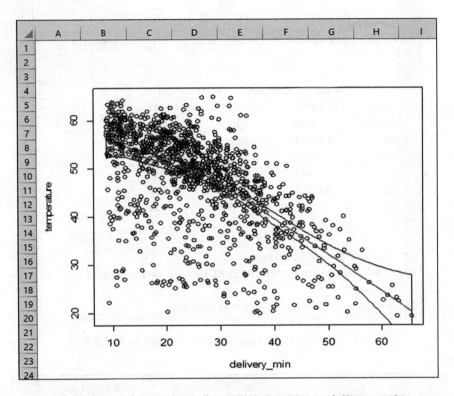

图 2.22　比较平滑器周围置信区间的大小和图 2.21 中的 95% 区间

做出该选择后，你可以用 Desc 函数得到有关温度均值的先验信息：

> Desc(temperature ~ area, d.pizza)

结果如图 2.23 所示。此外，Desc 返回的这类分析依赖于每个变量的测量标尺。这种情况下，数值型变量视为因子的函数。

你可以用 Excel 数据透视表复制图 2.23 中的一些结果。请见图 2.24。

你如果在命令中要求绘图，那么会得到箱线图以及每个分组水平下的均值图。命令可能看起来是这样的：

> Desc(temperature ~ area, data = d.pizza, plotit = TRUE)

如图 2.25。

```
    A            B              C            D              E          F
1  > Desc(temperature ~ area, d.pizza)
2  ----------------------------------------------------------
3  temperature ~ area
4
5  Summary:
6  n pairs: 1,209, valid: 1,161 (96.0%), missings: 48 (4.0%), groups: 3
7
8
9               Brent         Camden       Westminster
10 mean         51.13876      47.4203      44.2585
11 median       53.4          50.3         45.9
12 sd           8.73353       10.11051     9.83558
13 IQR          10.5          12.2         13.2
14 n            467           335          359
15 np           40.22%        28.85%       30.92%
16 NAs          7             9            22
17 0s           0             0            0
18
19 Kruskal-Wallis rank sum test:
20 Kruskal-Wallis chi-squared = 115.83, df = 2, p-value < 2.2e-16
21 Warning:
22 Grouping variable contains 10 NAs (0.827%).
```

图 2.23 Kruskal-Wallis 检验是单因子 ANOVA 的非参数版本

	A	B	C	D	E
1	temperature	(Multiple Items)			
2					
3		area			
4	Values	Brent	Camden	Westminster	Grand Total
5	Average of temperature	51.1388	47.4203	44.2585	47.9383
6	StdDev of temperature	8.7335	10.1105	9.8356	9.9157
7	Count of temperature	467	335	359	1161
8	Percent of observations	40.22%	28.85%	30.92%	100.00%
9					

图 2.24 Excel 透视表提供的分位数信息比均值、标准差和计数要少得多

正如本节开头提到的，Desc 函数可以按因子（如地区 area）划分数值型变量（如温度 temperature）。它提供了有助于评价组均值差异信度的信息。

当考虑到检验组均值差异的信度时，你想到用 t 检验处理仅存两个组的情况，用 ANOVA 处理存在三个及以上组的情况。

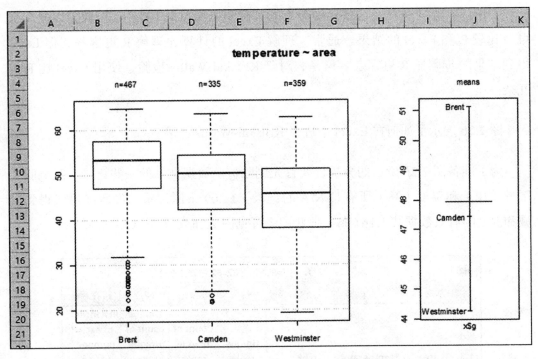

图 2.25 箱线图快速给你一个想法：一个分组水平内是否存在任何严重的偏度

在一些情况下，你也可能考虑按秩的 Kruskal-Wallis 方差分析。这是一种非参数检验，在设计时需要考虑以下几点：

- 可用的数据可能不满足标准 ANOVA 的重要假定。
- 数据至少可以提供顺序信息。换句话说，如果你有三组小汽车数据，且只了解其构造（名义变量），那么该检验将没有帮助。但是，你如果知道每辆小汽车在每加仑行驶英里数的排序，那么可能会使用该检验。
- 数据（就 Kruskal-Wallis 检验来说，这些秩）满足很多其他假设。比如，如果分组因子对这些秩没有影响，那么就可以假定这些秩被划分到等可能的不同组。

现在，如果数据不违反传统 ANOVA 技术的重要假定条件，那么最好运行 ANOVA 而不是 Kruskal-Wallis。在其他条件相同的情况下，参数检验（如 ANOVA）比非参数检验的统计功效更大。

所以，有点让我糊涂的是，Desc 函数在计算和展示 Kruskal-Wallis 结果时有困难，但可以进行 ANOVA。

无论基本原理是什么，重要的是看到如何进行 Kruskal-Wallis 检验，以便于你可以比较 R 和 Excel 的结果。通常，理解 Excel 的计算比理解 R 更容易，但 Excel 得到结果的步骤比 R 更冗杂。但是，对于 Kruskal-Wallis 检验，使用 Excel 比 R 要冗杂。

图 2.26 展示了如何在 Excel 中进行 Kruskal-Wallis 检验。

为了准备图 2.26 所示的分析，我首先删除披萨数据文件的一些记录。我删除了区域（10）和温度（38）所有带 N/A 的记录。1,209 条原记录，经删除后，得到区域和温度的有效数据共 1,161 条。那些记录可见图 2.26 的区域 A2:B1162。

	A	B	C	D	E	F	G	H
1	area	temperature	rank		Unique ranks	Count of unique ranks	Unique count of unique ranks	Instances of each number of ties
2	Camden	53	724.0		1.0	1	1	128
3	Westminster	56.4	920.0		2.0	1	2	63
4	Westminster	36.5	168.0		3.0	1	3	57
5	Brent	50	580.5		4.5	2	4	42
6	Camden	27	65.5		6.0	1	5	28
7	Camden	33.9	127.5		7.0	1	6	20
8	Brent	54.8	838.0		8.0	1	7	12
9	Westminster	48	476.5		9.0	1	8	10
10	Brent	54.4	813.5		10.0	1	9	5
11	Westminster	28.8	77.0		11.0	1	10	5
12	Brent	51.3	652.5		12.0	1	11	1
13	Camden	24.05	27.0		13.0	1	12	2
14	Camden	35.7	153.0		14.0	1	14	1
15	Brent	53.6	761.0		15.5	2		
16	Westminster	51.3	652.5		17.0	1		1161
17	Brent	51	630.0		18.0	1		
18	Brent	47.7	467.0		19.0	1		
19	Brent	52.8	715.0		20.0	1		
20	Westminster	20	3.0		21.0	1		
21	Brent	52.4	696.5		22.5	2		

图 2.26 如果不存在打结的秩，Kruskal-Wallis 检验没有那么繁杂，但一般情况下存在打结

列 C 包括工作表函数 RANK.AVG()，返回了每条记录的秩。例如，单元格 C2 中的公式为：

=RANK.AVG(B2,$B$2:$B$1162,1)

该式返回 724.0。这意味着单元格 B2 中的值 53 是记录到区域 B2:B1162 中温度的第 724 个最小值：有 723 个值小于 53。

注意 RANK.AVG 函数的第 3 个参数是数字 1。这个参数的取值告诉 Excel 将 B2:B1162 中的数据按升序排序。如果参数为 0 或忽略该参数，Excel 将对 B2:B1162 数据按降序排序。在这种情况下，温度值 53 会被报告为第 438 个最大值，而不是第 724 个最小值。当排序后的变量取值相同时，RANK 函数的 AVG 标签会告诉 Excel 应分配给它们的秩：换言之，例如，当温度有两处取 27 时，应该如何处理。注意图 2.26，单元格 B6 处的 27 表示温度，单元格 C6 处的 65.5 表示秩。

如果对列 B 的温度进行排序，取值为 27 的两条记录将相邻。如果按升序排列，则它们的秩为 65 和 66。AVG 标签告诉 Excel，取秩的平均分配给打结的记录——这里是 65.5。

如果用 RANK.EQ() 函数，而非 RANK.AVG() 函数，那么打结记录也会有相同的秩。但是，不用之前所述的对两个秩求平均，Excel 将第一个记录的秩分配给两个记录。因此数字 21，22，22 和 23 的秩为 1，2，2 和 4。

接下来是通过函数 RANK.AVG() 函数得出唯一秩列表。因为温度列表存在结，所以得到平均值，比如 65.5，我们不能仅仅列出 1 到 1161 的整数秩。相反，我们依赖高级筛选返回列 C 的唯一值。步骤如下：

1. 复制单元格 C1 到 E1 的标签，或者确保 E1 是空白的。
2. 选择 C1:C1162。
3. 用功能区 Data 标签，单击 Sort & Filter 组的 Advanced 图标。
4. 选择 Copy to Another Location 选项按钮。
5. 在 Copy to 中输入 E1。
6. 勾选 Unique Records Only 复选框，并单击 OK 按钮。

列 E 的结果是每个秩对应一个值，无论打或不打结。试想在列 C 中，秩为 5 的记录只有一条，秩为 6.5 的记录有两条：第 6 条和第 7 条。在列 E 中，我们想找到秩为 5 的记录和秩为 6.5 的记录。需要唯一秩列表的原因是我们准备好计算列 C 中出现每个秩的次数。如果在列 E 中存在多条记录取相同秩的情况，比如有两条记录取秩为 6.5，那么我们会高估每个秩的记录数。继续这个例子，我们计算列 C 中首先出现秩为 6.5 的记录数，再（错误地）计算第二次出现的记录数。

下一步是计算每个秩的记录数，无论打或不打结。使用 Ctrl + Shift + Enter，在单元格 F2 中，数组输入下式：

=SUM(IF(E2=$C$2:$C$1162,1,0))

如果你愿意，通常也可以输入下式：

=COUNTIF($C$2:$C$1162,E2)

上述两式返回相同的结果，选择哪个计算公式完全取决于个人偏好。（我喜欢数组公式法。RAM 的代价有点昂贵，但我能更好地控制这些设定条件。）

两个公式都可以计算列 C 每个秩的记录数。因此，比如，单元格 F2 展示出列 C 包括秩为 1.0 的一条记录，单元格 F5 展示出列 C 包括秩为 4.5 的两条记录。后两条记录的秩为 4 和 5，但因为这两条记录的温度取值相同，函数 RANK.AVG() 将秩 4 和 5 的均值 4.5 分配给每条记录。

这时，我们的任务是依次计算记录条数为 2 的打结的秩的数量，计算记录条数为 3 的打结的秩的数量，等等。这些计数用于计算 Kruskal-Wallis 检验的基本推断统计量，记为 H。这些计数用于计算修正因子，记为 C。当像这里的例子一样，存在打结的秩时，该修正因子是必要的。

为了得到记录数为 2 的结、记录数为 3 的结等等，我们再次使用高级筛选，这次以列 F 中的计数为基础开始。结果出现在列 G，表明列 F 包括记录数至少为 1 的"结"，记录数至少为 2 的结，直到记录数至少为 14 条的结。

根据列 G 中被识别的打结的类型，我们可以在列 H 中统计出每类结的数量，再次使用 IF 条件语句和算术和 SUM 相结合的数组公式。在单元格 H2 中，数组输入下式：

=SUM(IF(G2=$F$2:$F$375,1,0))

或者通常输入：

=COUNTIF($F$2:$F$375,G2)

复制该式到列 H，直到最后一个唯一结的类型——见图 2.26 中的单元格 H14。

单元格 H2 现在展示记录数为 1 的"结"的数量为 128，记录数为 2 的结的数量为 63，记录数为 3 的结的数量为 57，等等。对"结"加引号是因为这里对应的秩是单个记录的秩：128 个秩中只包括一条记录，比如有一条记录，温度为 53，秩为 724。目前把这些结当作合理的结是有用的，这是因为它有助于确定目前为止所有数字的计数。

例如，注意单元格 H16 中的数字 1161。这是区域 G2:G14 和 H2:H14 中数值乘积再求和的结果。这个结果是列 C 中排序后的记录数。通过对 H2:H14 求和，我们对每一类结（记录数为 1，记录数为 2，记录数为 3，等等）表示的记录数求和。如果这个求和的结果与列 C 中排序后的记录数不同，这说明在计数过程中的某个环节出现错误。

Kruskal-Wallis 的分析结果如图 2.27。

	A	B	C	D	E	F	G
1	Number of tied ranks	Number of instances	Calculation of correction for ties		Area	Squared sum of ranks	Squared sum / n
2	2	63	378		Brent	1.05808E+11	226569012.8
3	3	57	1368		Camden	36020813472	107524816.3
4	4	42	2520		Westminster	25430202492	70836218.64
5	5	28	3360				
6	6	20	4200				
7	7	12	4032				
8	8	10	5040		H	115.8274448	
9	9	5	3600		C	0.999976462	
10	10	5	4950		H'	115.8301712	
11	11	1	1320				
12	12	2	3432		$\chi^2_{(.05,2)}$	5.991464547	
13	14	1	2730				

F8 公式：=(12/(1161*(1161+1)))*SUM(G2:G4))-(3*(1161+1))

图 2.27　最终的计算结果与图 2.23 中 Desc 提供的相同

图 2.27 中，列 A 以图 2.26 中的列 G 为基础；我已经忽略了图 2.27 中记录为 1 的结，这是因为它们在确认计数完成后不再提供有用信息。每种结的计数出现在图 2.27 的列 B 中。

列 C 开始了对现有结进行修正的计算过程。

单元格 C2 中的公式如下：

=B2*(A2^3-A2)

取记录为 2 的结（显然，就是 2）的记录数，并对它求立方。再减去每个记录数为 2 的结（再次，显然是 2）的记录数。在单元格 C2 中，将差值乘以原始数据集中这些结的数量，见单元格 B2。对其他类型的结重复该过程，见 A3:A13。

计算主要的统计量，H。对于每个区域（如区域 E2:E4 所示），计算该区域中秩的总和，并求平方。在单元格 F2 对 Brent 区域使用的数组公式为：

=SUM(IF('Fig 2.26'!$A$2:$A$1162=E2,'Fig 2.26'!$C$2:$C$1162,0))^2

该公式是一个数组公式，而且必须使用 Ctrl + Shift + Enter 输入。它检验了名为"图 2.26"的工作表中，区域 A2:A1162 是否存在一个等于单元格 E2 的数值，该区域称为 Brent。如果列 A 中的数值等于 Brent，该公式在列 C 中加上相应的值；否则，该公式加 0。更简单地说，该公式计算了 Brent 区域所有记录的秩之和。公式的最后，是对该和求平方。把这个公式复制到 F3 和 F4。这就是为什么绝对引用列 A 和 C 中的数值：以便于公式可以复制和粘贴到下面的两行，而不用调整对 A 和 C 两列的引用。

现在，F2:F4 中的三个平方和均除以它们的记录数。例如，Brent 区域包括 1161 条记录中的 467 条，因此单元格 G2 中的公式为：

=F2/467

经过对该式的调整，另两个区域 G3:G4 也用到了类似的公式。我可能已经写了一个计算每个区域记录数的公式，这可能是一种处理任何原始记录发生变动的更安全方法。但有时，我们需要在一个数字的简化和公式的额外安全性方面作出决定。在我不期望多次进行一种特殊的推断检验的情况下，我会选择数字简化，

最后计算 H。单元格 F8 包含的公式如下：

=(12/(1161*(1161+1))*SUM(G2:G4)-(3*(1161+1))

不管原始记录数为多少，上式包括一些不变的数值。N 表示原始记录数，这里取 1161。S 表示平方秩的和除以每组记录数——在上式中用 SUM(G2:G4) 表示。H 的计算公式为：

$H = 12/(N*(N+1))*S-(3*(N+1))$

上式中，可以变化的是总计数，记为 N，以及每组秩的平方和除以记录数的和，

记为 S。12、3 和 1 都不变。如果秩不存在打结，那么你可以将 H 值比作自由度为 $G-1$ 的卡方分布，其中 G 是组数。这里，G 等于 3，因此，卡方检验的自由度为 2，H 的值为 115.827，如单元格 F8 所示。

假定你在开始分析时，决定当所得的 H 值超过卡方分布的 95 百分数时，拒绝组间中位数不存在差异的原假设。你通过下式可以得到 Excel 中的数值：

=CHISQ.INV(0.95,2)

其中，2 表示分布的自由度。该公式返回 5.99（如图 2.27 中单元格 F12 所示）。所得的 H 值几乎是该值的 20 倍。你可能会得到 5.99，仅仅是每组温度中位数相同时取值的 5%。如果每组温度中位数相等，那么 115.827 更不可能出现，因此，你可以自信地拒绝原假设。（我将立刻返回卡方值的主题。）

但是，这里存在打结的秩，说明此时 H 的分布不像没有打结时一样逼近卡方分布。这里需要修正因子，通常记为 C。在单元格 F9 用下式可以计算 C：

=1-SUM(C2:C13)/(1162^3-1162)

当然，1162 是原始观测数加 1。区域 C2:C13 中的数值仅用于计算 C，因此如果不存在打结秩，则可不用计算这些值。你得到 C 后，H 除以 C 得到 H'。H' 是存在打结秩时对 H 的修正。因为记录数很多——1161 条——C 作出的修正非常小。

然而，注意单元格 F10 中，H' 的值为 115.83，与图 2.23 中 Desc 返回的结果正好相等。

在图 2.23 中，也注意 R 给出观测到自由度为 2、H 值为 115.83 的可能性小于 2.22e-16。Excel 的卡方函数返回了这个差值：

=CHISQ.DIST.RT(115.83,2)

返回结果 7.04426E-26。这是两个极小值间的巨大差异。我把这个差异当作是使用 Excel 和 R 两种算法造成的，因此并不为此担忧。这两个值意味着得到的 H 是绝大多数不太可能出现三组的中位数相等。我提醒自己两个值均不可能正确。当你还没用到理论分布的核心内容时，测量曲线下的面积确实非常困难。

我记住的另一点是：首先，披萨数据集中的数据可能是虚构的，再者，如果数据是真实的，那么可能是随机收集的样本。无论你运行 ANOVA 还是 Kruskal-Wallis

单因子秩和检验，这类检验包括的一个假定条件是每个组由独立样本组成。虽然我不知道 Brent、Camden、或 Westminster 的位置，但是，我突然想到，如果它们由同一家披萨派送公司服务，那么这些地方一定邻近。同样，这些样本是空间独立的。它们很可能有相似的交通模式、犯罪比率、室外温度等，致使这些样本比代表相同总体的其他地区的样本更相似。

已知统计检验有效性存在某种威胁，两个极小值概率测度间的差异不是担心的地方。这里，我不打算反复提起披萨数据集：该数据集是为了证明你期望从 DescTools 软件包得到的结果。

2.5 用一个因子分析另一个因子：列联表

当你安排用一个分类变量分析另一个分类变量时，就出现了另一种双变量分析。回想一下，和有关统计分析的大多数信息源一起，R 用因子一词指代某些范畴（比如汽车制造或政治党派）中按名义测度的变量。当你要统计共和党和民主党中男性和女性的数量时，得到的表格就称为列联表。

让我们看一下对披萨数据中两个因子（配送员（Driver）和地区（Area））运行 Desc 函数所得到的结果。如图 2.28 所示。

（很奇怪的发现，图 2.28 中 Desc 得出的表与 SPSS 的旧式列联表程序的结果如此相似。）

这部分结果非常直观。一个因子作为表格的列，另一个因子作为表格的行。你得到每个单元格的计数，以及每个单元格占整个表格计数的百分比。你也根据单元格的计数计算行百分比和列百分比。

这些原始的计数通常很有趣。它们可以揭示数据中超出预期的模式或者证实研究者的预期。它们也会严重误导——关于这个问题的更多内容请见本章后面有关 Simpson 悖论的讨论。

你很容易在 Excel 中得到如图 2.28（使用 Desc）所示的相同结果。图 2.29 展示了你如何利用数据透视表得到交叉表。数据透视表的数据资源是如图 2.4 所示的列表。

	A	B	C	D	E	F	G	H	I	J
1			driver							
2			Butcher	Carpenter	Carter	Farmer	Hunter	Miller	Taylor	Sum
3	area									
4										
5	Brent	freq	72	29	177	19	128	6	42	473
6		perc	6.00%	2.40%	14.80%	1.60%	10.70%	0.50%	3.50%	39.60%
7		p.row	15.20%	6.10%	37.40%	4.00%	27.10%	1.30%	8.90%	.
8		p.col	75.80%	10.80%	77.30%	16.20%	82.10%	4.80%	20.60%	.
9										
10	Camden	freq	1	19	47	87	4	41	142	341
11		perc	0.10%	1.60%	3.90%	7.30%	0.30%	3.40%	11.90%	28.60%
12		p.row	0.30%	5.60%	13.80%	25.50%	1.20%	12.00%	41.60%	.
13		p.col	1.10%	7.10%	20.50%	74.40%	2.60%	33.10%	69.60%	.
14										
15	Westminster	freq	22	221	5	11	24	77	20	380
16		perc	1.80%	18.50%	0.40%	0.90%	2.00%	6.40%	1.70%	31.80%
17		p.row	5.80%	58.20%	1.30%	2.90%	6.30%	20.30%	5.30%	.
18		p.col	23.20%	82.20%	2.20%	9.40%	15.40%	62.10%	9.80%	.
19										
20	Sum	freq	95	269	229	117	156	124	204	1,194
21		perc	8.00%	22.50%	19.20%	9.80%	13.10%	10.40%	17.10%	100.00%
22		p.row	.	.	.	.	.	.	.	.
23		p.col	.	.	.	.	.	.	.	.

图 2.28 该表通常在 Desc 的结果中伴有推断统计量

	A	B	C	D	E	F	G	H	I
1		Column Labels							
2	Row Labels	Butcher	Carpenter	Carter	Farmer	Hunter	Miller	Taylor	Grand Total
3	Brent								
4	Count	72	29	177	19	128	6	42	473
5	Percent of total	6.0%	2.4%	14.8%	1.6%	10.7%	0.5%	3.5%	39.6%
6	Percent of row	15.2%	6.1%	37.4%	4.0%	27.1%	1.3%	8.9%	100.0%
7	Percent of column	75.8%	10.8%	77.3%	16.2%	82.1%	4.8%	20.6%	39.6%
8	Camden								
9	Count	1	19	47	87	4	41	142	341
10	Percent of total	0.1%	1.6%	3.9%	7.3%	0.3%	3.4%	11.9%	28.6%
11	Percent of row	0.3%	5.6%	13.8%	25.5%	1.2%	12.0%	41.6%	100.0%
12	Percent of column	1.1%	7.1%	20.5%	74.4%	2.6%	33.1%	69.6%	28.6%
13	Westminster								
14	Count	22	221	5	11	24	77	20	380
15	Percent of total	1.8%	18.5%	0.4%	0.9%	2.0%	6.4%	1.7%	31.8%
16	Percent of row	5.8%	58.2%	1.3%	2.9%	6.3%	20.3%	5.3%	100.0%
17	Percent of column	23.2%	82.2%	2.2%	9.4%	15.4%	62.1%	9.8%	31.8%
18	Total Count	95	269	229	117	156	124	204	1194
19	Total Percent of total	8.0%	22.5%	19.2%	9.8%	13.1%	10.4%	17.1%	100.0%
20	Total Percent of row	8.0%	22.5%	19.2%	9.8%	13.1%	10.4%	17.1%	100.0%
21	Total Percent of column	100.0%	100.0%	100.0%	100.0%	100.0%	100.0%	100.0%	100.0%

图 2.29 这个数据透视表需要适量的个性化设置

为了创建如图 2.29 所示的数据透视表，你可以采取这些常规步骤：

1. 使用 Insert 标签中 Tables 组的链接，在其他空白工作表中插入数据透视表。

2. 提供源数据的地址——这里是如图 2.4 所示的列表。

3. 在 PivotTable Fields 窗口，鼠标拖动地区（area）字段到 Rows 区域。使用 Row Labels 下拉菜单，去掉数据透视表中出现 NA 值的行。

4. 仍然在 PivotTable Fields 窗口，鼠标拖动配送员（driver）字段到 Columns 区域。使用 Column Labels 下拉菜单，去掉数据透视表中出现 NA 值的列。

5. 拖动鼠标选定配送员字段到 Σ Values 区域。你现在会得到每个区域每位配送员的原始记录数。

6. 再次拖动鼠标选定配送员字段到 Σ Values 区域。单击 Σ Values 区域中邻近第二个配送员的下拉菜单，选择 Value Field Settings。将域名改为 Percent of Total。单击 Show Values As 选项卡，选择 Percent of Total。单击 OK。

7. 注意现在你在 Columns 区域有 Σ Values 入口。立即单击右侧下拉菜单，选择 Move To Row Labels。（你可以从 Column Labels 区域到 Row Labels 区域拖动 Σ Values 入口。）

重复步骤 4 到 7 步两次，在数据透视表中插入 Percent of Row（见步骤 6）和 Percent of Column（也见步骤 6）。

如果你想去掉数据透视表底部的总和，以便使其更像图 2.28 中 R 生成的表格，那么可以右击数据透视表的任意单元格，从快捷菜单选择数据透视表选项。单击数据透视表选项对话框中的总和 & 筛选标签，清除展示行总和或展示列总和的复选框，或者两者都清除。你不能选择展示数值域子集的总和，因此不能使用 R 的方法，仅展示计数和表格总数的百分比而删去行百分比和列百分比的总数。

Desc 函数报告了伴随列联表的一些额外的统计量。如图 2.30 所示。

假定表格中没有配送员和配送地区的名字，而是按性别和政治党派倾向分类的 100 位成年人样本。如果这两个变量（性别和政治党派倾向）相互独立，那么你将期望每个单元格都有观测数，用来反映了表格的边际频数。换言之，如果被抽到的样本中有 50 个是女性，30 个是共和党派，且性别和政治党派倾向相互独立，那么你将期望用 50 乘以 30，再除以 100，得到 15 位研究对象，表示女性共和党人的数量。

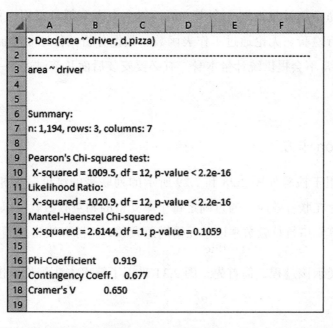

图 2.30 Desc 报告了三种统计量，有助于估计结果的信度，量化表格不同维度间关系的强弱

但是，如果共和党有一些地方吸引女性，那么你在样本中可能会得到 30 位而非 15 位共和党女性（同理，如果民主党有一些地方吸引女性，那么你可能得到 5 位而非 15 位共和党女性）。无论哪种情况，你得到的观测结果都会与预期相差一定数量。这可能很好地证明了性别和政党立场两个变量间不相互独立，党派存在一些地方吸引或疏远女性。与基线（总体的一半为女性而且 30% 倾向于共和党）相比，你可能会统计到比预期更多（或更少）的人。

R 中 Desc 函数返回的三个推断统计量有助于你决定，列联表偏离期望频数是否只是一次随机事件，在后面的例子中不会发生，或者偏离程度足够大，你可能希望在下一例子中重复出现。这三个推断统计量分别是 Pearson 卡方、似然比和 Mantel-Haenszel 卡方，如图 2.30 所示。在本章后续内容中，我将在 Excel 中讨论这些统计量，这是因为 Excel 更容易看到如何一起计算这些统计量。

Desc 函数也返回了 Phi 系数，列联系数和 Cramer's V。它们是列联表中变量间关系强弱的三种测度方法，与 Pearson 相关系数类似，但适用于名义变量而非定距变量或定比变量。同样地，我也将简要展示这些计算细节。

与常用的测量定距或定比尺度变量的方法相比，这三种推断统计量和关系系数更复杂一些。每个统计量返回一个卡方值,每个卡方值都可以用一种 Excel 的卡方工作表函数进行检验。无论通过工作表函数、数据分析插件还是功能区内嵌的任何命令,Excel 通常不会提供统计量本身。有必要安装后面几节讲述的一些特殊的工作表函数。

2.5.1 Pearson 卡方

该统计量用于检验如图 2.28 和 2.29 所示的列联表的维度是否相互独立,或者这些维度是否存在联合效应。通过确定每个单元格的期望频数就可以处理这个问题。预期频数等于单元格行总频数乘以单元格列总频数,再除以表格总频数。

我将马上展示该过程,但首先,图 2.31 采用了算术方法等价但快速的计算方法得到相同结果。

图 2.31 一种得到卡方值但概念上没有意义的快捷方法

图 2.31 展示了如何通过几步得到披萨数据中地区和配送员变量的卡方值。你可以从列联表开始,数值仅局限于原始计数——没有百分数。

为了在 B10:H12 得到数值矩阵,需要在单元格 B10 中输入下式:

=B4^2/(B$7*$I4)

换言之,对单元格 B4 中的计数求平方。然后除以第 4 行单元格总频数 I4 和 B

列单元格总频数 B7 之积。

注意边缘处的单元格 B7 和 I4 使用了美元符。它们混合引用了这两个地址，因此你可以直接拖动鼠标，选定单元格 B7 右侧直到列 I 和向下直到第 7 行的区域。

现在，复制和粘贴，或者拖动鼠标，填充单元格 B10 到 H10 的内容。选择 B10:H10，并向下拖动鼠标，直到 B12:H12。得到 B10:H12 中的矩阵。

在单元格 C14 中输入下式：

=I7*(SUM(B10:H12)-1)

结果是 1009.50319。与图 2.30 中第 10 行 Desc 返回的 Pearson 卡方值进行比较。

图 2.32 中的分析多了一步，返回了相同的结果，但它更清楚地比较了原始值和期望值。

	A	B	C	D	E	F	G	H	I
1					Observed counts				
2	Count	Column							
3	Row Labels	Butcher	Carpenter	Carter	Farmer	Hunter	Miller	Taylor	Grand Total
4	Brent	72	29	177	19	128	6	42	473
5	Camden	1	19	47	87	4	41	142	341
6	Westminster	22	221	5	11	24	77	20	380
7	Grand Total	95	269	229	117	156	124	204	1194
8									
9					Expected counts				
10		37.634	106.563652	90.71776	46.34925	61.79899	49.12228	80.81407	473
11		27.13149	76.8249581	65.40117	33.41457	44.55276	35.41374	58.26131	341
12		30.23451	85.6113903	72.88107	37.23618	49.64824	39.46399	64.92462	380
13		95	269	229	117	156	124	204	1,194
14									
15					(Observed - Expected)^2/Expected				
16		31.38177	56.4556484	82.0636	16.13794	70.91658	37.85514	18.64195	
17		25.16835	43.5239519	5.177325	85.93251	36.91189	0.881193	120.3572	
18		2.242705	214.107908	63.2241	18.48571	13.24986	35.70223	31.08561	
19									
20									
21	Pearson Chi Square	chisq	1009.50319						
22		df	12						
23		p	1.697E-208						

B16 单元格公式：=(B4-B10)^2/B10

图 2.32 B16:H18 区域展示了如何比较观测计数与预期计数区域

B10:H12 中，清楚地计算预期计数。每个预期计数是边际频数之积，再除以表格的频数总和。例如，单元格 B10 中的公式为：

=$I4*B$7/$I$7

上式中的美元符和图 2.31 中的美元符有相同的功能：它们帮助你复制和粘贴 H 列往下直到第 12 行的内容。注意由此产生的区域 B13:H13 和 I10:I12 中的期望计数的边缘与观测计数的边缘相同。

在单元格 B16 中，使用下式可以比较观测计数和期望计数：

=(B4-B10)^2/B10

没有用美元符是因为我们不需要对任何边际单元格进行处理。上式仅对观测值和期望值之差求平方，再除以期望值。

很明显，观测值和期望值间的差距越大，公式计算的数值越大——因此，B16:H18 中计算的数值之和越大。和越大，得到的卡方值越大，该卡方值在单元格 C21 中用下式计算得到：

=SUM(B16:H18)

注意计算得到的卡方值与图 2.31 相同。你可以用 Excel 的 CHISQ.DIST.RT() 函数检验该卡方值的信度。该函数被用于图 2.31 的单元格 C16 和图 2.32 的单元格 C23。因为卡方值相同，所以这两个结果也相同。图 2.32 中用的公式如下：

=CHISQ.DIST.RT(C21,C22)

第二个参数 C22 是检验的自由度。当采用这种方式，检验列联表中各类间的独立性，自由度等于一个变量的类别数减 1，再乘以另一个变量的类别数减 1。比如，7 位配送员，3 个地区，自由度是 (7–1)*(3–1)，即 12。

如果两个变量确实相互独立，那么你会发现 Excel 得到卡方值的概率近似等于 2 乘以 10 的 –208 次方。Desc 得到该卡方值的概率近似等于 2 乘以 10 的 –16 次方。

我无法解释这两者之间的差异。我想说的是，对于卡方值，这些值的差距不会变小，反而可能会更大。比较这些极小的概率类似于质疑 208 个原子是否比 16 个原子大一样。

2.5.2 似然比

当你在与 Pearson 卡方相同的这类设定背景——评价列联表——使用该统计量

时，似然比提供与上一节讨论过的同样的推断。似然比可能在 logistic 回归背景下用得更频繁，这是因为它有助于评价基于极大似然技术的方程的信度。

图 2.33 展示了在使用列联表时如何计算似然比。似然比和 Pearson 卡方之间的基本不同之处在于似然比估计了观测频数与期望频数的比例，而 Pearson 卡方估计了观测频数与期望频数间的差值。

注意图 2.33 中的似然比（1020.859）与图 2.32 中的卡方值（1009.503）非常接近。事实上，当列联表中的变量相互独立时，两个统计量都服从理论卡方分布。（因此，如果你得到特别异常的卡方值或者似然比，像这里，则必须考虑变量不相互独立。）随着样本量的增加，两个统计量的分布更接近理论卡方分布：两个统计量均是一致估计量。

然而，Pearson 卡方收敛于理论分布（即随着样本量增加，收敛速度越快）的速度比似然比快。而且，当每个单元格的平均观测数小于 5 时，似然比通常没有 Pearson 公式估计的卡方值精确。

尽管你很容易找到反例，但一般的处理方式是将 Pearson 卡方作为首要标准，把似然比作为确认的测度方法。因为 Desc 函数默认提供两个统计量，你也可以两个都使用，而且用图 2.32 和 2.33 所示的 Excel 工作表公式很容易计算这两个统计量。

B21 | =2*SUM(B16:H18)

	A	B	C	D	E	F	G	H	I
1					Observed counts				
2	Count	Colum							
3	Row Labels	Butcher	Carpenter	Carter	Farmer	Hunter	Miller	Taylor	Grand Total
4	Brent	72	29	177	19	128	6	42	473
5	Camden	1	19	47	87	4	41	142	341
6	Westminster	22	221	5	11	24	77	20	380
7	Grand Total	95	269	229	117	156	124	204	1194
8									
9					Expected counts				
10		37.634	106.564	90.718	46.349	61.799	49.122	80.814	473
11		27.131	76.825	65.401	33.415	44.553	35.414	58.261	341
12		30.235	85.611	72.881	37.236	49.648	39.464	64.925	380
13		95	269	229	117	156	124	204	1,194
14									
15					Observed * LN(Observed / Estimated)				
16		46.711	-37.742	118.306	-16.944	93.202	-12.615	-27.488	
17		-3.301	-26.545	-15.528	83.252	-9.642	6.005	126.506	
18		-6.995	209.584	-13.397	-13.413	-17.446	51.468	-23.550	
19									
20									
21		1020.859	Likelihood ratio						

图 2.33 Pearson 卡方和似然比都与观测频数和预期频数的差异有关

2.5.3 Mantel-Haenszel 卡方检验

第三个统计量是 Mantel-Haenszel 卡方。该统计量由 Desc 函数提供，你指定两个因子，比如地区和配送员。它与 Pearson 卡方和似然比存在一些重要的不同之处。其中，最重要的两点是：

- 假定定义表格的变量是顺序尺度的。这通常意味着变量取值为如"第一"、"第二"和"第三"这样的值。Desc 将变量当作一个因子（Desc 需要两个因子，返回 Mantel-Haenszel 卡方）。Desc 函数不能区分顺序"第一"和名义"Camden"，因此你可以自己决定变量尺度的性质是否符合检验的假设条件。
- Mantel-Haenszel 卡方通常用于存在第三个变量的情况，另两个变量用于定义二维行乘以列的列联表。第三个变量的水平通常称为层。

当存在层时——而且当你可以解释时——用 Mantel-Haenszel 方法进行分析最有价值。经典的研究追溯到 20 世纪 70 年代，当时伯克利加利福尼亚大学因研究生项目招生存在明显的性别歧视受到严厉批评。一项 1973 年伯克利招生统计数据报告显示，44% 的男性申请人被录取，但只有 35% 的女性申请人被录取。2 乘 2（如录取状态和性别）列联表的卡方值在 0.001 水平下显著。这好像是性别歧视的初步证据。

然而，进一步调查显示，个别系的录取决定倾向于女性申请人。（考虑录取情况、性别、系三个变量，每个系的 2 乘 2 表格是 Mantel-Haenszel 分析中的层。）这是一个明显的矛盾，在不同的研究中普遍存在，称为 Simpson 的悖论。

尽管，这并非真正的悖论。有些系录取比例小，不管申请人的性别。但是，女性更常申请这些系，而不是申请录取比例高的系。

从这个角度看，明显的性别偏见消失了。考虑热核物理学中的一个（假设的）项目。可能有 50 位男性和 100 位女性申请，每个性别的 20% 被录取。在生物统计学的不同项目中，有 50 位男性和 50 位女性申请，每个性别有 50% 录取。根据上述两项研究课题，100 位男申请人中有 35 位被录取，为 35%，而 150 位女性中有 45 位被录取，为 30%。但从系层面来看，每个性别的 20% 和 50% 被录取。

Mantel-Haenszel 卡方检验考虑层内差异（一些作者称为"lurkers"）。当用 R 中的 Desc 函数实现时，在仅提供诸如地区和配送员两个维度的情况下，该检验只使用单个表。图 2.34 展示了这种情况下如何计算统计量。

	A	B	C	D	E	F	G	H	I	J	K
1	area	driver		Area	Code		Coded area	Coded driver			
2	Brent	Butcher		Brent	1		1	1		R^2, Area with Driver	0.002191
3	Brent	Butcher		Camden	2		1	1			
4	Brent	Butcher		Westminster	3		1	1		Mantel-Haenszel	
5	Brent	Butcher					1	1		Chi-Square	2.614352
6	Brent	Butcher					1	1			
7	Brent	Butcher		Driver	Code		1	1		df	1
8	Brent	Butcher		Butcher	1		1	1			
9	Brent	Butcher		Carpenter	2		1	1		p	0.105901
10	Brent	Butcher		Carter	3		1	1			
11	Brent	Butcher		Farmer	4		1	1			
12	Brent	Butcher		Hunter	5		1	1			
13	Brent	Butcher		Miller	6		1	1			
14	Brent	Butcher		Taylor	7		1	1			
15	Brent	Butcher					1	1			
16	Brent	Butcher					1	1			
17	Brent	Butcher					1	1			
18	Brent	Butcher					1	1			

图 2.34　首先有必要将变量的类型转换为顺序型、数值型

披萨数据集中的变量地区和配送员取值见图 2.34 中的区域 A2:B1195。只是为了说明，假定矩阵中数值是顺序尺度。第一项任务是将文本值转换为数值型：地区取 1 到 3，配送取 1 到 7。两个变量对应的配对数据如 D1:E4 和 D7:E14 所示。

图 2.34 用 Excel 的 VLOOKUP() 函数，将 A2:B1195 中的文本数据转换成数值型。例如，单元格 G2 中的公式为：

=VLOOKUP(A2,$D$2:$E$4,2)

单元格 H2 中的公式为：

=VLOOKUP(B2,$D$8:$E$14,2)

将单元格 G2:H2 复制和粘贴到第 1195 行。

Mantel-Haenszel 卡方检验公式如下：

$(n-1) * R^2$

其中，n 是列联表的配对观测数（这里取 1194），R^2 是配对数值的 R 平方。Excel 有一个工作表函数 RSQ()，返回两个变量的 R 平方值，因此 Mantel-Haenszel 卡方值见单元格 K5。该检验的自由度为 1，通过下式，可以将单元格 K5 数值的概

率返回到单元格 K9：

```
=CHISQ.DIST.RT(K5,1)
```

比较单元格 K5 和 K9 中的数值与图 2.30 中 Desc 返回的那些值。

2.5.4 估计关系的强弱

Desc 返回的那些卡方——Pearson 卡方、似然比和 Mantel-Haenszel 卡方——主要是比较服从卡方分布的列表值，这些特征已被充分研究，并且被称为正态曲线的特征。但是，卡方值强烈受自由度和样本量的影响，这使得用卡方评价变量间关系的强弱非常困难。

这就是用诸如 phi 系数、列联系数和 Cramer's V 这些统计量的原因，当你要求两个因子的双变量分析时，它们通常是 Desc 最终得到的三个统计量。

图 2.35 展示了如何计算三个统计量。

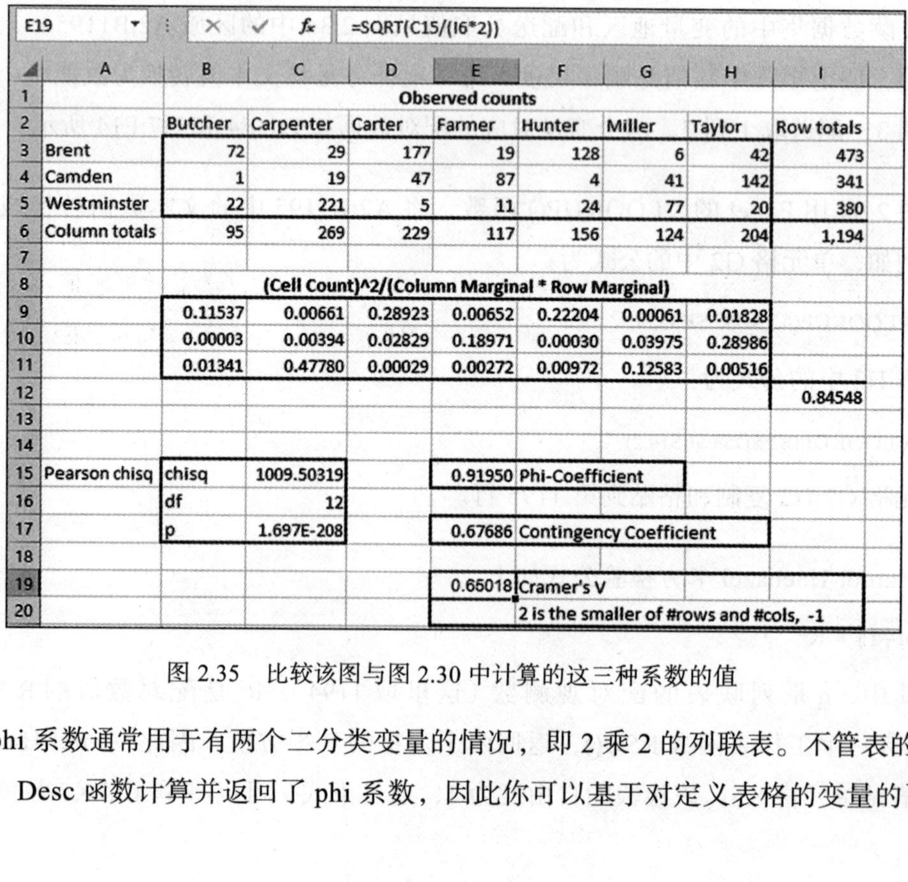
E19 =SQRT(C15/(I6*2))

	A	B	C	D	E	F	G	H	I
1					Observed counts				
2		Butcher	Carpenter	Carter	Farmer	Hunter	Miller	Taylor	Row totals
3	Brent	72	29	177	19	128	6	42	473
4	Camden	1	19	47	87	4	41	142	341
5	Westminster	22	221	5	11	24	77	20	380
6	Column totals	95	269	229	117	156	124	204	1,194
7									
8					(Cell Count)^2/(Column Marginal * Row Marginal)				
9		0.11537	0.00661	0.28923	0.00652	0.22204	0.00061	0.01828	
10		0.00003	0.00394	0.02829	0.18971	0.00030	0.03975	0.28986	
11		0.01341	0.47780	0.00029	0.00272	0.00972	0.12583	0.00516	
12									0.84548
13									
14									
15	Pearson chisq	chisq	1009.50319		0.91950	Phi-Coefficient			
16		df	12						
17		p	1.697E-208		0.67686	Contingency Coefficient			
18									
19					0.65018	Cramer's V			
20						2 is the smaller of #rows and #cols, -1			

图 2.35 比较该图与图 2.30 中计算的这三种系数的值

phi 系数通常用于有两个二分类变量的情况，即 2 乘 2 的列联表。不管表的维度大小，Desc 函数计算并返回了 phi 系数，因此你可以基于对定义表格的变量的了解，自行选择合适的系数。如果变量均为二分类型，那么 phi 系数将会为你量化它们的关系强弱。

和这些统计量一样，在给定边际频数的条件下，phi 系数依赖于观测单元格频数和预期单元格频数的比较。图 2.35 展示了如何计算 phi 系数。在单元格 C15 中计算 Pearson 卡方，正如在图 2.31 中的单元格 C14 中完成的一样。在单元格 E15 中，该卡方值要除以表中的总观测数，对该比例取平方根，得到 phi 系数。

记住 phi 系数是一种适用于测度变量间关系强弱的方法，这些变量定义了两个二分类的交叉表。值得注意的是，如果表格的条目表示为 Excel 列表或 R 数据框，其中每条观测表示每个变量为 0 或 1 的不同记录。两个变量间普通的 Pearson 相关等于 phi 系数。但两个变量的二分类性质会对 phi 系数增加限制，因此如果把 phi 系数当作 Pearson 相关系数的一种精确模拟，会产生误解。

当两个变量或其中一个变量取值个数大于 2（如图 2.30 和 2.35）时，你通常倾向于用列联系数而非 phi 系数。你一旦获得该表的卡方值，就很容易计算列联系数。图 2.35 中，单元格 E17 返回列联系数的公式如下：

=SQRT(C15/(C15+I6))

即卡方值与卡方值和观测数总之和的比例的平方根。

如图 2.35 中单元格 E19 所示，Cramer's V 再次测度了两个名义变量间关系的强弱。很多分析倾向于 phi 系数或者列联系数，因为在取值分布没有任何特别的限定条件下，和 Pearson 相关系数一样，它们的取值上限是 1.0。单元格 E19 中计算 Cramer's V 用到的公式为：

=SQRT(C15/(I6*2))

这里，单元格 C15 包括卡方值，单元格 I6 包括列联表中的观测数，2 是下面两个数中较小的那个：

- 表的行数减 1
- 表的列数减 1

第 3 章

用 Excel 和 R 做回归分析

在 Excel 和 R 间顺利过渡的障碍之一是这两种应用程序在结合回归分析结果方面的差异。例如，Excel 中主要的回归函数是 LINEST()，该函数返回回归方程的元素和 8 个评价方程精确性和可信度的统计量。R 中主要的回归方程之一是 lm，它是线性模型（linear model）的缩写。正常使用时，lm 返回一些 LINEST() 无法得到的有用信息，但 lm 由于某些原因通常忽略回归平方和及残差平方和，而这些统计量是很多相关分析（如模型比较）必不可少的。你如果想找到回归平方和及残差平方和，那么需要再查阅一下其他资料。

如果你习惯于 Excel 对结果的打包方式，而不了解如何找到 R 中函数的结果，那么这足以令你感到挫败而退回到 Excel 的工作表中。这样，你不仅可以找到结果的位置，还可以根据需求任意使用。本章将对 Excel 中的回归函数、工具和结果进行分类，并展示如何从 R 得到它们。

3.1 工作表函数

Excel 向你提供一些与回归分析直接或间接相关的工作表函数。Excel 中的大多数回归函数仅对一个预测变量起作用，而两个更强大的函数则对多个变量起作用，因此这是一种区分单个预测变量和多个预测变量回归分析的有用方法。文献中单个预测变量回归的标准术语是——一元回归，多个预测变量的回归分析称为多元回归。

3.1.1 CORREL() 函数

Excel 的 CORREL() 函数并不是严格的回归函数，但是它返回 Pearson 相关系数，而相关系数是一元回归分析和多元回归分析的核心。因此这里讨论 CORREL() 是合适的。

> **注释** Excel 也提供 PEARSON() 函数，这个函数和 CORREL() 功能完全一样，返回相同的结果。相比之下，两者没有优劣之分。

图 3.1 展示了如何使用 CORREL() 函数。单元格 E2 展示出工作表中身高（Height）和体重（Weight）间的相关关系是 0.514。

图 3.1 CORREL() 的参数中两个变量被指定的先后顺序没有影响

CORREL() 函数返回熟悉的 Pearson 乘积矩相关系数，通常记为 r。它的取值范围是 [−1.0，1.0]。相关系数为 0.0 表示两个变量无关。相关系数越接近 −1.0 或 1.0，两个变量的关系越强。

相关系数本身并没有隐含因果关系，尽管这种关系可能确实存在。图 3.1 所示的例子中，我们知道，随着身高的增加，骨头长度也在增加，骨头长度越长，重量越重。身高的差距导致体重的差距,这可能是一个很好的推理,但是相关系数本身并没有证明因果关系。

3.1.2 COVARIANCE.P() 函数

图 3.2 重复利用相关系数,也展示出 B2:C21 中身高和体重值的协方差。尽管你可以计算相关系数,不计算协方差,但理解两个统计量间的关系会使相关的含义更清晰。

	A	B	C	D	E	F	G	H	I
1		Height	Weight	Height Deviation	Weight Deviation	Product		Covariance	
2		61	95	-6.8	-52	353.6		60.45	=COVARIANCE.P(B2:B21,C2:C21)
3		62	122	-5.8	-25	145		60.45	=AVERAGE(F2:F21)
4		63	142	-4.8	-5	24			
5		64	109	-3.8	-38	144.4			
6		65	128	-2.8	-19	53.2		Correlation	
7		65	190	-2.8	43	-120.4		0.514	=CORREL(B2:B21,C2:C21)
8		66	119	-1.8	-28	50.4		0.514	=H2/(B24*C24)
9		66	182	-1.8	35	-63			
10		67	164	-0.8	17	-13.6			
11		67	125	-0.8	-22	17.6			
12		68	103	0.2	-44	-8.8			
13		68	154	0.2	7	1.4			
14		69	144	1.2	-3	-3.6			
15		70	156	2.2	9	19.8			
16		71	203	3.2	56	179.2			
17		72	124	4.2	-23	-96.6			
18		72	138	4.2	-9	-37.8			
19		73	165	5.2	18	93.6			
20		73	191	5.2	44	228.8			
21		74	186	6.2	39	241.8			
22									
23	Mean	67.8	147						
24	Standard deviation	3.776	31.138						

图 3.2 通过 COVARIANCE.P() 函数就可以忽略所有计算过程

单元格 H2 展示了将身高和体重值代入 COVARIANCE.P() 函数的结果。单元格 H3 展示了从头开始计算的协方差。步骤——因为 COVARIANCE.P() 能够自动完成,因此你不需要采取这些步骤——如下:

1. 计算每个变量的均值。图 3.2 中,我在区域 B23:C23 完成了均值的计算。

2. 区域 B2:C21 中的每个身高(Height)和体重(Weight)值的均值减去相应的单个值。差值——或偏差——见 D2:E21。

3. 对每对偏差求积。结果见 F2:F21。
4. 计算协方差。求 F2:F21 乘积的平均值，见 H3。

注意 H2 中 COVARIANCE.P() 函数计算的协方差与 H3 中从头计算的结果相同。记住这些要点是有帮助的：

- 每个偏差都是观测值减去变量均值的结果。
- 当观测值小于均值时，偏差为负；当观测值大于均值时，偏差为正。
- 因此，当两个值均大于或小于均值时，乘积为正。否则，乘积为负。
- 结合偏差取值的大小和乘积的符号得到平均的乘积——协方差。
- 协方差的符号取决于乘积之和是正数还是负数：正偏差是否倾向于与正偏差配对，或正偏差倾向于与负偏差配对。

协方差的大小强烈依赖于使用的测量尺度。如果你正在检测国民生产总值和国家债务间的关系，那么协方差将相对较大。如果变量是家庭收入和个人信用卡债务，那么协方差将相对较小。

因此，要关注变量间关系的强弱，而不受测量尺度的影响，你需要将协方差除以两个变量标准差之积。这一步实现了协方差向相关系数的转化，取值范围为 [-1.0，1.0]。这更容易解释。在图 3.2 单元格 H8 找到该值，会发现它与单元格 H7 中用 CORREL() 函数计算的身高和体重间的相关系数相同。

> **注释** COVARIANCE.P() 中最后的 P 代表总体（*population*）或参数（*parameter*），这由你决定。如果这些值代表你感兴趣的记录总体，则使用 COVARIANCE.P()。如果这些值是来自较大总体的一个样本，则使用 COVARIANCE.S()。你可以认为 S 代表样本（*sample*）或者统计量（*statistic*）。与协方差相比，CORREL() 函数返回的数值不受数据状态（总体还是样本）的影响。

3.1.3 SLOPE() 函数

现在我们正开始接近回归分析，SLOPE() 函数代表联系相关与回归的桥梁。图 3.3 展示了身高和体重数据的散点图。它也展示了一条线（在 Excel 中称为趋势线），即图中间的一条实对角线。

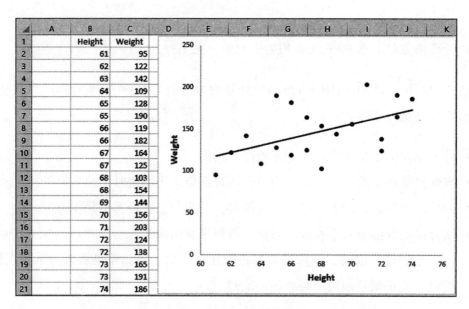

图 3.3 数据点越逼近趋势线，回归方程的估计越准确

这条趋势线展示了工作表数值测度的身高和体重间关系的大致方向。它从左下象限到右上象限——换言之，身高越低，则体重越轻；身高越高，则体重越重。这说明两个变量间存在正相关。（负相关表示一个变量值越大，另一个变量值越小。）你也看到了称为回归线的这条线：它展示了体重（因变量）与身高（预测变量）间的回归关系。

可以用趋势线作为给定另一个变量时粗略预测一个变量的方法。假定你想估计身高为 66 英寸（1 英寸＝0.0254 米）时，某人的体重。那么，你可以在图 3.3 的横轴找到 66，垂直向上直到趋势线，读取交点在纵轴上的取值。（当然，在 Excel 和 R 中还有其他更好的方法，我们很快就会讲到。）

为了得到估计值，直接估计或通过趋势线进行估计，你需要了解趋势线的斜率——你可能在中学时就学过的上升趋势。见图 3.4。

Excel 有一个工作表函数 SLOPE()，可以计算斜率。但这关系到你要估计哪个变量，以及你要根据哪个变量进行估计。在这个例子中，我们根据身高估计体重，因此图 3.4 用了下式：

=SLOPE(C2:C21,B2:B21)

SLOPE() 函数的语法是：

=SLOPE(known_y's, known_x's)

	A	B	C	D	E	F
1		Height	Weight		Correlation	
2		61	95		0.514	=CORREL(B2:B21,C2:C21)
3		62	122			
4		63	142		Slope	
5		64	109		4.239	=SLOPE(C2:C21,B2:B21)
6		65	128		4.239	=E2*(C24/B24)
7		65	190			
8		66	119			
9		66	182			
10		67	164			
11		67	125			
12		68	103			
13		68	154			
14		69	144			
15		70	156			
16		71	203			
17		72	124			
18		72	138			
19		73	165			
20		73	191			
21		74	186			
22						
23	Mean	67.8	147			
24	Standard deviation	3.776	31.138			

图 3.4 斜率只有在一元回归背景下才有意义

Excel 的文档中，被估计或预测的变量记为 known_y's，估计量或预测变量记为 known_x's。因此，如果你要用 SLOPE() 函数，根据身高估计体重，则会先提供包括体重数据的区域，再提供包括身高数据的区域。这就是图 3.4 中单元格 E5 完成的操作。

所有的这些内容与相关系数有什么关系呢？相关系数可帮助你得到斜率。单元格 E6 用到下式：

=E2*(C24/B24)

该式表示单元格 E2 中的相关系数乘以体重标准差与身高标准差之比。它将测量的原始尺度返回给方程。注意它返回的值与单元格 E5 中 SLOPE() 工作表函数得到的值相同。

事实上，如果你的原始数值被称为 Z 得分，相关系数就是斜率。Z 得分的标准差为 1.0，因此，将它们的标准差的比率乘以相关系数，得到相关系数本身，作为回归线的斜率。

3.1.4 INTERCEPT() 函数

在一元（单个预测变量）回归中，还需要计算另一个统计量。这就是截距。截距与斜率不同。截距是斜率所表示含义外的另一个数字。这两个数字的和是根据 x 值估计的 y 值：根据预测变量的值估计的被预测变量的值。

为什么称为截距？假定纵轴与横轴在零点处相交。那么，趋势线与垂直轴的交点就是截距。这是一种在图中测度回归线高度的方法。显然，你可以在图中向上或向下移动回归线，并不改变回归线的斜率。回归线高度的测度告诉你这条线在图中的位置——因此给定任何身高的取值，就可以得到待估体重的取值。

 注释　截距通常被称为常数。一元回归将预测变量取值乘以斜率，结果根据预测变量的取值变化。然后增加截距，它是一个常数，不会随预测变量取值的变化而变化。

Excel 提供 INTERCEPT() 函数，使用下述语法：

=INTERCEPT(known_y's, known_x's)

该语法符合 SLOPE() 函数的模式：输入被估计变量 known_y's 的地址和估计变量 known_x's 的地址。

用 SLOPE() 和 INTERCEPT() 函数的计算结果可以根据身高估计体重，见图 3.5。

	A	B	C	D	E	F	G
1		Height	Weight		Slope		
2		61	95		4.239	=SLOPE(C2:C21,B2:B21)	
3		62	122				
4		63	142		Intercept		
5		64	109		-140.413	=INTERCEPT(C2:C21,B2:B21)	
6		65	128				
7		65	190		Height Value	Estimated Weight	
8		66	119		60	113.935	=E2*E8+E5
9		66	182				
10		67	164				
11		67	125				
12		68	103				
13		68	154				
14		69	144				
15		70	156				
16		71	203				
17		72	124				
18		72	138				
19		73	165				
20		73	191				
21		74	186				

图 3.5　单元格 F8 估计了某人身高为 60 英寸时的体重

图 3.5 中的方法分别在单元格 E2 和 E5 中计算斜率和截距。然后，它们与单元格 E8 中的 60 一起进行估计，在单元格 F8 中用下式返回被估计的体重：

=E2*E8+E5

这里，我们正在使用回归方程——斜率和截距——来估计身高不是"基线"值时体重的取值：B2:B21 中的数值有助于形成斜率和截距的基础。这是对回归方程的一次典型使用。在一个非常不同的背景下，你可能用财政年度（1995、1996 等）作为预测变量，总收入作为被预测变量。你可以用得到的回归方程，通过将下一年的年份值代入方程，估计下一年的收入。

> **注释** 对我刚刚建议的时间序列数据使用回归会比较棘手，需要大量的研究工作才能理解难处所在。这里我只是为了表明回归的适用范围。

但是，当你将方程用到预测变量的值（这些值用于推导斜率和截距）时，看到方程返回的结果也同样有趣。见图 3.6。

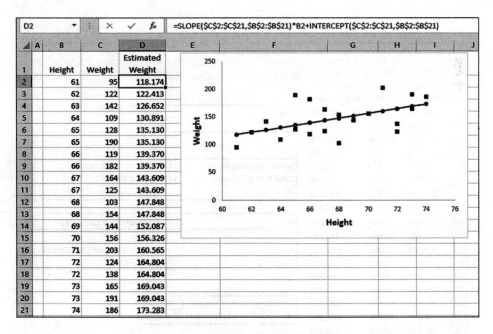

图 3.6　在回归线中绘制的估计结果

当你将计算得到的斜率和截距用到原始身高取值时，绘制这些结果，你会得到原始回归线——同样，在 Excel 中称为趋势线——如图 3.3 所示。（被预测的值用圆圈表示，原始数值用正方形表示。）

3.1.5 RSQ() 函数

该函数可以得到 r 方统计量。(在本书后续的内容中，我将“r 方”记为 R^2。) R^2 统计量——它的数值和它所代表的概念——是解释任何特定的回归分析的核心，也是回归分析的核心。

Excel 提供 RSQ() 函数，计算一元回归背景下的 R^2。有趣的是，当检验 Excel 中多元回归方程的预测变量效果时，RSQ() 函数会很有价值。

再看一下图 3.6。回归线外的每个原始数据点与回归线都存在垂直距离。该距离称为*估计误差*。该回归方程反映了身高为 68 英寸时的体重为 148 磅（1 磅≈0.453 千克）。身高为 68 英寸而体重是 103 磅意味着估计误差是 148-103＝45 磅。

回归分析中的每条记录都存在估计误差。因为现实预测不存在精度标准，因此将估计误差作为评价规则。图 3.7 展示了这些测度误差的计算方法，充实了回归分析的含义。

I16　=DEVSQ(D2:D21)

	D	E	F	G	H	I	J
1	Estimated Weight	Error of Estimate	Squared Error of Estimate				
2	118.174	-23.174	537.030		Slope	4.239	
3	122.413	-0.413	0.171		Intercept	-140.413	
4	126.652	15.348	235.556				
5	130.891	-21.891	479.229				
6	135.130	-7.130	50.843		Sum of Squared Errors	14266.891	=SUM(F2:F21)
7	135.130	54.870	3010.669		Total Sum of Squares	19392.000	=DEVSQ(C2:C21)
8	139.370	-20.370	414.919		R^2	0.264	=1-(I6/I7)
9	139.370	42.630	1817.354				
10	143.609	20.391	415.805		R^2	0.264	=RSQ(C2:C21,B2:B21)
11	143.609	-18.609	346.284				
12	147.848	-44.848	2011.328		r	0.514	=CORREL(B2:B21,C2:C21)
13	147.848	6.152	37.849		Square of r	0.264	=I12^2
14	152.087	-8.087	65.399				
15	156.326	-0.326	0.106				
16	160.565	42.435	1800.711		Regression Sum of Squares	5125.109	
17	164.804	-40.804	1664.995		R^2	0.264	
18	164.804	-26.804	718.473				
19	169.043	-4.043	16.350				
20	169.043	21.957	482.089				
21	173.283	12.717	161.732				

图 3.7　得到的结果从估计误差到 R^2

图 3.7 进行了相当数量的计算工作：

- 单元格 I2 和 I3 返回了回归方程的斜率和截距。这些单元格分别使用 SLOPE() 和 INTERCEPT() 函数。
- 单元格 D2:D21 用斜率和截距，以及 B2:B21 的身高值，估计每个人的体重。例如，单元格 D2 中的方程是：=$I$2*B2+$I$3。
- 真实观测体重数据（C2:C21）和被估计的体重数据（D2:D21）间的差距见 E2:E21。每个观测体重值减去每个被估计的体重值，返回估计误差。这些估计误差通常称为残差或偏差。
- 列 E 中估计的原始误差和为 0（无论你选择什么数据集，结果都一样）。因此，作为回归分析中估计误差总和的测度方法，该和是没用的。为了解决这个问题，需要对误差求平方，见列 F。
- 单元格 I6 是估计平方误差之和。当背景略有不同时，该和称为残差平方和。
- 单元格 I7 返回每个体重值与其均值间的偏差平方和。在我刚刚提到的其他背景下，这个值称为总平方和。
- 单元格 I8 取单元格 I6 中的残差平方和与 I7 中的总平方和之比，用 1.0 减去该结果。结果是 R^2。
- 主要证明 RSQ() 函数，单元格 I10 直接用该函数计算 R^2。正如 SLOPE() 和 INTERCEPT()，RSQ() 中的参数是：=RSQ(known_y's, known_x's)。
- 单元格 I12 展示身高和体重间的原 Pearson 相关系数。
- 单元格 I13 展示 Pearson 相关系数的平方。注意它与单元格 I8 和 I10 中的数相同。这就是 R^2 名字的来源：它是相关系数 r 的平方。

你可以将 R^2 解释为一个比例。它是从预测变量（身高）信息预测的被预测变量（体重）的变异性的比例。单元格 I7 通过 Excel 中的 DEVSQ() 函数计算得到体重的变异量。不能被预测的体重的变异量表示为单元格 I6 中的残差平方和。

因此，不能被预测的变异量除以总变异量得到不能被回归方程预测的部分在总和中的占比。1 减去该结果得到可以被预测的这部分的比例：R^2。当然，仅通过对 Pearson 的 r 取平方（如单元格 I13 所示）很容易得到结果，但它没有强调 R^2 与预测精度间的关系。

有一种更直接的方式得到 R^2，通过被预测值——这是估计误差的另一面。如单元格 I16 和 I17 所示。单元格 I16 展示了每个估计值与其均值间的平方偏差之和。该和除以总平方和直接得到 R^2。同样，R^2 是能够被预测变量信息预测到的被预测变量总变异的比例。

3.1.6　LINEST() 函数

用 LINEST() 函数，我们可以实现 Excel 工作表函数处理多个预测变量的功能。但是，LINEST() 也能处理一元回归，当然包括我们已经用到的身高和体重数据集。见图 3.8。

	A	B	C	D	E	F	G
E5				fx	{=LINEST(C2:C21,B2:B21,,TRUE)}		
1		Height	Weight				
2		61	95		=LINEST(C2:C21,B2:B21,,TRUE)		
3		62	122		4.239	-140.413	
4		63	142		1.667	113.202	
5		64	109		0.264	28.153	
6		65	128		6.466	18	
7		65	190		5125.109	14266.891	
8		66	119				
9		66	182				
10		67	164				
11		67	125				
12		68	103				
13		68	154				
14		69	144				
15		70	156				
16		71	203				
17		72	124				
18		72	138				
19		73	165				
20		73	191				
21		74	186				

图 3.8　LINEST() 函数必须是数组输入

图 3.8 中，区域 E3:F7 中的单元格展示了数组输入 LINEST() 函数的结果。这里，数组输入 LINEST() 的步骤如下：

1. 选择 E3:F7。

2. 输入 =LINEST(C2:C21,B2:B21,,TRUE)，但不要按 Enter 键。

3. 在按 Enter 键时，同时按住 Ctrl 和 Shift。

第 3 步事实上数组输入了该函数。注意前两个函数参数与本章前面讨论过的一元回归函数中用到的参数一样：known_y's 和 known_x's。

LINEST() 呈现出前面讨论过的三个回归函数 SLOPE()、INTERCEPT() 和 RSQ() 的结果。注意这些值在图 3.5、图 3.7 和图 3.8 的单元格 E3（斜率）、F3（截距）和 E5（R^2）。

LINEST() 返回的其他值如下：

- 单元格 E4 中斜率的标准误差。
- 单元格 F4 中截距的标准误差。
- 单元格 F5 中估计的标准误差。
- 单元格 E6 的 F 比率。
- 单元格 F6 中残差的自由度。
- 单元格 E7 中回归平方和，由图 3.7 中单元格 I16 计算得到。
- 单元格 F7 中的残差平方和，由图 3.7 中单元格 I6 计算得到。

如果 LINEST() 仅有上述功能，那么你或许可以不需要该函数。该函数返回的统计量用其他方法也可以得到，包括斜率和截距的标准误差。

但 LINEST() 可以用来处理多个预测变量的回归分析，因此完成预测变量数高达 64 个的多元回归。图 3.9 展示了一个例子，将年龄加入身高和体重表中。

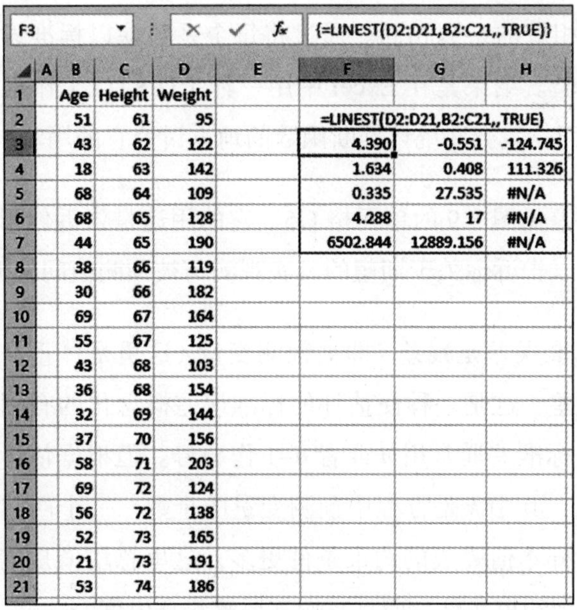

图 3.9　加入另一个预测变量时 R^2 值增加

注意图 3.9 中，R^2 值现在是 0.335，与图 3.8 中的 0.264 不同。加入年龄使方程比仅用身高预测更能解释体重的变异性。

当你使用多元回归时，斜率一词不再合适，至少不像一个特定预测变量时那么合适。当你有多个预测变量时，一张二维图无法在一个横轴上分别展示两个或更多最佳的预测量，因此不存在检查单个变量的斜率。相反，我们通常参看回归系数。因为回归分析仍然用这些系数乘以观测的预测值，因此它们在方程中作为系数。这些系数在 LINEST() 返回结果中的第 1 行。

LINEST() 有一个小问题：它在后面返回了回归系数。图 3.9 中，有两个预测变量在列 B 和 C，从左至右先读入年龄，后读入身高。然而，在 LINEST() 返回的结果中，年龄的回归系数在单元格 G3，身高的回归系数在单元格 F3：换言之，在 LINEST() 的结果中，从左到右，先是身高，后是年龄。当用回归方程并将 B2:B21 和 C2:C21 的原始值乘以 F3 和 G3 的系数时会导致一些问题。那么，你需要将 B2:B21 乘以 G3，将 C2:C21 乘以 F3。

> **注释** 不管预测变量的个数是多少，截距永远只有一个。截距总出现在 LINEST() 结果的第 1 行和最右列。

回归系数有标准误差。这个标准误差在 LINEST() 结果的第二行，出现的顺序与（紧接着下面）相应的系数相同。通过将每个系数除以标准误差，你可以用来完成回归系数的 t 检验。结果是在 Excel 中用一种 T.DIST() 工作表函数可以进行检验的 t 比率。本章后面，我会在统计推断函数的地方讨论它的用法。

估计的标准误差见图 3.9 的单元格 G5。它的用途是告诉你回归方程估计误差中变异的大小。它可以告诉你关于期望的真实观测与被预测值间的偏离程度。

通常估计的标准误差是残差（即被预测变量（这里是体重）的真实值与预测值间的差异）的标准差。这是一种使估计的标准误差概念化的有用方法。但不要被误导。一组原始值的标准差通常用 n 或者 $n-1$ 作分母。但根据估计的标准误差，可以用 $n-k-1$ 作为分母，其中 k 是方程中预测变量的个数。一个回归方程在自由度上的约束条件比用简单样本值完成的约束条件更多，这里总均值是唯一的约束条件。回归方程的系数也作为约束条件，而且它们需要解释自由度。

LINEST() 提供了一种确定系数 t 检验和全方程 F 检验自由度的简单方法。请见图 3.9 中结果的第 4 行第 2 列的单元格 G6。

最后，F 比率出现在 LINEST() 结果的第 4 行第 1 列，见图 3.9 中的单元格 F6。F 比率通常用作一个推断统计量，可能最常出现在方差分析（ANOVA）中——通过对预测变量进行适当的编码，回归分析与 ANOVA 相同。你可以用 Excel 的 F.DIST() 工作表函数检验 F 比率的统计显著性，接下来将和 T.DIST() 函数一起讨论。

这里用到的 F 比率是一种回归方程统计显著性的检验方法——更简洁地说，它是 R^2 的检验。如果你得到一个统计上显著的 F 比率，那么就可以得出方程的 R^2 与 0.0 显著不同。反过来，如果 F 比率有一个 p 值，比如为 0.05，那么你会得到一个在 R^2 为 0.0 的总体中只有 5% 的样本中至少取 0.05 的 F 比率。

3.1.7 TREND() 函数

特别是在多元回归中，很难通过预测变量值乘以回归系数得到被预测值。（难度主要是本章前面讨论过的 LINEST() 结果中回归系数顺序的倒转导致的。）Excel 的 TREND() 工作表函数可以帮助解决该问题。见图 3.10。

	A	B	C	D	E	F	G	H	I	J	K	L
1		Age	Height	Weight		=$K$3*B2+$J$3*C2+$L$3		=TREND(D2:D21,B2:C21)				
2		51	61	95		114.973		114.973		=LINEST(D2:D21,B2:C21,,TRUE)		
3		43	62	122		123.767		123.767		4.390	-0.551	-124.745
4		18	63	142		141.921		141.921		1.634	0.408	111.326
5		68	64	109		118.784		118.784		0.335	27.535	#N/A
6		68	65	128		123.174		123.174		4.288	17	#N/A
7		44	65	190		136.387		136.387		6502.844	12889.156	#N/A
8		38	66	119		144.080		144.080				
9		30	66	182		148.485		148.485				
10		69	67	164		131.404		131.404				
11		55	67	125		139.111		139.111				
12		43	68	103		150.108		150.108				
13		36	68	154		153.962		153.962				
14		32	69	144		160.554		160.554				
15		37	70	156		162.191		162.191				
16		58	71	203		155.020		155.020				
17		69	72	124		153.354		153.354				
18		56	72	138		160.511		160.511				
19		52	73	165		167.103		167.103				
20		21	73	191		184.170		184.170				
21		53	74	186		170.943		170.943				
22												
23						=$K$3*B24+$J$3*C24+$L$3		=TREND(D2:D21,B2:C21,B24:C24)				
24		41	70			159.989		159.989				

图 3.10 在任何回归分析中同时使用 TREND() 和 LINEST() 是个好想法

J3:L7 中 LINEST() 的例子之所以这样有两个原因。一个原因是在 J3:L3 中得到回归系数和截距，代入 F2:F21 的预测公式——正如图 3.7 的 D2:D21 所示。另一个原因是看 LINEST() 的诊断统计量——系数与标准误差间的关系、R^2、F 比率。忽略那些诊断统计量，仅仅用回归方程计算预测值是不明智的。但是，你可以通过增加额外的统计量评价回归方程的质量。

除了用单元格 B24 和 C24 而非 B2 和 C2 的观测值外，单元格 F24 中的公式与 F2 中的公式相同。这样，你可以用回归方程使用 B2:D21 中的数据去预测年龄 41 岁、身高 70 英寸时的体重为：159.989 磅。

TREND() 函数更快捷，可能也更安全。更快捷是因为在 H2:H21 数组输入下式：

=TREND(D2:D21,B2:C21)

而在 F2 输入下式，并向下复制到 F21：

=$K$3*B2+$J$3*C2+$L$3

我说"更安全"是因为在公式中直接用回归系数，会冒着错误的系数乘以错误的变量的风险——因为 LINEST() 有倒转系数顺序的特质。使用 TREND() 函数可以避免这个风险。

注意 TREND() 在它的参数 known_y's 和 known_x's 中采用了熟悉的模式。然而，H24 中的例子将 B24:C24 指定为 new_x's。这个命令告诉 Excel 用 B2:D21 中的数据计算回归方程，并将其应用于 B24:C24 的预测变量中。尽管 H2:H21 中的 TREND() 函数必须数组输入，H24 中的例子可以按常规方式输入。

一定要注意，列 F 中的被预测的值与列 H 中的这些值相同。

3.2 统计推断函数

Excel 提供了一些经过处理的 t 分布和 F 分布的工作表函数。这些函数适用于很多情况，包括回归分析，因此，当你想检验回归方程或某个部分的统计显著性时，也同样有用。

3.2.1 T.DIST 函数

当回归系数或回归方程的截距除以标准误差时,你得到所谓的 t 比率。你可以比较结合回归方程自由度的 t 比率和 t 分布。如果总体回归系数是 0.0,那么该比较将告诉你计算得出的 t 比率等于已有比率的概率有多大。

为什么这很重要?考虑一下如果回归系数为 0 的隐含含义,比如总体年龄的回归系数为 0.0。假定你以某种方式能够涵盖形成方程基础的所有记录的全体。在这种情况下,回归软件会展示出年龄的回归系数为 0.0。在这种情况下,年龄作为预测变量将不会对被预测量的估计产生影响。研究对象的年龄有多大或有多小将没有作用:如果年龄的系数是 0.0,将年龄作为预测变量根本不会改变方程的结果。在这种情况下,你也可以忽略方程中的年龄。

> **注释** 那么为什么不直接删除方程中的年龄?如果回归系数为 0.0 没有任何作用,那么删除该变量会有什么坏处?如果你有成千上万条记录——n 很大——那么可能没有坏处。但是,对于更典型的小样本量,加入一个不必要的预测变量时,回归方程倾向于失去一些稳定性。有关这个问题的更多内容请见本章后面对调整 R^2 的讨论。

使用预测变量的 t 比率和 t 分布会给你一些关于是否在回归方程中保留或剔除某个变量的指导。见图 3.11。

	A	B	C	D	E	F	G	H
1		Age	Height	Weight				
2		51	61	95		=LINEST(D2:D21,B2:C21,,TRUE)		
3		43	62	122		4.390	-0.551	-124.745
4		18	63	142		1.634	0.408	111.326
5		68	64	109		0.335	27.535	#N/A
6		68	65	128		4.288	17	#N/A
7		44	65	190		6502.844	12889.156	#N/A
8		38	66	119				
9		30	66	182				
10		69	67	164		Height: t-ratio		
11		55	67	125		2.686	=F3/F4	
12		43	68	103				
13		36	68	154		0.992	=T.DIST(F11,$G6,TRUE)	
14		32	69	144		0.008	=T.DIST.RT(F11,$G6)	
15		37	70	156		0.016	=T.DIST.2T(ABS(F11),$G6)	
16		58	71	203				
17		69	72	124		Age: t-ratio		
18		56	72	138		-1.348	=G3/G4	
19		57	73	165				
20		21	73	191		0.098	=T.DIST(F18,$G6,TRUE)	
21		53	74	186		0.902	=T.DIST.RT(F18,$G6)	
22						0.195	=T.DIST.2T(ABS(F18),$G6)	

图 3.11 你可以从 LINEST() 得到回归系数 t 检验所需的所有信息

图 3.11 展示了本章案例中用到的年龄、身高和体重的原始数据。原始数据的 LINEST() 分析请见 F2:H7。

区域 F10:H15 分析了身高变量的回归系数。系数（4.39）除以标准误差（1.634）得到 t 比率，见单元格 F11:2.686。

单元格 F13 比较了取值为 2.686 的 t 比率和自由度为 17 的 t 分布（注意样本量 n 为 20，预测变量少 2 个，总体均值少 1，得到自由度 df 为 17，如单元格 G6 所示）。单元格 F13 中的数值（0.992）说明自由度为 17 的 t 分布中 99.2% 位于取值为 2.686 的 t 比率的左侧。

另一种解释是 t 分布（自由度为 17）中 100%-99.2%（即 0.8%）位于取值为 2.686 的 t 比率的右侧。你可以用 Excel 中的 T.DIST.RT() 函数会直接得到该值，如单元格 F14。（函数名末端的标签 RT 代表右尾。）换言之，当总体体重对身高的回归系数为 0.0 时，你会得到计算系数为 4.39，或者在总体中只能抽取 0.8% 样本时更大。

此时，你必须两者选一：

- 由于存在样本误差，你碰巧得到身高变量回归系数为 4.39 的一个 0.8% 的样本，或者从身高变量系数为 0.0 的总体得到更大的样本。
- 总体的回归系数不是 0.0。

大多数人会得出，总体的回归系数不为 0.0，将保留方程中的身高变量。

图 3.11 中单元格 F15 是第三版 T.DIST() 函数。它用 T.DIST.2T()，返回双尾 t 检验的结果：回归系数小于 -4.39 或者回归系数大于 4.39 的概率。因为 t 分布是对称的，所以正好是 T.DIST.RT() 返回概率的两倍：单元格 F15 中的 0.016。

> **注释** 不像其他 T.DIST() 函数，T.DIST.2T() 中第一个参数不接受 t 比率取负值。为了从这个函数得到适当的结果，你需要对 t 比率使用 ABS() 函数，以防它取负值。我相信我理解 Microsoft 出现这个明显异常的原因，但我并不赞同。

我相信随着身高的增加，体重通常会增加，因此我会拒绝体重对身高出现负回归系数的可能性。我只关注 T.DIST.RT() 结果中报告的 0.8% 的概率水平。

你从检验年龄的回归系数得到不同结果。仍然看图 3.11，你将发现 F17:H22 中的检验。在这种情况下，t 比率为 –1.348，见单元格 F18。我完全愿意接受 20 条记录样本来自总体的可能性，年龄越大，体重越轻，因此我将注意 t 分布的两个尾端。由 F22 中 T.DIST.2T() 函数可知，对于体重在年龄上的回归系数为 0.0 的总体，你可能期望带来回归系数 1.348（或更大）或 –1.348（或更小）的抽样误差为 19.5%。

这是个主观的决定，而且应该通过出错成本分析得出结论，但如果发现随机抽样误差几乎都是 20%，那么我不愿相信这是由于除抽样误差以外的其他原因。我宁愿从方程中删除年龄变量。但是，我当然不会与认为 19.5% 足以接受备择假设（总体回归系数非零）的人争吵。

3.2.2　F.DIST 函数

这种评价预测变量显著性（前面部分讨论过）的方法依赖于 t 分布。一种不同的方法，通常称为模型比较，比较了两种 LINEST() 分析的结果，见图 3.12。

G22　=F7-F14

	A	B	C	D	E	F	G	H	I	J	K
1		Age	Height	Weight							
2		51	61	95		=LINEST(D2:D21,B2:C21,,TRUE)					
3		43	62	122		4.390	-0.551	-124.745			
4		18	63	142		1.634	0.408	111.326			
5		68	64	109		0.335	27.535	#N/A			
6		68	65	128		4.288	17	#N/A			
7		44	65	190		6502.844	12889.156	#N/A			
8		38	66	119							
9		30	66	182		=LINEST(D2:D21,C2:C21,,TRUE)					
10		69	67	164		4.239	-140.413				
11		55	67	125		1.667	113.202				
12		43	68	103		0.264	28.153				
13		36	68	154		6.466	18				
14		32	69	144		5125.109	14266.891				
15		37	70	156							
16		58	71	203							
17		69	72	124			R^2	df	"MS"	F	Prob of F
18		56	72	138		Difference in R^2	0.071	1	0.071	1.817	0.195
19		52	73	165		Residual R^2	0.665	17	0.039		
20		21	73	191							
21		53	74	186			SS	df	MS	F	Prob of F
22					Difference in SS Regression		1377.735	1	1377.7	1.817	0.195
23						Residual SS	12889.156	17	758.19		

图 3.12　模型比较方法通常涉及 F 分布而非 t 分布

模型比较方法背后的想法是你可以创建两个回归方程：一个回归方程用所有预测变量，另一个回归方程用预测变量的子集。在当前的例子中，就是指一个模型包括身高和年龄，另一个模型只包括身高。

那么，反映两个模型间定量差异的统计量可以被收集（很快地）和检测。图 3.12 展示了两个相关的模型。F3:H7 是全模型，F10:G14 是没有年龄变量的受限模型。一个重要的比较是两个 R^2 值间的比较。这个比较见单元格 G18：全模型比受限模型（仅用身高作为预测变量）解释的体重总方差大 7.1%。7.1% 来自单元格 F5 中的 R^2 减去单元格 F12 中的 R^2。

我们将检验全模型中 R^2 值的变化量（delta）和残差变异度。全模型的 R^2 是 0.335，因此残差变异度的比例是 1−0.335，即 0.665，见单元格 G19。

和全模型一样，R^2 变化量的自由度为 1，残差的自由度为 17。"均值平方"，记为"MS"，如 I18:I19 所示。我之所以加引号是因为它们不是真的均值方差，即不是平方和除以自由度。不如说这些是平方和的百分比——R^2 值——除以自由度。无论哪种方式，结果都是相同的。R^2 比偏差平方和更容易理解。但是，为了证明等价性，我在 G22:K23 用平方和而非 R^2 值重复该分析过程。

单元格 I18:I19 中两个均值平方之比是 F 比率，见单元格 J18。你可以用 F.DIST.RT() 函数检验 F 比率的统计显著性。在单元格 K18 中使用下式：

=F.DIST.RT(J18,H18,H19)

结果为 0.195，与图 3.11 中单元格 F22 所示的结果精确地相同。两种分析如下：

- 用标准误差和 t 分布检验年龄的回归系数
- 用 R^2 中的变化量和 F 分布检验全模型和受限模型的差异

当概率是 0.195 时，模型比较法得出的结论是回归方程删除年龄变量在 R^2 值没有统计学上的显著差异。因此，在方程中加入年龄将不会有显著不同。

使用回归系数和标准误差的方法，得到的结论是系数与 0.0 没有差异：因为总体中 19.5% 的可重复抽取样本的抽样误差，你会得到系数为 2.686。因此，在方程中保留该变量对方程的结果没有太大影响。

尽管两个结论来自不同的方法，但这两个结论的意思相同。它们通过统计显著性差异测度得到的数值结果也精确相同。在其他条件相同的情况下，较少的预测变量比较多的预测变量更好，因此通常决定删除方程中的年龄变量。

3.3 Excel 中的其他回归分析资源

除了与相关分析和回归分析有关的工作表函数，Excel 中的另两个特征有助于阐明回归分析中的具体过程。一个是数据分析插件的回归工具，另一个与 Excel 散点图中的趋势线有关。

3.3.1 回归工具

Excel 的数据分析插件提供了回归分析工具，这事实上不是得到相当丰富结果的一种坏方法。第 2 章讨论过数据分析插件的安装过程，只不过当时关注的是插件的描述性统计工具。这节关注的是回归工具，但插件的安装过程是相同的。

与描述性统计工具中的案例相同，回归工具的一个主要缺点是结果展示形式不是公式，而是静态数值。这意味着如果你要增加、删除或编辑源数据，你将不得不再次运行回归工具，以便确保结果基于最新版数据。

为了使用回归工具，开始时用想要分析的数据激活工作表。本例将使用图 3.12 所示的区域 B2:D21 的数据。通过单击功能区数据标签中分析组的数据分析链接打开该插件。在数据分析对话框中，向下找到回归工具，选择，单击 OK。对话框如图 3.13 所示。

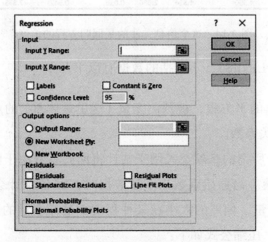

图 3.13　该图可以是回归诊断的重要部分

你通过图 3.13 中的对话框就可以知道怎么操作。下面只给出一些建议：

- 在 Input Range 加入变量标签，并使用 Labels 复选框。如果除回归工具输出外，你想看到 LINEST() 的结果，那么这步操作将有帮助——回想到 LINEST() 按工作表逆序返回系数。
- 如果你将 Output Range 指定为结果的位置，那么记住在选择选项按钮后单击 Output Range 编辑框。
- 一定选择残差复选框。它们产生的图表反映了所选回归模型的充分性。这里我不建议你选择正态概率曲线，原因稍后讨论。

结果如图 3.14～3.16 所示，假设你选择了所有有效的选项，而且将输出结果导出到一个新工作表。图 3.14 展示了有关回归方程本身的信息。

	A	B	C	D	E	F	G	H	I
1	SUMMARY OUTPUT								
2									
3	*Regression Statistics*								
4	Multiple R	0.579							
5	R Square	0.335							
6	Adjusted R Square	0.257							
7	Standard Error	27.535							
8	Observations	20							
9									
10	ANOVA								
11		*df*	*SS*	*MS*	*F*	*Significance F*			
12	Regression	2	6502.844	3251.422	4.288	0.031			
13	Residual	17	12889.156	758.186					
14	Total	19	19392						
15									
16		*Coefficients*	*Standard Error*	*t Stat*	*P-value*	*Lower 95%*	*Upper 95%*	*Lower 95.0%*	*Upper 95.0%*
17	Intercept	-124.745	111.326	-1.121	0.278	-359.621	110.132	-359.621	110.132
18	Age	-0.551	0.408	-1.348	0.195	-1.412	0.311	-1.412	0.311
19	Height	4.390	1.634	2.686	0.016	0.942	7.838	0.942	7.838

图 3.14 这个信息关注的是回归方程的信度

回归工具返回但 LINEST() 不包括的数据有以下几点：

- 多元 R。即 R^2 的平方根，被预测变量（这里是体重）的观测值和被预测值间的 Pearson 相关系数。
- 调整 R^2。这个所谓的压缩公式用于估计将回归系数用于同一个总体的新样本时得到的 R^2 值。当原始系数用于新数据时，R^2 值预计会更小。R^2 是一个向上的有偏统计量，偏差的大小在某种程度上是样本量的函数（样本量越小导致偏差越大）。压缩公式如下：

$1-(1-R^2)(n-1)/(n-k-1)$

该公式考虑偏差，对得到的 R^2 进行调整。注意样本量 n 越大，调整越小。

- 图 3.14 所示的方差分析（ANOVA）与前面"F.DIST() 函数"部分讨论过的 ANOVA 的目的相同。在这种情况下，尽管我们没有用 ANOVA 比较两个模型的差异，但为了检验一个模型，尤其是得到的 R^2 值和 0.0 间的差异。与 R^2 密切相关被检验的统计量是 F 比率。R^2 是被回归解释的方差与总方差之比。F 比率是被回归解释的方差与没有被解释的方差之比。图 3.12 中，平方和实际上是总平方和的百分数，而回归工具返回了实际平方和。这两个指标是等价的，无论用实际平方和还是总平方和的百分数，F 比率都一样。

- 图 3.14 最后一部分的 t 比率和它们的概率不是由 LINEST() 返回，而它们的构建块（回归系数和它们的标准差）是由 LINEST() 返回。比较图 3.14 中的区域 B17:C19 和图 3.12 中的区域 F3:H4。

- 图 3.14 中区域 F17:G19 展示了每个回归系数和截距及其 95% 置信区域的端点。LINEST() 不直接提供这些结果，但每个都可以由 LINEST() 的结果简单计算获得。仅用 T.INV() 就可以得到自由度为 17 的 t 分布的 2.5% 和 97.5% 处的取值，将这两个值乘以回归系数的标准误差，再加上系数本身的取值。

- Regression 工具默认返回 95% 的置信区域。如果你在 Regression 对话框中勾选 Confidence Level 复选框（见图 3.13），提供其他置信水平，如 99%，那么回归工具也会提供该置信水平下置信区间的端点值，如图 3.14 中的区域 H17:I19 所示。

图 3.15 用不同方式展示了 20 条原始记录。

图 3.15 展示了每条记录的被预测权重，通过将回归系数和截距应用到预测变量，就可以计算图 3.10 展示的结果。将观测的权重减去被预测的权重得到残差，称为"估计误差"，如图 3.7 所示。这些残差除以它们的标准差，转换为 D 列中的标准残差（函数的样本形式而不是总体形式）。

图 3.16 既展示了用于图表的残差值。"概率输出"是正态概率图的基础，也请见图 3.16。

	A	B	C	D	E	F	G
1	RESIDUAL OUTPUT					PROBABILITY OUTPUT	
2							
3	Observation	Predicted Weight	Residuals	Standard Residuals		Percentile	Weight
4	1	114.9727689	-19.97276888	-0.766836603		2.5	95
5	2	123.7672029	-1.767202937	-0.067850177		7.5	103
6	3	141.9208768	0.079123202	0.003037865		12.5	109
7	4	118.7837868	-9.783786823	-0.375639747		17.5	119
8	5	123.1738727	4.826127261	0.185294841		22.5	122
9	6	136.3869172	53.61308283	2.058426377		27.5	124
10	7	144.0802642	-25.08026419	-0.962934318		32.5	125
11	8	148.4846123	33.51538767	1.286793342		37.5	128
12	9	131.4035011	32.59649895	1.251513431		42.5	138
13	10	139.1111103	-14.1111103	-0.541783463		47.5	142
14	11	150.1077184	-47.10771843	-1.808658728		52.5	144
15	12	153.9615231	0.038476945	0.001477288		57.5	154
16	13	160.553783	-16.55378304	-0.635567698		62.5	156
17	14	162.1911514	-6.191151368	-0.237703721		67.5	164
18	15	155.0198234	47.98017659	1.842155979		72.5	165
19	16	153.3539306	-29.35393063	-1.12701792		77.5	182
20	17	160.5109964	-22.51099636	-0.864289577		82.5	186
21	18	167.1032563	-2.103256347	-0.080752647		87.5	190
22	19	184.1701054	6.829894601	0.262227696		92.5	191
23	20	170.9427987	15.05720125	0.578107779		97.5	203

图 3.15　被预测的权重与 TREND() 函数返回的结果相同

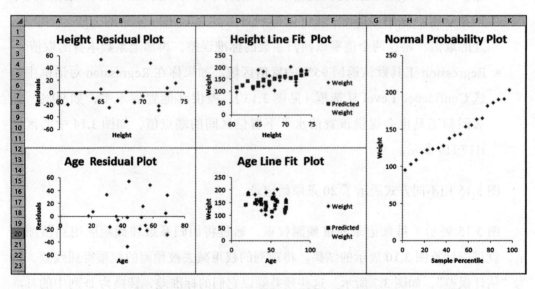

图 3.16　该正态概率图不是一个标准的正态概率图

图 3.16 中的残差图有助于诊断回归模型是否充分提取了有用信息：例如，回归方程不包含某个变量，而这个变量在被预测变量的变异中占有相当数量的比重。也可能推断出，一个现有的预测变量应该被提高到第二个或第三个幂，并且加入回归方程。在这种情况下，两个残差图中的点随机分布，这也是你想要看到的。

我想看到被预测变量真值和拟合值（即被预测值）的对比图，因为改图可以更清晰地展示出一个不充分模型的效果。通过创建真值和预测值的散点图，绘制线性趋势线，你可以容易地创建拟合线形图。

正态概率图想法好，但执行得差。正态概率图旨在用横轴表示真值，用纵轴表示百分数的位置。这个想法是使一个正态分布的变量在正态概率图上呈现为一条直线（而不是累积曲线或 s 型曲线）。但为了得到这条直线，必须将纵轴向中间位置压缩，向两端延伸。回归工具中的正态概率图忽略了这项需求。（这需要在条形图中完成，即 Excel 中只有两个坐标的图，纵轴表示分类型变量。）

3.3.2 图的趋势线

Excel 支持回归分析的第三个主要区域（除工作表函数和数据分析插件中的回归工具外）是通过图表。图 3.17 给出了一个例子，即本章用身高和体重构建一元回归模型。

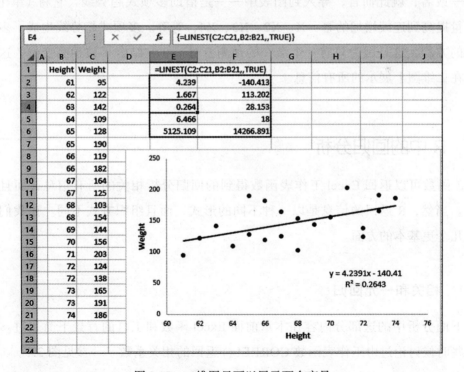

图 3.17 二维图只可以展示两个变量

图 3.17 展示的图和趋势线与图 3.3 相同，但不同的是，添加了回归方程和 R^2。绘制完初始的散点图后，你通过右击一个数据标记，从快捷菜单选择添加趋势线，

即可得到趋势线。

添加趋势线后，右击它并从快捷菜单选择格式趋势线。向下滑动鼠标出现格式趋势线窗格，选择在图形上展示方程和在图表上展示 R^2 两个复选框。然后关闭格式趋势线窗格。

如果你要使用图上的回归方程，一定要验证它与 LINEST() 的结果对应。Excel 将用于作图的工作表最左侧的数据当作回归方程中的预测变量。因此，在图 3.17 中，因为工作表中身高在体重变量的左侧，所以身高作为预测变量。这可能会有些令人困惑，因为 LINEST() 函数要求被预测变量作为第一个参数，一个或多个预测变量作为第二个参数。

请记住，尽管散点图可以展示多元回归方程，但当你在工作表上有多个预测变量时，散点图却无法展示。将多个预测变量导入到图表的回归方程的唯一一种方法——或者，就此而言，导入到图表中——是借助多项式趋势线，它将（单个）预测变量提高到连续增加的幂：X、X2、X3、X4，等等。多项式趋势线生成了多预测变量的方程，这是因为只有一个潜在的预测变量——它结合了被预测变量，这是你可以在二维图上展示的所有信息。

3.4 R 中的回归分析

R 函数可以返回 Excel 工作表函数得到的回归分析相关的所有信息，而且更多一些。当然，R 返回的信息是以一种不同的形式，而且组织方式不同。让我们开始比较几个更基本的方面。

3.4.1 相关和一元回归

下面分析中的这部分内容在本章前面 Excel 函数和工具的背景下简述过。我们在早些时候讨论过由工作表函数 CORREL() 返回的相关系数——参见图 3.1。

R 函数展示两个变量间相关系数的方法很多。第 2 章介绍了一种，讨论了一个数值型变量作为同一个数据框 d.pizza 中另一个数值型变量函数的分析：

Desc(temperature ~ delivery_min, d.pizza)

为了使用 Desc 函数，你必须已经通过 library 命令加载了 DescTools。但你也可以使用 stats 软件包中的 cor 函数，这个函数是打开 R 会话时就可用的：不要加载特殊的软件包。见图 3.18。

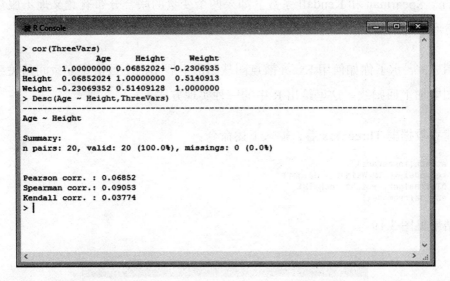

图 3.18　如果数据来源不止一个数值型变量时，cor 函数返回了相关系数矩阵

cor 函数可以设定几个参数，但是你可以只提供数据源的名称。这里是 ThreeVars，包括本章反复分析过的年龄、身高和体重变量。将 ThreeVars 建立为数据框最快捷的方法是激活图 3.12 中的工作表，选择区域 B1:D21，并转换到 R 中。在控制台输入下述命令：

ThreeVars <- XLGetRange (header = TRUE)

cor 函数得到完整的相关矩阵，而不只是主对角线下面的数值。相关系数默认的是 Pearson 乘积矩阵相关系数，但是如果你提供了方法，可以得到 Spearman 相关系数或 Kendall's tau 相关系数：

cor(ThreeVars, method = "kendall")

或者

cor(ThreeVars, method = "spearman")

> 注释　Excel 的数据分析插件也有返回相关矩阵的一个相关关系工具。然而，它不返回相关矩阵主对角线上面的相关系数。尽管上三角元素是冗余信息，但用于多元分析的很多矩阵运算需要完整的平方的相关系数矩阵。

为了与 cor 比较，图 3.18 也展示了对数据框 ThreeVars 中两个数值型变量使用 Desc 函数的结果。Desc 的语法需要你通过"……的函数"波浪线符号（~），为双变量分析指定两个变量，因此你用这种方式无法得到完整的相关矩阵。但你会得到 Pearson、Spearman 和 Kendall 系数。如果两个变量的联合分布有意义地不服从二元正态分布，你可以认为这些系数是有帮助的。

图 3.3 展示了你如何用 Excel 散点图从图形上展示两个数值型变量间的关系，包括在图中加上回归线。这里给出 R 中的一种实现方式：

建立数据框 ThreeVars 后，输入下述命令：

```
> attach(ThreeVars)
> regmodel <- lm(Weight ~ Height)
> plot(Height, Weight, pch=19)
> abline(regmodel)
```

结果见图 3.19。

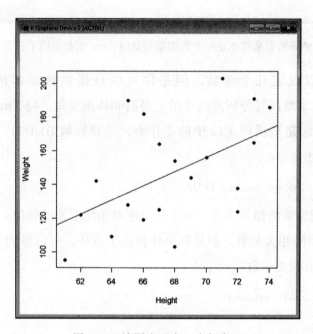

图 3.19　该图出现在一个新窗口

我推荐 attach 命令，以便数据框 ThreeVars 中的变量名将在 R 的搜索路径中，R 将知道去哪里找到名为体重和身高的变量。否则，你可能如 ThreeVars$Weight 这样的标签标记到图形的坐标轴上。如果已加载了另一个数据框，而且也包括变量身高和体重，那么你可以用命令 detach 从搜索路径删除一个数据框。（我应该提到的是，一些作者反对使用 attach，因为这有可能混淆两个同名的不同对象。)

然后，用 lm（线性模型）函数计算表示身高和体重变量间关系的斜率和截距，并保存到名为 regmodel 的变量中。

使用命令 plot 在新绘图窗口中创建身高和体重的散点图。plot 函数中的 pch 参数指定了所用的数据标记类型。图 3.19 是实心圆，指定 pch = 15 会得到实心方形。

最后，用 abline 函数从 regmodel 得到斜率和截距。该命令也在图中绘制直线。

请记住 plot 函数将第一个命名的变量放在图的横轴。你将想要确保在 abline 函数得到正确的回归线——否则，你可能在图上得不到回归线。一般来说，这意味着在 lm 函数中波浪线后面命名的变量应该是在 abline 函数中命名的第一个变量。

> ⚠️ **警告** 这可能有点棘手，因为如果你碰巧用波浪线而不是逗号来分开 plot 函数中的变量名，第一个被命名的变量在图的纵轴而非横轴。也要意识到完成 plot 函数后，操作的界面在绘图窗口。因此，你可能需要在继续输入命令前，单击控制台。

图 3.4 和 3.5 展示了如何用 Excel 工作表函数找到一元回归中的斜率和截距。你可以用 lm 函数的结果得到相同的信息，以前给过，这里重复一下：

```
> regmodel <- lm(Weight ~ Height)
> regmodel
```

图 3.20 展示了 lm 函数运行结果所赋给的变量的内容。

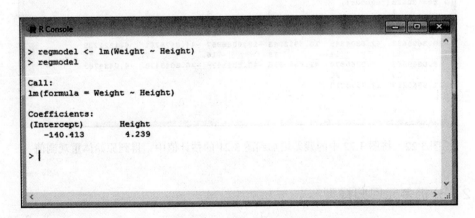

图 3.20　将这些值与图 3.5 中的那些值进行比较

你通过对名为 regmodel 的变量使用 summary 函数，可以更了解 lm 函数。

图 3.6 和 3.7 展示了如何用 Excel 工作表函数得到每条记录的被预测值（也称为拟合值）。在 R 中，你可以用：

```
> fitted(regmodel)
```

结果如图 3.21 所示。

```
> fitted(regmodel)
        1        2        3        4        5        6        7        8
118.1739 122.4130 126.6522 130.8913 135.1304 135.1304 139.3696 139.3696
        9       10       11       12       13       14       15       16
143.6087 143.6087 147.8478 147.8478 152.0870 156.3261 160.5652 164.8043
       17       18       19       20
164.8043 169.0435 169.0435 173.2826
>
```

图 3.21　不用回归方程就可以得到被预测值的一种快速方法

图 3.7 也展示了体重变量的观测值与被预测值间的差距。这种差距称为图 3.7 中的估计误差，也叫残差。在 R 中，得到这些结果的一种方法是：

```
> residuals(regmodel)
```

返回值如图 3.22 所示。

```
> residuals(regmodel)
          1          2          3          4          5          6
-23.1739130  -0.4130435  15.3478261 -21.8913043  -7.1304348  54.8695652
          7          8          9         10         11         12
-20.3695652  42.6304348  20.3913043 -18.6086957 -44.8478261   6.1521739
         13         14         15         16         17         18
 -8.0869565  -0.3260870  42.4347826 -40.8043478 -26.8043478  -4.0434783
         19         20
 21.9565217  12.7173913
>
```

图 3.22　将图 3.22 中的残差增加到图 3.21 的估计值中，得到原始体重观测值

3.4.2　分析多元回归模型

图 3.8 和 3.9 展示了一元和多元回归背景下 LINEST() 函数的例子。图 3.23 展示

的是，当你将 R 的 summary 函数应用到 lm 函数创建的变量时，得到的反馈结果。源数据包括身高、年龄和体重，如图 3.9，因此，你可以直接比较 LINEST() 和 lm 的结果。

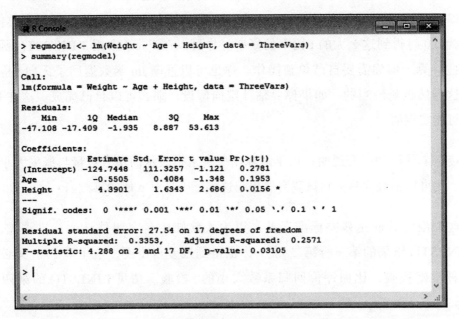

图 3.23 这些结果包括 LINEST() 返回的大多数结果以及不能返回的很多结果

当比较 Excel 中 LINEST() 的结果和 R 中 lm 函数返回的结果时，记住这一点是有用的：LINEST() 是动态的，而且当编辑源数据时可以自动更新。如果在 LINEST() 选定区域前面的单元格增加或删除记录，LINEST() 也会更新，但是你通常需要更新 LINEST() 选定的区域。为了更新 lm 的结果，你必须先更新数据框，再重新运行 lm 和 summary 函数。这可能看上去好像微不足道，但我发现它是单调乏味的，特别当我不得不注意关键词的大小写。

这就是说，从你调用 lm 模型的语句开始，图 3.23 有很多好信息。

第一个引起你注意的真实数据是残差的分位数。该列表无疑有助于评价残差的分布（对称的？有偏的？），但结果这样展示出来总让我觉得有点奇怪。有点像以伯南伍德开始麦克白，又来到麦克白后传。

接下来你会得到回归系数和截距的信息矩阵。这种布局形式比 LINEST() 的布局形式更有帮助，因为它将变量名和系数联系起来。在 LINEST() 中，你需要指定这些内容，而且推断因 LINEST() 中变量的特殊顺序而更困难。包括系数本身和标准误差，R 的结果解释了 LINEST() 返回的五行结果中的前两行。

图 3.23 中的总结计算了每个系数的 t 比率，这比 LINEST() 更进了一步。LINEST() 则需要你自己计算。R 也根据每一个 p 值和它的自由度，返回在总体的 t 比率为 0.0 时得到这么大的 t 比率的概率。你可以在 Excel 中用 T.DIST.2T() 函数完成这些计算，但你需要自己单独操作。你也可以推断 lm 函数返回了无向 t 检验结果，这当然也是恰当的。如果你要估计定向假设，那么可以自己完成。这在 Excel 中是可能实现的。

接下来你得到一个说明，用于解释用概率水平表示的星号数量与概率大小间的关系。我可以不做这些。它让我突然想起这接近于是对 p 值的篡改。

这个说明后面是残差标准误差，更为人熟知的名字叫估计的标准误差。（请见 LINEST() 结果的第三行第二列。）你也得到残差自由度，这里取 17。又必须进行各种推断检验，比如评价回归系数大小的 t 检验。请见 LINEST() 的第四行第二列。

LINEST() 在第三行第一列返回 R^2。R 也提供了调整后的 R^2，运用标准化的压缩公式。在 Excel 中，你或者自己计算，或者向数据分析插件中的回归工具求助。

最终，你得到 F 比率以及回归均值平方和残差均值平方的自由度。F 比率在 LINEST() 的第四行第一列。你也得到获得 F 比率的概率，这个 F 比率等于或大于得到该样本的总体中 R^2 为 0.0 时的值。Excel，你需要自己得到回归自由度（这不难：与预测变量向量的数量相同）以及 F 比率的概率。为了比较 F 比率及其概率和 Excel 的结果，请见图 3.14 的单元格 E12 和 F12。

LINEST() 在第 5 行返回回归和残差平方和。lm 函数的总结省略了平方和，这不是主要的疏漏。当你仍在学习线性回归，并且要探索各种汇总统计量间的数量关系时，这些平方和是有帮助的，但是，当你已经得到标准误差、R2 和 F 时，这些不是绝对必需的。

另一方面，当你要完成模型比较时，你将需要这些平方和。接下来看一下 R 如何提供这些平方和。

3.4.3　R 中的模型比较

多元回归中，通常存在两个以上的变量存在相关关系。这并不总是真实的：当你有编码的因子作为预测变量且每一个因子水平的记录数相同时，你通常得到编码向量间的相关系数为 0.0。但当所有预测变量——年龄和身高——为数值型变量，那么通常发现这些变量是相关的。例如，图 3.18 展示年龄和身高数据的例子，它们的 Pearson 相关系数为 0.06852。

当预测变量相关时，根据先将哪个变量输入回归方程，你可以得到不同结果（通常，当有两个以上的预测变量时，结果会因函数中预测变量的输入顺序而发生变化）。描述全回归的结果不会变化：总 R^2、F 比率、回归系数和标准误差不会因输入方程的预测变量顺序的不同而改变。

但当预测变量相关时，当改变预测变量和被预测变量的输入顺序时，它们的方差通常一定会改变。图 3.24 和 3.25 展示了在方程中先输入年龄（图 3.24）和先输入身高（图 3.25）的结果。由图可知，回归统计量总体上相同（请看两个 summary 函数的结果），但每个变量相关的平方和随输入变量顺序的不同而改变。

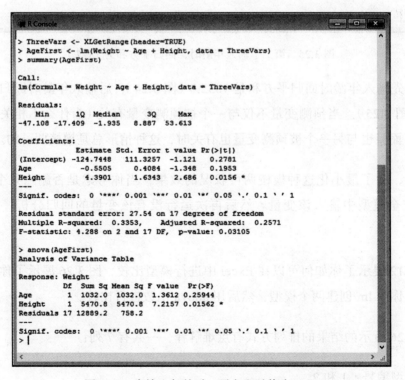

图 3.24　先输入年龄时，平方和赋值为 1032

```
> HeightFirst <- lm(Weight ~ Height + Age, data=ThreeVars)
> summary(HeightFirst)
Call:
lm(formula = Weight ~ Height + Age, data = ThreeVars)

Residuals:
    Min      1Q  Median      3Q     Max
-47.108 -17.409  -1.935   8.887  53.613

Coefficients:
             Estimate Std. Error t value Pr(>|t|)
(Intercept) -124.7448   111.3257  -1.121   0.2781
Height         4.3901     1.6343   2.686   0.0156 *
Age           -0.5505     0.4084  -1.348   0.1953
---
Signif. codes:  0 '***' 0.001 '**' 0.01 '*' 0.05 '.' 0.1 ' ' 1

Residual standard error: 27.54 on 17 degrees of freedom
Multiple R-squared:  0.3353,    Adjusted R-squared:  0.2571
F-statistic: 4.288 on 2 and 17 DF,  p-value: 0.03105

> anova(HeightFirst)
Analysis of Variance Table

Response: Weight
          Df  Sum Sq Mean Sq F value  Pr(>F)
Height     1  5125.1  5125.1  6.7597 0.01868 *
Age        1  1377.7  1377.7  1.8171 0.19534
Residuals 17 12889.2   758.2
---
Signif. codes:  0 '***' 0.001 '**' 0.01 '*' 0.05 '.' 0.1 ' ' 1
>
```

图 3.25　第二个输入年龄时，回归平方和为 1377.7

注意先输入年龄时回归平方和是 1032.0（图 3.24），后输入年龄时回归平方和为 1377.7（图 3.25）。当预测变量不仅与一个被预测变量有关（为什么不相关时还仍然使用？），而且也与另一个被预测变量也有关时，这种情形总是模棱两可的。

因此，为了最小化这种模棱两可状况的效果，当你考虑是否删除某个变量时，最好先在全模型中输入该变量。然后再次运行没有该变量的回归分析，比较两个模型。

图 3.12 展示了你如何可以在 Excel 中进行模型比较，图 3.26 展示了你如何在 R 中完成。你用 lm 创建两个模型，然后用 anova 函数进行比较。

图 3.26 所示的结果的排列方式有点难解释，一共有 7 列：

- 模型编号：1 和 2。

```
> FullModel <- lm(Weight ~ Age + Height, data = ThreeVars)
> HeightOnly <- lm(Weight ~ Height, data = ThreeVars)
> anova(HeightOnly, FullModel)
Analysis of Variance Table

Model 1: Weight ~ Height
Model 2: Weight ~ Age + Height
  Res.Df   RSS Df Sum of Sq      F Pr(>F)
1     18 14267
2     17 12889  1    1377.7 1.8171 0.1953
>
```

图 3.26　当比较两个模型时，最好先在 anova 的参数中引用限制更多的模型

- 残差自由度。模型 1 只有身高一个预测变量，而模型 2 有两个预测变量，自由度比残差少。
- 残差平方和。你可以在前面的一些图中找到这些结果，比如图 3.8 的单元格 F7 和图 3.9 的单元格 G7。
- 两个模型自由度之差，18−17＝1。
- 两个模型的残差平方和之差为 1377.7。不同之处在于模型比较的 F 检验的分子。anova 输出将这个数字标记为平方和（Sum of Sq）。
- 遗憾的是，anova 函数不会返回 F 比率的分母。模型 2 的残差平方和（12889）除以自由度（17）得到的结果为 758.186，是 F 比率的分母。将分子除以分母得到 F 比率，1.817。
- 如果总体的 F 比率为 1.0，anova 返回的最终记录为得到 F 比率的概率。当概率为 19.5% 时，F 比率（1.817）可能会取到，你也可以删除年龄变量。

一定将这些结果与图 3.12 中 LINEST() 函数的结果进行比较。

尽管默认的图形与 Excel 回归工具返回的图形不同，但是 R 也会返回残差图。例如，Excel 通过预测变量的真实值创建残差图，而 R 默认通过被预测变量的拟合值返回被预测变量的残差图。见图 3.27。

在没有指定任何其他类型图的情况下，你也将得到标准的分位比较图，该图包括标准化残差拟合值和不同水平下的残差值（这里的水平测度了预测变量观测值与均值间的差异；它与影响度密切相关）。

R 有大量函数和提供其他多元回归的软件包，可能其他最好的发现这些工具方

法是浏览各种专门提供 R 文档的网站。在我计划本章内容时，我遇到一个不知何故之前漏掉的一个新函数：

```
>confint (FullModel, level = 0.95)
```

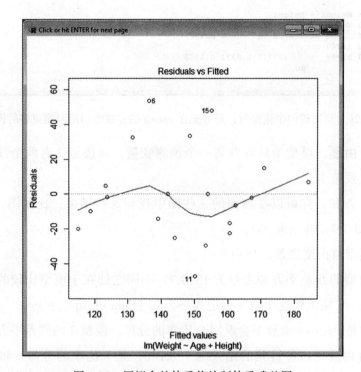

图 3.27　用拟合的体重值绘制体重残差图

这个函数（默认包括在 stats 软件包中）返回了全模型（FullModel）中回归系数和截距的上界和下界。(本章前面 lm 函数创建了 FullModel)。结果如图 3.28 所示。

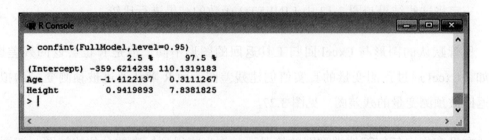

图 3.28　如果回归系数的置信区间跨越 0.0，则存在一个参数予以忽略

你可能想将这些结果与图 3.14 中的结果进行比较。

很明显，你可以通过改变水平参数 level 来指定为 0.90 和 0.99 等其他置信区间。

在这种情况下，年龄 95% 置信区间跨越 0，取值有正有负。

下面这个决定是合乎情理的，变量年龄系数的置信区间是一个 95% 置信区域（包括回归系数的总体值）。但是下面这个决定就不那么合乎情理了，一个 5% 置信区域不包括回归系数的总体值，因此回归系数不为 0.0。该结果响应了本章前面讨论的结论，当我们通过 t 检验验证年龄变量时，为了模型比较，也会通过 F 检验。

第 4 章

用 Excel 和 R 进行方差和协方差分析

你可以认为,只有一个因子——例如,性别、政治立场或用药类型——的方差分析(ANOVA)比 t 检验复杂,又比两个或多个因子的 ANOVA 简单。t 检验适用于两组均值间的比较——比如,男性和女性,共和党和民主党。但是 ANOVA 的目的是评价三组或多组均值间差异,比如共和党、民主党和自由党。因为 ANOVA 也可以处理同一个分析中不仅仅有一个因子的情况,所以,你可以研究性别和某种疾病用药类型的联合效应。本章内容包括单因子和多因子分析,以及 ANOVA 有价值的扩展内容,即协方差分析。

和第 3 章一样,本章用 Excel 和 R 实现了这些内容。与前面章节讨论过的内容相比,本章内容更为复杂。同样地,它们倾向于强调 Excel 和 R 在用法上的差异:

- 当你正在学习一种分析的原理,并想了解从原始数据到概率估计的分析过程时,Excel 通常是较好的选择。
- 当你确定如何用给定的函数处理数据,并想评价 Excel 无法提供的参考分布(如 q 分布)时,R 通常是较好的选择。

4.1 单因子方差分析

Excel 和 R 都有多种方法处理单因子问题。Excel 中,关键在于方法的选择:

- ANOVA 的传统方法包括通过不同的工作表函数计算不同类型的平方和。

- ANOVA：数据分析插件中的单因子工具。
- 回归方法，借助于工作表函数 LINEST() 生成所有结果。

每种方法有优势也有不足：

- 只有一个因子时，传统方法比回归方法更快。它返回动态的工作表函数，而非数据分析工具返回的静态值，因此，你可以很容易地编辑源数据并立即观察是否对结果产生影响。
- 使用数据分析插件中的单因子工具，返回描述性统计量。这些统计量通过传统方法进入工作表函数，也可以得到。但是，它是静态的，即使源数据只有一个值发生变化，可能只是修改一个错别字，你将不得不重新运行工具。
- 回归方法需要先将诸如“男性”和“ NSAID”这样的标签编码，重新编码为 LINEST() 可以处理的数值型。同样地，这个处理过程是枯燥的。但一旦完成，你就可以得到比传统方法或 ANOVA 中单因子工具更多的信息。而且，当每个设计单元格中的观测数不全相等时，回归方法是 Excel 中处理因子设计（因子数大于 1）的唯一方法。（我的偏向可能很明显：我更倾向于回归方法，因为它可以容纳更多设计，提供更多信息。）

4.1.1　使用 Excel 的工作表函数

图 4.1 展示了如何进行水平个数为 3 的单因子 ANOVA。

B15　=DEVSQ(B11:E11)*8

	A	B	C	D	E	F
1	Group	1	2	3	4	
2		4	2	6	10	
3		3	2	6	10	
4		5	6	11	4	
5		4	10	5	6	
6		5	1	4	5	
7		11	3	7	6	
8		5	7	10	8	
9		2	2	10	10	
10						
11	Mean	4.875	4.125	7.375	7.375	
12	Sum of Squares	50.875	70.875	47.875	41.875	
13						
14		SS	df	MS	F	p
15	Between groups	68.375	3	22.7917	3.0173	0.0465
16	Within Groups	211.5	28	7.5536		
17	Total	279.875	31			

图 4.1　每组观测数相等是最简单的情况

每个单元格观测数相同的单因子 ANOVA 可能是最快、最容易构造的。其中涉及的一些中间计算过程如下：

B11:E11 是每组的均值。例如，单元格 B11：

=AVERAGE(B2:B9)

你也需要计算各组内偏差平方和（通常称为平方和）。Excel 中的 DEVSQ() 函数用于这种计算很方便。平方和请见 B12:E12，单元格 B12 中用到的公式是

=DEVSQ(B2:B9)

DEVSQ() 函数将每个参数值减去其均值，取平方再求和。

现在，为了得到基于组间差异的 ANOVA 平方和，可在单元格 B15 中使用下式：

=DEVSQ(B11:E11)*8

组间平方和要乘以每组案例数 8。这是因为组均值和总均值间的差别在每组中用了 8 次，每个观测一次。因为本例中组均值和总均值间的差异对每个组来说是常数，将这些差异的平方和乘以每组观测数的运算更简单。

组内平方和仅仅是每组的平方和之和。单元格 B16 中的公式是：

=SUM(B12:E12)

ANOVA 表的其他部分会如你预期的完成。组间自由度为组数减 1。组内自由度是总数减去组间自由度，再减去 1。每个均值平方（MS）是平方和除以自由度。F 比率是组间均值平方与组内均值平方之比。用单元格 F15 中的公式，你可以得到至少这样大小的 F 比率的观测概率：

=F.DIST.RT(E15,C15,C16)

4.1.2　使用 ANOVA：单因子工具

如果你发现有必要编辑源数据，那么工作表函数方法会非常快捷，公式会自动重新计算。图 4.2 展示了如何用 ANOVA 分析相同的数据集：数据分析插件中的单因子工具。

运行单因子工具很容易。你确实需要从安排如图 4.2 中区域 B1:E9 所示的数据开始。

	A	B	C	D	E	F	G
1	Group	1	2	3	4		
2		4	2	6	10		
3		3	2	6	10		
4		5	6	11	4		
5		4	10	5	6		
6		5	1	4	5		
7		11	3	7	6		
8		5	7	10	8		
9		2	2	10	10		
10							
11	Anova: Single Factor						
12	SUMMARY						
13	Groups	Count	Sum	Average	Variance		
14	1	8	39	4.875	7.267857		
15	2	8	33	4.125	10.125		
16	3	8	59	7.375	6.839286		
17	4	8	59	7.375	5.982143		
18							
19	ANOVA						
20	Source of Variation	SS	df	MS	F	P-value	F crit
21	Between Groups	68.375	3	22.7917	3.0173	0.0465	2.9467
22	Within Groups	211.5	28	7.5536			
23							
24	Total	279.875	31				

图 4.2　工具运行的结果请见单元格 A11:G24

> 注释　你可以转置原始数据区域，将其按逆时针方向翻转 90 度。单因子工具可以实现这个操作。然而，在 Excel 中这样排列数据集是一种非常规的方法。

步骤如下：

1. 单击功能区 Data 标签中 Analyze 组中的 Data Analysis；
2. 选择 ANOVA：从列表框中选取 Single Factor；
3. 拖动鼠标，选定包括列标签（这里是 B1:E1）在内的原始数据的工作表区域；
4. 勾选 Labels in First Row 复选框；
5. 如果需要，可将默认的 0.05 显著性水平调整到其他值，如 0.1 或 0.01；
6. 单击 Output Range 选项按钮。单击编辑框，单击要开始输出的单元格；
7. 单击 OK 按钮。

Alpha 框只对输出结果中的 F 比率临界值（F Crit，critical F-ratio）有影响。该值表明，在你选择的显著性水平（alpha 水平）下，拒绝组均值间无差异这一假设所需的最小 F 比率。尽管 alpha 水平的选择很重要，但是在 Alpha 框中输入的数值只与 F 比率临界值有关。

> **注释** 你可以用下述公式得到 F 比率临界值，0.05 表示默认的 alpha 水平，C21 和 C22 是图 4.2 中的单元格，表示自由度。
> =F.INV.RT(0.05,C21,C22)

ANOVA：单因子工具返回图 4.2 中区域 A11:G24 所示的结果。注意 ANOVA 表返回的结果与图 4.1 中工作表函数返回的相关结果完全相同。

4.1.3 对 ANOVA 使用回归方法

线性回归分析和方差分析都用于不同组均值间差异的统计显著性检验，这两种分析都借助于 F 检验，也都基于一般线性模型。它们的基本区别在于，传统 ANOVA 计算使用了偏差平方和——平方和。回归分析也用了平方和，但是，它主要用于计算 R^2 值和共享方差的百分比。

图 4.3 展示了如何用 Excel 中的主要回归函数 LINEST() 分析图 4.1 和图 4.2 中的数据。

在 Excel 中，回归分析要求原始数据是列表形式（或正规表格形式），不同变量占不同列，不同记录占不同行。这通常是你想要的数据排列方式——事实上，图 4.2 中的排列是通过 ANOVA 工具强制执行的，而不是通过 Excel 本身实现的。一些编码方法可用于展示每条记录所属的组别。图 4.3 中用到的方法称为效应编码，主要因为它得到的回归系数等于某个组对总均值的效应。

列 C、D 和 E 中的编码将每条记录放到适当的组中，规则如下：

- 组（group）1 中的记录是在组向量（group vector）1（列 C）中取 1，在其他两个组向量中取 0。
- 组 2 中的记录是在组向量 2（列 D）中取 1，在列 C 和 E 中取 0。
- 组 3 中的记录是在组向量 3（列 E）中取 1，在组向量 1 和 2 中取 0。
- 组 4 中的记录是在三个向量中都取 −1。

H9 =H6

	A	B	C	D	E	F	G	H	I	J	K	L
1	Score	Group	Group Vector 1	Group Vector 2	Group Vector 3			=LINEST(A2:A33,C2:E33,,TRUE)				
2	4	1	1	0	0			1.438	-1.813	-1.063	5.938	
3	3	1	1	0	0			0.842	0.842	0.842	0.486	
4	5	1	1	0	0			0.244	2.748	#N/A	#N/A	
5	4	1	1	0	0			3.017	28	#N/A	#N/A	
6	5	1	1	0	0			68.375	211.500	#N/A	#N/A	
7	11	1	1	0	0							
8	5	1	1	0	0			SS	df	MS	F	p
9	2	1	1	0	0		Between groups	68.375	3	22.792	3.017	0.0465
10	2	2	0	1	0		Within Groups	211.5	28	7.554		
11	2	2	0	1	0		Total	279.875	31			
12	6	2	0	1	0							
13	10	2	0	1	0							
14	1	2	0	1	0							
15	3	2	0	1	0							
16	7	2	0	1	0							
17	2	2	0	1	0							
18	6	3	0	0	1							
19	6	3	0	0	1							
20	11	3	0	0	1							
21	5	3	0	0	1							
22	4	3	0	0	1							
23	7	3	0	0	1							
24	10	3	0	0	1							
25	10	3	0	0	1							
26	10	4	-1	-1	-1							
27	10	4	-1	-1	-1							
28	4	4	-1	-1	-1							

图 4.3 原始数据必须排成列表形式

有了这些编码，你就可以用 LINEST()，构建得分变量对三个组向量的回归模型。在图 4.3 的区域 H2:K6 数组输入下面的公式：

```
=LINEST(A2:A33,C2:E33,,TRUE)
```

从 LINEST() 的结果中整合 ANOVA 表很简单。ANOVA 中最重要的部分是结果的第五行，即回归平方和及残差平方和。这些值是 ANOVA 表中的组间平方和与组内平方和。LINEST() 也返回了残差自由度（单元格 I5）和 F 比率（单元格 H5）。

LINEST() 也将返回其他有用的统计量。单元格 H4 中的 R^2 值表示得分变量的变异性与组变量变异性间的比例。结合第 2 行中的回归系数与第 3 行中的标准误差有助于进行多元比较，从而帮助我们准确找到哪个或哪几个均值差异是导致 F 比率显著的原因。（本例用效应编码法，Dunnett 程序可能是多元比较方法中的一种适当的选择。）

4.2 使用 R 进行单因子 ANOVA

R 在基础和扩展软件包中有很多函数返回 ANOVA。本章介绍了其中一部分函数，用以说明单因子 ANOVA。此外，本章还会介绍一些处理更复杂设计的其他函数。

4.2.1 设置数据

现在我们从设置数据框开始，讨论在 R 中运行 ANOVA 的方法。到目前为止，本章中用以区分不同组的标签对分析结果没有任何有意义的影响。为了强调这一点，我选择数字 1、2、3 和 4 来标记四个组。

标签的属性对 Excel 工作表函数如何进行分析没有影响。如果你用 ANOVA：数据分析插件中的单因子工具，将组标签作为输入范围的一部分，那么工具在描述性统计量（如图 4.2 中区域 A14:A17）的输出中也会用到这些组标签。但标签还是对分析本身没有影响。

当你要在 R 中创建一个数据框作为 ANOVA 的数据源时，需要注意一些地方。如果你继续使用数字——1、2、3 和 4——来确定组的成员关系，R 将它们解释为数值型变量的取值。（例如，如果你忘记勾选 Labels in First Row 复选框，Excel 也会这样处理。）但重要的是，R 根据对数据框变量的了解来定义分析。

比如，在第 2 章中，你已经看到了，DescTools 包中的 Desc 函数在下述命令中，将 delivery_min 识别为数值型变量：

> Desc(temperature ~ delivery_min, d.pizza)

因为数据框中的信息告诉 Desc，temperature 和 delivery_min 是数值型变量，所以 Desc 会返回相关系数和散点图（如果要求画图的话）。

但如果你在 R 中用数字值填入数据框来标记不同组，如图 4.3 中列 B 所示，那么 R 假定变量是数值型变量。而且当你用 R 函数返回按组分析得分的 ANOVA 时，该函数认为 Group 是一个数值型协变量，而非取字符值的因子。因此，它得到的自由度为 1 而非 3，而且显著性检验全是错的。

这体现出 R 在选择分析方法上的缺点，通过参考变量属性来确定函数中的参数。在 Excel 和许多统计类的应用程序中，你识别变量和目的的分析。在很多情况下，R 用数据框中的变量信息来选择分析。你需要注意这点，以避免出现图 4.4 中的问题。

```
> SingleFactorExample <- XLGetRange(header=TRUE, stringsAsFactors=TRUE)
> SingleFactorResults <- aov(Score ~ Group, data = SingleFactorExample)
> summary(SingleFactorResults)
            Df Sum Sq Mean Sq F value Pr(>F)
Group        1  46.23   46.23   5.935  0.021 *
Residuals   30 233.65    7.79
---
Signif. codes:  0 '***' 0.001 '**' 0.01 '*' 0.05 '.' 0.1 ' ' 1
>
```

图 4.4　函数假定 Group 为数值型变量

aov 函数是 R 中将数据框作为一个参数并返回方差分析的很多函数之一。但是，图 4.4 中的数据框存在一个障碍。注意图 4.4 中，R 的 aov 函数将组变量看作数值型预测变量——一个协变量——而非水平个数为 4 的因子。

你可以用多种方法来处理这个问题。下面有两种方法：

- 在 R 中创建一个新变量，取相同的数字值，但 R 把它当作一个因子。
- 在将数据导入 R 前，在 Excel 中用字符（比如 A，B，C 和 D）代替数字值。

你可以用诸如下述的代码，在 R 中创建一个新变量，aov 把该新变量当作因子而非协变量：

```
> GroupFactor <- as.factor(SingleFactorExample$Group)
> SingleFactorResults <- aov(Score ~ GroupFactor, data = SingleFactorExample)
> summary(SingleFactorResults)
```

该方法把组变量中的数值用作新变量组因子（GroupFactor）中的水平。在给定组变量是有不同水平的因子而非协变量的条件下，该方法正确计算了平方和及自由度。

4.2.2　安排 ANOVA 表

图 4.5 展示了这个分析应该如何进行，在 Excel 中重作组变量，以便于该变量是字符型而非数值型，来区分四个水平。

注意图 4.5 中的结果将组变量当作水平个数为 4 的因子，因此自由度为 3，而不是自由度为 1 的协变量,如图 4.4 所示。这是因为将四组标签的原始数据 1、2、3、4 改为 A、B、C、D。XLGetRange 函数从打开的 Excel 工作表的所选区域获得数据,并将其保存在数据框中,这里命名为 SingleFactorExample。

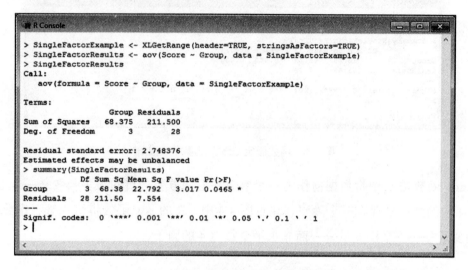

图 4.5　函数假定组变量是一个因子

对数据框 SingleFactorExample 中的得分变量(Score)和组变量(Group)运用 aov 函数得到的结果,如图 4.5 所示,记为 SingleFactorResults。但结果的排列形式不够方便。你得到的平方和是基于因子组和残差的平方和,以及它们的自由度。由于某些原因,你得到的是,在线性回归中被称作估计标准误差(如图 4.3 单元格 I4)的结果。在平方和和自由度已知的条件下,你可以组合整个 ANOVA 表。

但是,你不应该这样处理,这是 summary 函数起作用的地方。图 4.5 中的第二次分析展示了当你用 summary 函数时,SingleFactorResults 内容发生的变化。这个函数有所不同,它取决于你提供的参数对象。作为 aov 函数产生的结果,summary 函数将 SingleFactorResults 的内容整理为经典的 ANOVA 表,行表示变异的来源,列表示自由度、平方和、均值平方、F 比率和 F 比率的概率。

另一种返回 ANOVA 表的 R 函数是 car 软件包中的 Anova 函数。为了使用这个函数,你需要先安装 car 软件包(car 是应用回归手册的简称),然后用 library 加载。你也将需要调用 lm 函数,作为 Anova 参数的一部分(见图 4.6 中第二行命令语句)。比较图 4.6 中 Anova 的结果和图 4.5 中 aov 的结果。

```
> SingleFactorExample <- XLGetRange(header=TRUE,stringsAsFactors=TRUE)
> SingleFactorResults <- Anova(lm(Score ~ Group, SingleFactorExample))
> SingleFactorResults
Anova Table (Type II tests)

Response: Score
          Sum Sq Df F value  Pr(>F)
Group     68.375  3  3.0173 0.04647 *
Residuals 211.500 28
---
Signif. codes:  0 '***' 0.001 '**' 0.01 '*' 0.05 '.' 0.1 ' ' 1
> summary(SingleFactorResults)
    Sum Sq            Df            F value        Pr(>F)
 Min.   : 68.38   Min.   : 3.00   Min.   :3.017   Min.   :0.04647
 1st Qu.:104.16   1st Qu.: 9.25   1st Qu.:3.017   1st Qu.:0.04647
 Median :139.94   Median :15.50   Median :3.017   Median :0.04647
 Mean   :139.94   Mean   :15.50   Mean   :3.017   Mean   :0.04647
 3rd Qu.:175.72   3rd Qu.:21.75   3rd Qu.:3.017   3rd Qu.:0.04647
 Max.   :211.50   Max.   :28.00   Max.   :3.017   Max.   :0.04647
                                  NA's   :1       NA's   :1
> |
```

图 4.6 当使用 Anova 时，你不需要用 summary 得到 ANOVA 表

注意图 4.6，Anova 函数直接返回了 ANOVA 表。如果将 summary 函数应用到这些结果，你得到的 ANOVA 表的数据中可以找到具体分位数表。你需要知道的是，什么时候需要用 summary 函数得到一组结果，而什么时候不需要，通常凭借经验进行判断。

在得到如图 4.5 和 4.6 的结果后，发现如果原假设为真，那么不可能出现这样的 F 比率，你可能想看一下组均值。正如第 2 章中，R 的 DescTools 包有 Desc 函数，根据因子水平返回描述性统计量。如图 4.7 所示。

```
> options(scipen = 10)
> Desc(Score ~ Group, SingleFactorExample)
---------------------------------------------------------------
Score ~ Group

Summary:
n pairs: 32, valid: 32 (100.0%), missings: 0 (0.0%), groups: 4

               A        B        C        D
mean        4.875    4.125    7.375    7.375
median      4.500    2.500    6.500    7.000
sd          2.696    3.182    2.615    2.446
IQR         1.250    4.250    4.250    4.250
n              8        8        8        8
np         25.000%  25.000%  25.000%  25.000%
NAs            0        0        0        0
0s             0        0        0        0

Kruskal-Wallis rank sum test:
  Kruskal-Wallis chi-squared = 8.2064, df = 3, p-value = 0.04193
> |
```

图 4.7 Desc 函数返回了 ANOVA 后的描述性统计量

组 A 和 B 与组 C 和 D 间均值之差可能影响 F 比率的大小，但是你需要运行多元比较程序加以证实。（你可以阅读本章后面 Excel 和 R 中多元比较程序的更多内容。）同时，当组的大小不等时，就会出现不同组的标准差（等价地，不同方差）不同的问题。在这种情况下，组的计数相等（方差彼此间非常接近），所以这不是一个值得关注的问题。

4.2.3 带缺失值的单因子 ANOVA

对于非常小型、严格控制且实验者操作效应检验的试验，每个设计单元格有相同的记录数是正常的。前面看到的数据集就属于这种情况：四组中每组均有 8 个观测。

然而，通常你得到的数据至少在单元格大小方面存在一些差异。这些差异产生的原因与研究的效应无关，与后续工作可能有关。在因子设计——两个或多个因子中，这个差异变得至关重要。但即便在单因子设计中，你需要特别注意单元格大小非常不同且组方差大小也非常不同的情况。

当较大组的方差较大时，你趋向于过高估计残差变异，导致显示比中心 F-分布更保守的 F-检验。类似地，当较大组的方差较小时，F-检验更自由。如果这些情况发生，Desc 函数提供的组大小和标准差可以提醒你。（幸运地，概率语句表示差异不显著，除非方差间差异和单元格大小间差异按照 3 到 1 的顺序或更大。）

除了上述问题以外，当单因子分析中单元格大小不同时，没有对 F 比率的计算进行基本的调整，如图 4.8 所示。

图 4.8 用工作表函数方法计算 ANOVA。除组 B 和组 D 各删除一条记录外，数据与本章前面用过的相同。

由于组大小不同，需要分别计算总均值中每组均值的平方差，再将每个平方差乘以组大小。（当组大小相同时，每组的 n 是一个常数，组的平方和仅用一个公式就可以计算。）

	A	B	C	D	E	F
B15				=(B13-$F$13)^2*B12		
1		Group 1	Group 2	Group 3	Group 4	
2		4	2	6	10	
3		3	2	6	10	
4		5	6	11	4	
5		4	10	5	6	
6		5	1	4	5	
7		11	3	7	6	
8		5	7	10	8	
9		2		10		
10						
11		Group 1	Group 2	Group 3	Group 4	Grand mean
12	Count	8	7	8	7	
13	Mean	4.875	4.429	7.375	7	5.933
14	Sum of Squares	50.875	65.714	47.875	34	
15	Squared Mean Deviations	8.961	15.850	16.627	7.964	
16						
17		SS	df	MS	F	p
18	Between groups	49.40238	3	16.467	2.157	0.1173
19	Within Groups	198.4643	26	7.633		
20	Total	247.8667	29			

图 4.8 单元格大小不再相同

除此之外，这些计算与等 n 设计的单因子分析相同。在这种情况下，从数据集中删除这两条记录降低了 F 比率的大小，因此增加了它在中心化 F- 分布中出现的概率。相同的分析如图 4.9 所示，它展示了使用数据分析插件中的 ANOVA：相同数据集上的单因子工具的结果。

	A	B	C	D	E	F	G
1		Group 1	Group 2	Group 3	Group 4		
2		4	2	6	10		
3		3	2	6	10		
4		5	6	11	4		
5		4	10	5	6		
6		5	1	4	5		
7		11	3	7	6		
8		5	7	10	8		
9		2		10			
10							
11	Anova: Single Factor						
12							
13	SUMMARY						
14	Groups	Count	Sum	Average	Variance		
15	Group 1	8	39	4.875	7.267857		
16	Group 2	7	31	4.429	10.95238		
17	Group 3	8	59	7.375	6.839286		
18	Group 4	7	49	7	5.666667		
19							
20	ANOVA						
21	Source of Variation	SS	df	MS	F	P-value	F crit
22	Between Groups	49.402	3	16.467	2.157	0.1173	2.9752
23	Within Groups	198.464	26	7.633			
24	Total	247.867	29				

图 4.9 ANOVA 表中的结果与工作表函数返回的结果相同

如图 4.10 所示，回归方法的结果相吻合。说明是否使用工作表函数、ANOVA：单因子工具或回归方法，你在单元格大小相同或不同的情况下，都会得到相同的结果。此外，在用工作表函数计算组间平方和中存在一个小的例外，单元格大小不同对获得 ANOVA 表中数字的方法没有区别。

	A	B	C	D	E	F	G	H	I	J	K	L
1	Score	Group	Group Vector 1	Group Vector 2	Group Vector 3		=LINEST(A2:A31,C2:E31,,TRUE)					
2	4	Group 1	1	0	0		1.455	-1.491	-1.045	5.920		
3	3	Group 1	1	0	0		0.856	0.895	0.856	0.506		
4	5	Group 1	1	0	0		0.199	2.763	#N/A	#N/A		
5	4	Group 1	1	0	0		2.157	26	#N/A	#N/A		
6	5	Group 1	1	0	0		49.402	198.464	#N/A	#N/A		
7	11	Group 1	1	0	0							
8	5	Group 1	1	0	0			Sum of Squares	df	Mean Squares	F	Prob of F
9	2	Group 1	1	0	0							
10	2	Group 2	0	1	0		Regression	49.402	3	16.467	2.157	0.117
11	2	Group 2	0	1	0		Residual	198.464	26	7.633		
12	6	Group 2	0	1	0							
13	10	Group 2	0	1	0							
14	1	Group 2	0	1	0							
15	3	Group 2	0	1	0							
16	7	Group 2	0	1	0							
17	6	Group 3	0	0	1							
18	6	Group 3	0	0	1							
19	11	Group 3	0	0	1							
20	5	Group 3	0	0	1							
21	4	Group 3	0	0	1							
22	7	Group 3	0	0	1							
23	10	Group 3	0	0	1							
24	10	Group 3	0	0	1							
25	10	Group 4	-1	-1	-1							
26	10	Group 4	-1	-1	-1							
27	4	Group 4	-1	-1	-1							

图 4.10 ANOVA 表中的结果与工作表函数返回的结果相同

4.3 因子化 ANOVA

因子化 ANOVA 是同时使用两个或更多因子的方法。换言之，一个简单的 2 乘 2 因子化设计可以检验对男性和女性进行两种不同药物治疗的效果。"因子化"一词是一个典型的令人误解的统计术语。单因子设计中不存在非因子化。但统计量领域在过去几年已决定对两个或多个因子的设计保留"因子化"一词。

作为因子化 ANOVA 的基础，一个试验设计有很多地方值得推荐。这是评价两个或多个因子联合效应的唯一方法：例如，药物治疗 A 对男性的效果比对女性好吗？药物治疗 A 比药物治疗 B 对所有人群的效果都好吗？

另一个优势是你通常可以从因子化设计中得到更多的统计功效。因变量中的一些方差归因于第二个因子，而非误差，这将增加 F 比率的取值。与运行多组对象的多个单因子试验相比，你通常从对象集——以及从联合成本中得到两个或多个因子的更多信息。

Excel 完全可以分析因子设计。工作表函数仅可以处理平衡设计（相同的或成比例的单元格大小）并且数据分析插件包括单元格大小相等的双因子设计工具。在 Excel 中，你可能需要对不平衡因子化设计使用回归分析，但是，R 有各种处理平衡和不平衡的因子化设计的函数。本节后面内容将逐个讨论这些函数。

4.3.1　Excel 中的平衡双因子设计

Excel 的工作表函数可以返回一个传统的平衡设计的双因子分析，使用组间和组内的平方和，得到 ANOVA 表。图 4.11 展示了用包括四个治疗组和两个性别的新数据集进行计算的结果。

	A	B	C	D	E	F	G	H	I	J	K	L	M
I17				f_x	=DEVSQ(B11:E11)*2*4								
1		Group 1	Group 2	Group 3	Group 4		Marginal Means						
2	Female	4	2	6	10		5.875						
3		3	2	6	10								
4		5	6	11	4								
5		4	10	5	6								
6	Male	5	1	4	5		6.000						
7		11	3	7	6								
8		5	7	10	8								
9		2	2	10	10								
10													
11	Marginal Means	4.875	4.125	7.375	7.375		5.9375						
12													
13	Cell Means	4	5	7	7.5								
14		5.75	3.25	7.75	7.25				ANOVA table				
15									SS	df	MS	F	p
16	Cell Sums	2.00	44.00	22.00	27.00		Sex		0.125	1	0.125	0.015	0.903
17	of Squares	42.75	20.75	24.75	14.75		Group		68.375	3	22.792	2.763	0.064
18							Sex by Group		13.375	3	4.458	0.540	0.659
19	Interaction	0.660	0.879	0.098	0.035		Within		198.000	24	8.250		
20	Sums of Squares	0.660	0.879	0.098	0.035		Total		279.875				

图 4.11　这个 ANOVA 表展示了两个主效应（组和性别）和一个交互效应

与你预期的可能一样，双因子 ANOVA 的准备工作比单因子分析的准备工作复杂。你还要考虑另一个因子，以及交互效应（两个因子联合效应的常用叫法）。这里进行必要的演示：

- 边际均值。在图4.11中，性别（sex）因子的边际均值在单元格G2（样本中所有女性（female）的均值）和G6（样本中所有男性（male）的均值）。组的边际均值在区域B11:E11。总均值在单元格G11。所有这些均值使用Excel的AVERAGE()函数进行计算。
- 8个单元格均值在B13:E14，同样也是用AVERAGE()函数计算得到的。
- 每个单元格的平方和在区域B16:E17。例如，组1女性均值的平方差的和用下述公式返回到单元格B16中：

    =DEVSQ(B2:B5)

- 区域B19:E20累积了一种不同的平方和。每个单元格均值减去性别和定义单元的组的边际均值。然后加上总均值，取平方。例如，单元格B19中所用的公式是：

    =(B13-G2-B11+G11)^2

有了上述的计算结果，我们可以完成ANOVA表。最难的部分是下面所述的平方和：

- 性别因子间的平方和，如单元格I16所示，使用公式如下：

    =DEVSQ(G2:G6)*4*4

文字表述为：通过DEVSQ()函数得到女性和男性的均值平方和。将其乘以每个性别水平的观测数。这里的16是4个水平的组别乘以4个水平的女性。

- 组因子间平方和，如单元格I17，计算公式如下：

    =DEVSQ(B11:E11)*2*4

用DEVSQ()得到组均值的平方偏差和。然后乘以组中每个水平的观测数。这里取8：性别的两个水平乘以每个水平中的4个观测。

- 组内性别交互效应，见单元格I18，区域B19:E20中的基础研究很简单。仅仅将该区域单元格的和乘以每个设计单元格的观测数：

    =4*SUM(B19:E20)

- 单元格I19中组内平方和也很简单：

    =SUM(B16:E17)

这只是8个组中每一个组内的平方和。

- 总平方和，通常是所有观测与总均值间的偏差平方和。如果愿意，你可以通过对每个主效应（这里，性别和组）的总平方和、交互平方和以及组内平方和三项求和，检验该平方和。这里的 Excel 语句是：

=SUM(I16:I19)

ANOVA 表的其余内容和你的预期一样。每个主效应的自由度是水平数减 1。交互效应的自由度是交互效应中每个因子自由度的乘积。组内自由度是观测数减去主效应和交互效应的自由度，再减去 1。

主效应，交互效应和组内的均值平方是效应的平方和除以自由度。每个效应的 F 比率是效应的均值平方除以组内均值平方。你可以用 F.DIST.RT() 函数得到与每个 F 比率相关的概率。例如：

=F.DIST.RT(L18,J18,$J$19)

该式是交互效应的均值平方相关的 F 比率的概率计算公式。单元格 L18 包括刚刚讨论的 F 比率，J18 包括交互效应的自由度，J19 包括组内均值平方的自由度。

现在，在我看来，所有这些可能看起来都没必要这么复杂——特别是与用 Excel 的工作表函数构建单因子 ANOVA 相比。你可能之前已经进行过这些操作，我把这些内容强加给你主要是作为上述所有步骤的提示。对于学生来讲，学习上述步骤是一个好想法，虽然这只是统计学课程的一部分，但这些步骤对于完成平衡的双因子设计已经足够了。Excel 中的另一种方法是使用 ANOVA：数据分析插件中可重复的双因子方差分析工具。

4.3.2 平衡的双因子设计和 ANOVA 工具

数据分析插件除了 ANOVA 中的单因子工具，还有双因子工具。一种 ANOVA 是：可重复的双因子方差分析，用于前面章节讨论过的这种平衡的双因子设计。另一种 ANOVA 是：不可重复的双因子方差分析，提供了重复测度分析的传统方法。这两种工具用到的重复一词，简单意味着每个设计单元格的观测数大于 1。

当你在功能区数据标签中选择数据分析时，从列表框中选择双因子 ANOVA 工具，就可以开始双因子 ANOVA 分析。你得到如图 4.12 所示的对话箱。

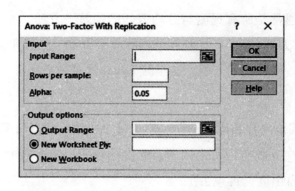

图 4.12　对话框需要注意原始数据的排列方式

图 4.13 展示如何用 ANOVA 中的可重复双因子工具排列数据。否则数据集与前面章节用到的相同。

	A	B	C	D	E
1		Group 1	Group 2	Group 3	Group 4
2	Female	4	2	6	10
3		3	2	6	10
4		5	6	11	4
5		4	10	5	6
6	Male	5	1	4	5
7		11	3	7	6
8		5	7	10	8
9		2	2	10	10

图 4.13　你需要包括区域 B1:E1

你可能已经注意 A2 和 A6 中的标签，图 4.12 中对话框中的第一行复选框没有标签。这是因为你没有其他选择：你指定的输入区域必须包括行标签和列标签。这意味着，如图 4.13 展示的数据，你必须将区域 A1:E9 指定为输入区域。

你也必须指定输入数据的行中代表因子水平的行的个数。在这种情况下，有 4 行表示女性，有 4 行表示男性，因此，你会在每个样本编辑框的行内输入 4。

在指定完输出开始的位置后，单击 OK 运行该工具。你得到与图 4.14 非常相似的结果。

通常，你会在描述性统计量下找到 ANOVA 表，但是，为了利用可用空间，我已移动了它的位置。比较图 4.14 和图 4.11 中的 ANOVA 表，可以看到返回的结果正好相同，但是，图 4.12 到图 4.14 中用到的方法更快。

图 4.14 我已重新安排了输出，将所有输出结果展示在同一个图中

	A	B	C	D	E	F	G	H	I	J	K	L	M	N
1		Group 1	Group 2	Group 3	Group 4			Anova: Two-Factor With Replication						
2	Female	4	2	6	10									
3		3	2	6	10			SUMMARY	Group 1	Group 2	Group 3	Group 4	Total	
4		5	6	11	4			Female						
5		4	10	5	6			Count	4	4	4	4	16	
6	Male	5	1	4	5			Sum	16	20	28	30	94	
7		11	3	7	6			Average	4	5	7	7.5	5.875	
8		5	7	10	8			Variance	0.667	14.667	7.333	9	8.517	
9		2	2	10	10									
10								Male						
11	ANOVA							Count	4	4	4	4	16	
12	Source of Variation	SS	df	MS	F	P-value	F crit	Sum	23	13	31	29	96	
13	Sample	0.125	1	0.125	0.015	0.903	4.260	Average	5.75	3.25	7.75	7.25	6	
14	Columns	68.375	3	22.792	2.763	0.064	3.009	Variance	14.250	6.917	8.25	4.917	10.133	
15	Interaction	13.375	3	4.458	0.540	0.659	3.009							
16	Within	198	24	8.250				Total						
17	Total	279.88	31					Count	8	8	8	8		
18								Sum	39	33	59	59		
19								Average	4.875	4.125	7.375	7.375		
20								Variance	7.268	10.125	6.839	5.982		

另一方面，这两种方法都不适用于不相等的单元格大小。数据分析的 ANOVA 工具不适用于协变量。任何情况下，你必须求助于回归方法（这是专门为统计分析设计的应用在处理不平衡因子化设计时的方法）。下一节讨论的是如何用回归方法处理平衡的和非平衡的双因子设计。

4.3.3 使用回归进行双因子 ANOVA 设计

回顾本章前面的一节，"对 ANOVA 使用回归方法"，你需要用 Excel 中单因子设计的回归分析重组原始数据。因子化设计同样如此。如图 4.15。

	A	B	C	D	E	F	G	H	I	J	K	L	M	N
1		Group 1	Group 2	Group 3	Group 4		Score	S1	G1	G2	G3	Sex by G1	Sex by G2	Sex by G3
2	Female	4	2	6	10		4	1	1	0	0	1	0	0
3		3	2	6	10		3	1	1	0	0	1	0	0
4		5	6	11	4		5	1	1	0	0	1	0	0
5		4	10	5	6		4	1	1	0	0	1	0	0
6	Male	5	1	4	5		2	1	0	1	0	0	1	0
7		11	3	7	6		2	1	0	1	0	0	1	0
8		5	7	10	8		6	1	0	1	0	0	1	0
9		2	2	10	10		10	1	0	1	0	0	1	0
10							6	1	0	0	1	0	0	1
11							6	1	0	0	1	0	0	1
12							11	1	0	0	1	0	0	1
13							5	1	0	0	1	0	0	1
14							10	1	-1	-1	-1	-1	-1	-1
15							10	1	-1	-1	-1	-1	-1	-1
16							4	1	-1	-1	-1	-1	-1	-1
17							6	1	-1	-1	-1	-1	-1	-1
18							5	-1	1	0	0	-1	0	0
19							11	-1	1	0	0	-1	0	0

图 4.15 该设计调用 7 个预测变量，而不仅仅是图 4.3 中的 3 个预测变量

为了用回归技术运行双因子 ANOVA，有必要将原始数据彻底改为 Excel 列表（或如果愿意，一个 Excel 表），而不是像图 4.15 中区域 B2:E9 那样的矩阵。该列表出现在图 4.15 中的区域 G2:N33。这种转换看起来工作量很大，而且事实上有些转换是必要的，但是，没有一处像看起来那样接近。我在图 4.17 中展示了一种不费功且快速的方法。

首先，看一下图 4.16 中的结果。

	J	K	L	M	N	O	P	Q	R
1			=LINEST(A2:A33,B2:H33,,TRUE)						
2	-0.313	0.938	-0.813	1.438	-1.813	-1.063	-0.063	5.938	
3	0.879	0.879	0.879	0.879	0.879	0.879	0.508	0.508	
4	0.293	2.872	#N/A	#N/A	#N/A	#N/A	#N/A	#N/A	
5	1.418	24	#N/A	#N/A	#N/A	#N/A	#N/A	#N/A	
6	81.875	198.000	#N/A	#N/A	#N/A	#N/A	#N/A	#N/A	
7									
8		S1	G1	G2	G3	Sex by G1	Sex by G2	Sex by G3	Within
9	% of Variance	0.04%	8.93%	7.62%	7.88%	1.43%	2.98%	0.37%	70.75%
10									
11		% of Variance	SS	df	MS	F	Prob of F		
12	Sex	0.04%	0.125	1	0.125	0.015	0.903		
13		8.93%							
14		7.62%							
15	Group	7.88%	68.375	3	22.79	2.763	0.064		
16		1.43%							
17		2.98%							
18	Sex by Group	0.37%	13.375	3	4.458	0.540	0.659		
19	Within	70.75%	198.000	24	8.25				
20									

图 4.16　LINEST() 函数仅返回了全回归方程的检验

图 4.16 中 LINEST() 的结果是基于图 4.15 中区域 G2:N33 的列表。这也是图 4.16 中列 A 到 H 的内容，但为了节约空间，图 4.16 从列 I 开始。

> **注释**　通过检查，才有可能讲清楚本书大多数图的内容。图 4.16 中包括很多内容，如果你还没有做好充分准备，我强烈要求你访问出版者的网址，下载本书配套的 Excel 工作手册。如果你在电脑上打开真实的工作表，将更容易跟上图 4.16 中的讨论。

注意图 4.16 中 LINEST() 函数得到完整的回归方程：性别（Sex）和组（Group）如何联合预测变量得分（Score）。比较图 4.14 与图 4.16 的区域 J2:Q6 中 LINEST()

的结果，明显的相同之处仅有如下两点：

- 单元格 J6 中回归平方和等于图 4.14 中 B13:B15 的主效应和交互效应的平方总和。
- 单元格 K6 中残差平方和等于组内平方和，如图 4.14 中的 B16。

因此，LINEST() 提供了关于完整回归的描述和推断信息。当仅研究一个预测变量时，这通常是足够的：整个方程是关于单个预测变量。但是，在多因子或只有一个因子和一个协变量的情况下，你想知道每个因子本身是否有显著效应，它们的交互是否有显著效应。

这些分析隐藏在 LINEST() 返回的多个 F 比率中。

这些分析在单元格 K9 开始，其中包括的公式如下：

=RSQ(A2:A33,B2:B33)

它返回了 0.04%。这是列 A 中结局变量得分与列 B 中性别向量的方差百分比。回忆 Excel 的 RSQ() 函数，返回两个变量的 R^2。正如你将看到，尽管这里我们用的是多元回归，K9:R9 中的其余分析充分利用了这个函数。

性别只有一个向量，因为它只取两个值，1 和 –1。这不是组变量的情况——取 4 个可能值——在列 C，D 和 E 中取三个向量。

该式中的第一个变量性别是特别的，因为这是第一个正考虑的变量。这意味着在性别前，没有其他变量输入方程，因此无需考虑其他变量。但是，当第一个组变量 G1 进入方程时，我们需要考虑性别向量，在单元格 L9 中使用下面方程：

=RSQ($A$2:$A$33,C2:C33-TREND(C2:C33,$B2:B33))

首先注意该式的最后一部分：

TREND(C2:C33,B2:B33)

它从列 B 性别向量的取值，在列 C 或 G1 向量中返回了预测值的结果。

下一步，用组变量数值减去上面的结果，如下所示：

C2:C33-TREND(C2:C33,B2:B33)

后面的部分在 G1 中返回了残差：G1 的真值减去 G1 的预测值的结果。（R 的残差函数也返回了残差,但你仍需要首先拟合模型,正如 Excel 的 TREND() 函数。)

最后,单元格 L9 中的整个公式在列 A 返回了得分间的 R^2,带残差——位于从性别向量预测 G1 向量后 G1 的左侧。

这很重要,因为两个预测向量性别和 G1 相关。它们共享方差。得分变量和 S1,得分变量和 G1 也是一样。

我们想确定当将 G1 加入回归方程并将性别作为预测变量时,如果已把得分的方差归于性别,那么就不要把它归于 G1。因此,当我们用 G1 计算得分的 R^2 时,我们用不能被性别预测的那部分 G1。用 G1 的残差得到得分的 R^2 确保了我们用单一的方差,不用与性别相关的得分的方差。

图 4.16 中区域 M9:Q9 中的其他值服从单元格 L9 中构建的模式。L9 再次用到下述公式:

=RSQ($A$2:$A$33,C2:C33-TREND(C2:C33,$B2:B33))

M9 用下述命令:

=RSQ($A$2:$A$33,D2:D33-TREND(D2:D33,$B2:C33))

你可以通过将单元格 L9 所在列向右拖动,简单地得到单元格 M9 中的公式。完成后,公式中发生的变化如下:

结局变量,得分,保存在 $A$2:$A$33,RSQ() 的第一个参数。在区域 D2:D33 中找到当前变量,G2,当你将主要的公式向右拖动时,地址会有一些正确的调整。

随着公式向右拖动,回归方程中已有的变量的区域地址从:

$B2:B33

改为:

$B2:C33

美元符将第一列固定在列 B,将地址扩展到列 C。重点是,当把 G2 向量加入方程时,我们想得到 G2 对性别和 G1 作回归的残差值,见列 B 和 C。通过这么处理,我们确保 G2 的残差与方程中已有的两个预测变量性别和 G1 独立。用 G2 得到得分的 R^2 是明确的,与性别或 G1 均无共享方差。

在单元格 Q9 中进行了相同的过程，这里最终的效应相关的 R^2 用下式可以得到：

=RSQ($A$2:$A$33,H2:H33-TREND(H2:H33,$B2:G33))

这里计算了得分与最终的交互向量（性别与 G3）间的 R^2。

> **注释** 区域 L9:Q9 中取值的另一个术语是平方的半偏相关。

最后只需计算单元格 within 处的方差百分比，即与左侧变量 Sex、G1、G2……Sex by G3 相关的得分的方差大小。单元格 within 处的 R^2 在单元格 R9 中用下式计算更容易得到：

=1-SUM(K9:Q9)

注意，作为检查，你可以计算单元格 K9:Q9 的 R^2 值之和，并且乘以得分的总平方和 279.875。结果（81.875）与 LINEST() 在单元格 J6 中返回的回归平方和相同。类似地，单元格 R9 中单元格 within 处的方差比例 70.75%，乘以 279.875，得到 198，单元格 K6 中通过 LINEST() 得到残差平方和。

排列上仍然存在一个小问题。R^2 值的导出方法取决于 RSQ() 公式，结合了混合参考定位和将预测变量向量安排为 Excel 列表格式。因此，当 R^2 值在第 9 行时，传统 ANOVA 表中的变异来源按不同行相同列排列。

用 Excel 的 TRANSPOSE() 函数很容易克服这项困难。在给定图 4.16 中的排列方式下，用 Ctrl + Shift + Enter，在 K12:K19 数组输入下式：

=TRANSPOSE(K9:R9)

将每个效应的 R^2 累加到列 L，结果乘以得分的总平方和。例如，单元格 L15 中的公式如下：

=SUM(K13:K15)*DEVSQ(A2:A33)

ANOVA 表的剩余部分按惯例完成，平方和除以自由度，得到均值平方，而且将效应均值平方除以组内均值平方，得到 F 比率。

最后，让我们看一种填充性别和组向量的有效方法，这是回归分析的基础。如图 4.17。

用 Excel 的 VLOOKUP() 函数的想法可能是将文本值，比如"Male"和"D"，转换为数值，以便于 LINEST() 可以处理它们，同时使用效应编码的规则，在 LINEST() 要用作预测变量的向量中输入 1、0 和 –1。

F2　=VLOOKUP($C2,$L$5:$O$8,3)

	A	B	C	D	E	F	G	H	I	J	K	L	M	N	O
1	Score	Sex	Group	Sex	G1	G2	G3	Sex x G1	Sex x G2	Sex x G3					
2	4	Female	A	1	1	0	0	1	0	0		Female	1		
3	3	Female	A	1	1	0	0	1	0	0		Male	-1		
4	5	Female	A	1	1	0	0	1	0	0					
5	4	Female	A	1	1	0	0	1	0	0		A	1	0	0
6	2	Female	B	1	0	1	0	0	1	0		B	0	1	0
7	2	Female	B	1	0	1	0	0	1	0		C	0	0	1
8	6	Female	B	1	0	1	0	0	1	0		D	-1	-1	-1
9	10	Female	B	1	0	1	0	0	1	0					
10	6	Female	C	1	0	0	1	0	0	1					
11	6	Female	C	1	0	0	1	0	0	1					
12	11	Female	C	1	0	0	1	0	0	1					
13	5	Female	C	1	0	0	1	0	0	1					
14	10	Female	D	1	-1	-1	-1	-1	-1	-1					
15	10	Female	D	1	-1	-1	-1	-1	-1	-1					
16	4	Female	D	1	-1	-1	-1	-1	-1	-1					
17	6	Female	D	1	-1	-1	-1	-1	-1	-1					
18	5	Male	A	-1	1	0	0	-1	0	0					
19	11	Male	A	-1	1	0	0	-1	0	0					

图 4.17　LINEST() 函数需要数字而非文本作为因子水平

注释　你可以使用一些编码系统而非效应编码，比如哑变量编码（仅取 1 和 0）或者正交编码（依赖于各种因子的编码）。注意，尽管用正交编码：你不想将实际相关的向量转换为不相关的向量。你会误导自己。

一开始先设立一个关键区域（Excel 称为 table_array）。图 4.17 中有 L2:M3 和 L5:O8 两个区域。第一个与性别因子有关，第二个与组因子有关。

用 VLOOKUP() 函数可以找到如 L2:L3 中“女性”的数值，在 M2:M3 中返回相关值。因此在单元格 D2 用：

```
=VLOOKUP(B2,$L$2:$M$3,2)
```

得到 1。单元格 B2 中的“女性”与 L2:L3 中的数值相比，在 L2 找到该值。它向右侧一列，在单元格 M2 中找到 1（$L$2:$M$3 中的第二列），返回到单元格 D2。

类似地，下面的公式：

```
=VLOOKUP($C2,$L$5:$O$8,2)
```

在单元格 E2，从 L5:L8 的单元格 C2 找到值“A”。它返回 1，如单元格 M5（M 是

L5:O8 中的第二列）所示。F2:G2 中的公式模型相同，但在关键表中参考第三和第四列。因此在单元格 F2 中用：

=VLOOKUP($C2,$L$5:$O$8,3)

而在 G2 用：

=VLOOKUP($C2,$L$5:$O$8,4)

现在仅仅复制和粘贴 D2:G2 中的公式，直到数据的最后一行。

剩下的所有工作是创建交互向量。它们是主效应向量的乘积，因此，在 H2 中用到下式：

=$D2*E2

向右复制和粘贴两列，直到数据集的最后，完成预测变量向量的编码过程。

4.3.4 用 R 分析平衡因子化设计

前面讨论的程序与分析每个设计单元格观测数都相同的双因子设计有关——即组 A 中有 4 个男性和 4 个女性，组 B 中有 4 个男性和 4 个女性，等等。我确定当你读取那部分内容时，逐个向量建立编码向量并装配确定 R^2 值的 RSQ() 公式，好像需要很大工作量。

我只能说，经过将上述操作重复一次或两次并理解每一步的目的后，上面的工作会快很多。完成整个工作的原因包括你真正看到从排列数据到获得最终 F 比率的概率的全过程。如果你第一次学习这个材料，或者长时间没用过，那么没有比看到真实的一步步计算过程更好的学习方式了。

ANOVA 表中有些地方也会令人惊讶。你如果手头仅有原始数据和 F 比率，则不能总是给出解释。那么，能够参考完整的分析就很好了。

但是，R 和 Excel 的计算速度相差很大，而且毫无疑问地，R 的计算速度要比 Excel 快很多。

在给定适当的数据框（因子个数两个以上，结局变量为数值型）的条件下，R 有多种方法去组合出一个多因子 ANOVA 表。

令人困惑的是，因为一些 R 函数看起来似乎完成了 ANOVA，但并没有真正完成：它们仅仅用另一个 R 函数的结果，重新排成 ANOVA 表。

另一个令人困惑的地方在于不同的 R 函数返回相同的结果。你在本节将看到它的证据，但这是因为这里讨论的分析与平衡设计有关。当我们在本章结束之前看不平衡设计时，R 函数间的差异将更为清晰。

我们从已经见过的用在单因子 ANOVA 背景下的 aov 函数开始。如图 4.18 所示。

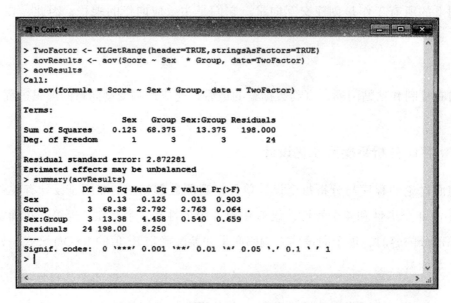

图 4.18　aov 函数计算了它自己的 ANOVA

图 4.18 中的数据集（也在图 4.19 和图 4.20 中用到）与图 4.11 到图 4.17 的数据集相同。图 4.17 中区域 A1:C33 是 R 运行 XLGetRange 函数的区域，如图 4.18。为了确保 R 将 Sex 和 Groupe 变量当作因子，XLGetRange 函数包括取值为 TRUE 的 stringsAsFactors 参数。（stringsAsFunctions 默认是 FALSE。考虑到 R 中参数的历史，这次看起来没有第一次奇怪。）

 提示　一种验证数据框中变量状态的快速方法是使用 R 的 str 函数（str 表示 structure）。例如：

> str(TwoFactor)

如果比较图 4.18、图 4.11、图 4.14 和图 4.16 的平方和、自由度、均值平方、F 比率和概率水平，将会发现这些指标是相同的。

aov 函数是 stats 软件包的一部分。当打开 R 软件时，该软件包会自动加载，因此一旦读入数据集，就可以调用 aov。而且 aov 计算了 ANOVA 表中的值，因此，这是进行平衡多因子 ANOVA 时，你唯一需要的函数。

注意，通过 XLGetRange 函数导入 Execl 工作表选定区域时，R 创建了名为 TwoFactor 的数据框。为了使用该函数，你需要加载 DescTools 软件包。

aov 函数是一种不能自动将结果生成传统 ANOVA 表的函数。图 4.18 展示了名为 aovResults 的对象的内容，包括 ANOVA 表的构建模块。在给定每个效应的平方和与自由度的条件下，简单组合为 ANOVA 表。这就是 aovResults 运用 summary 函数所做的。图 4.18 不指定两个主效应间的交互效应。通过使用 * 符号表示交互效应。使用下述语句，可以指定 aov 中的每个项目：

aovResults <- aov(Score ~ Sex + Group + Sex:Group, data = TwoFactor)

用：操作符指定交互效应。该表达式与图 4.18 中的等价：

aovResults <- aov(Score ~ Sex * Group, data = TwoFactor)

图 4.19 展示了一种得到相同结果的一种不同方法。

```
> TwoFactorResults <- Anova(lm(Score ~ Sex + Group + Sex:Group, data=TwoFactor))
> TwoFactorResults
Anova Table (Type II tests)

Response: Score
          Sum Sq Df F value  Pr(>F)
Sex        0.125  1  0.0152 0.90306
Group     68.375  3  2.7626 0.06402 .
Sex:Group 13.375  3  0.5404 0.65922
Residuals 198.000 24
---
Signif. codes:  0 '***' 0.001 '**' 0.01 '*' 0.05 '.' 0.1 ' ' 1
>
```

图 4.19 Anova 函数依赖于像 lm 这样的函数以计算 ANOVA

为了使用 Anova 函数，你首先需要加载 car 软件包。一旦 lm 进行必要的计算，Anova 函数重新排列结果，展示如图 4.19 所示的 ANOVA 表。注意，Anova 没有给出均值平方列，但计算很简单，而且你可以从平方和与自由度得到 F 比率。

当设计不平衡且每个设计单元格的观测数不同时，Anova 结果暗示了你如何在更复杂的情况下使用该函数。在这种情况下，有三种计算平方和的标准方法，名为第一类、第二类和第三类。当设计平衡（如图 4.19 所示）时，这些方法是等价的，而且第二类方法计算量较少——因此，如果在结果中没必要提到第二类，那么结果是精确的。

注意 Anova 函数用：（半角冒号）操作符明确指定主效应间的交互效应。你可以用 Sex * Group 来暗示交互效应。

另一种方法是用 stats 软件包中的 anova 函数。

> **注释** 图 4.19 中 Anova 函数和 car 软件包的部分，在名字中用大写 A。anova 函数属于 stats 软件包，它的名字都是小写。

图 4.20 展示了如何调用 anova 函数及其结果。

```
> lmresults<-lm(Score ~ Sex * Group, data=ThreeVars)
> anova(lmresults)
Analysis of Variance Table

Response: Score
          Df  Sum Sq  Mean Sq  F value  Pr(>F)
Sex        1   0.125   0.1250   0.0152  0.90306
Group      3  68.375  22.7917   2.7626  0.06402 .
Sex:Group  3  13.375   4.4583   0.5404  0.65922
Residuals 24 198.000   8.2500
---
Signif. codes:  0 '***' 0.001 '**' 0.01 '*' 0.05 '.' 0.1 ' ' 1
>
```

图 4.20　anova 函数看起来与 Anova 相同

Anova 和 anova 函数重新排列了 lm 函数的结果（在这些案例中），展示为传统的 ANOVA 表。除了它们属于不同软件包且 Anova 的结果忽略均值平方和一列外，这两个函数可能看起来是相同的。

但是，anova 和 Anova 函数间存在一个重要的区别。下一节再讨论这个不同之处，它取决于设计单元格中不相等的观测数和编码向量间的相关系数。

4.4　分析 Excel 和 R 中的不平衡双因子设计

以 R 分析的三种平方和为背景，简单介绍编码向量间如何相互关联是有帮助的。这里可以找到你期待出现的结果，假定用一种标准编码系统，比如效应编码或哑变量编码。

对于每个设计单元格观测数相同的多因子设计，一个因子的向量与另一个因子或交互项的向量间相关系数为 0.0，如图 4.21。

	A	B	C	D	E	F	G	H	I	J	K
1	Prefer-ence	Party	College	Party Vector	Education Vector	Interaction Vector			Party Vector	Education Vector	Interaction Vector
2	48	Rep	Yes	1	1	1		Party Vector	1		
3	47	Rep	Yes	1	1	1		Education Vector	0	1	
4	46	Rep	Yes	1	1	1		Interaction Vector	0	0	1
5	45	Rep	Yes	1	1	1					
6	47	Dem	Yes	-1	1	-1					
7	46	Dem	Yes	-1	1	-1					
8	50	Dem	Yes	-1	1	-1					
9	51	Dem	Yes	-1	1	-1					
10	48	Rep	No	1	-1	-1					
11	51	Rep	No	1	-1	-1					
12	54	Rep	No	1	-1	-1					
13	53	Rep	No	1	-1	-1					
14	51	Dem	No	-1	-1	1					
15	49	Dem	No	-1	-1	1					
16	51	Dem	No	-1	-1	1					
17	52	Dem	No	-1	-1	1					

图 4.21 每个设计单元格有 4 个观测

如同图 4.16，图 4.21 展示了平衡双因子设计。它包括四个设计单元格，通过上大学 – 不上大学和民主党 – 共和党来定义。每个设计单元格有 4 个观测。

注意区域 H1:K4 中的相关矩阵。它表示党派（Party）关系向量、大学（College）等级向量及两者交互项的相关关系。所有相关系数均为 0.0。

现在看一下图 4.22。

	A	B	C	D	E	F	G	H	I	J	K
1	Prefer-ence	Party	College	Party Vector	Education Vector	Interaction Vector			Party Vector	Education Vector	Interaction Vector
2	48	R	Y	1	1	1		Party Vector	1		
3	47	R	Y	1	1	1		Education Vector	0.043	1	
4	46	R	Y	1	1	1		Interaction Vector	0.149	-0.289	1
5	47	D	Y	-1	1	-1					
6	46	D	Y	-1	1	-1					
7	50	D	Y	-1	1	-1					
8	51	D	Y	-1	1	-1					
9	48	D	Y	-1	1	-1					
10	51	R	N	1	-1	-1					
11	54	R	N	1	-1	-1					
12	51	D	N	-1	-1	1					
13	49	D	N	-1	-1	1					
14	51	D	N	-1	-1	1					
15	52	D	N	-1	-1	1					

图 4.22 设计单元格的观测数不同

图 4.22 中，每个设计单元格的观测数取值从 2 到 4。编码方法与图 4.21 中用到的相同。但是，现在向量间的相关矩阵说明向量间的相关系数非 0。

当设计单元格大小相同时，编码向量相互正交。相关系数均为 0.0，因此，向量不存在共享方差。它们彼此间相互独立。当两个编码向量彼此独立——即正交时——输入回归方程的顺序对结局变量共享方差的大小没有影响。如果教育水平与党派关系无关，那么教育与结局变量的共享方差也必须与从属关系和结局测度的方差无关。图 4.23 说明了这个问题。

图 4.23　设计单元格的观测数相同

图 4.23 中党派和教育（Education）向量正交：向量间的相关关系为 0.0。因此，不管在回归方程中先输入哪个向量，这些向量与结局变量共享的方差都相同。注意，当先输入党派向量（单元格 B19）时和后输入党派向量（单元格 H19）时，党派向量与结局变量的共享方差为 1.43%。教育向量也是如此，第二个输入单元格 C19 还是第一个输入单元格 G19，教育向量与结局变量的共享方差为 48.03%。

与图 4.24 中不平衡设计且党派与教育向量相关（如图 4.22 中 0.043）的情况进行比较。

图 4.24 中，注意当先输入党派向量时，它与结局变量共享更大的方差（0.25% 对 0.03%）。教育向量也是如此（53.11% 对 52.89%）。尽管差异并不大，但是，对于

另一个数据集，差距很容易被明显拉大。

H17　=RSQ($F$2:$F$15,H2:H15-TREND(H2:H15,$G2:G15))

	A	B	C	D	E	F	G	H	I
1	Preference	Party Vector	Education Vector	Interaction Vector		Preference	Education Vector	Party Vector	Interaction Vector
2	48	1	1	1		48	1	1	1
3	47	1	1	1		47	1	1	1
4	46	1	1	1		46	1	1	1
5	47	-1	1	-1		47	1	-1	-1
6	46	-1	1	-1		46	1	-1	-1
7	50	-1	1	-1		50	1	-1	-1
8	51	-1	1	-1		51	1	-1	-1
9	48	-1	1	-1		48	1	-1	-1
10	51	1	-1	-1		51	-1	1	-1
11	54	1	-1	-1		54	-1	1	-1
12	51	-1	-1	1		51	-1	-1	1
13	49	-1	-1	1		49	-1	-1	1
14	51	-1	-1	1		51	-1	-1	1
15	52	-1	-1	1		52	-1	-1	1
16									
17		0.25%	52.89%	10.01%			53.11%	0.03%	10.01%

图 4.24　共享方差的百分比与先输入方程的向量有关

这个问题与歧义性相关，当党派关系和大学学位等因子相关时，应该分配到每个变量的结局变量的变异量大小出现歧义。当因子正交时，歧义不会出现：不管输入回归方程的顺序如何，因子与结局的共享方差均相同。

但是，足够大的共享方差可以帮助你决定，党派关系间的差异对态度产生可靠的影响——这种影响是“统计上显著的”。在这种情况下，共享方差的大小不应该取决于在回归方程中先随机输入哪个变量。这个决定应该建立在理性选择的基础上，这就是第一类、第二类和第三类平方和开始体现作用的地方。

这个问题在下一节讨论，这里不妨先多考虑一下导致单元格大小不等的原因。导致不平衡设计的一个原因与抽样的数据总体有关。过去几年重复进行的研究表明，调查对象的性别和党派倾向间存在关联。近些年，女性更可能报告她们是民主党而非共和党，总体的一个好的随机样本应服从这个规律。你可以选择研究单元格大小不同的情况，或者删掉一些观测，直到获得平衡的因子设计。

为了得到大小相等的单元格，删除一些观测会带来麻烦，导致的结果被 Kerlinger 和 Pedhazur（Holt、Rinehart 和 Winston，1973）叫做真实分解（dismemberment of reality）。人工删除观测清除了因子间真实关系，因此，改变了与因子共享的结局变量的变异量大小，导致样本不再代表总体。注意，如果一个真实试验中，研究目标的效应被随机分配到不同组，那么这个问题并不适用于这类真实的试验。在一个试验中，选择两种药物治疗中的一种，对 50 个男性和 50 个女性进行治疗，你完全有理由随机地对每个性别的 25 个对象分配一个治疗。不考虑对某种药物治疗的偏好和政治倾向。这就是随机分配和试验设计的联合控制。

4.4.1　区分三种情况

下面是三种普遍接受的处理共享方差的歧义性问题的方法：

- 第一类。该方法也被称为先验顺序，分层的和顺序的。在这种方法下，你要决定输入回归方程的因子顺序。你通常给出这个顺序的理论依据。
- 第二类。也称为试验设计和经典试验方法。该方法运行次数不止一次，而每次运行改变因子的输入顺序。对于因子 A 和因子 B，可以先输入因子 A 后输入因子 B 分析一次数据，先输入因子 B 后输入因子 A 再分析一次数据。两种分析中，主效应分析完成后再考虑交互效应。这种方法确保每种主效应在其他主效应进入分析后才进行评价，因此，因子与结局变量的共享方差取值唯一。
- 第三类。该方法与第二类方法类似，除了待估主效应是在其他主效应以及包括它的交互效应后输入分析的。

对党派关系和大学教育用顺序排列法没有太大意义。你可能想用第二类方法或第三类方法来代替。当你有充分的理由相信因子间存在因果关系或至少在时间上先于另一个因子时，才考虑用第一类方法。

例如，假定现在案例中有两个因子，不是党派关系和大学教育，而是党派关系和性别。有充分证据表明，2010 年美国总人口中，女性更倾向于鉴定为民主党，而非共和党，总体的一个好样本不仅反映了趋势，而且表示为单元格大小不等和编码向量（代表因子）间的关系。

这种情况下，在输入党派关系因子前，先输入性别因子是有意义的。通过社交态度调节的性别，可能对一个人决定加入某个政党有影响，但党派登记对性别没有因果效应。所以分配到仅与结局变量共享的性别因子的所有方差，加上与结局变量和党派因子共享的方差。通过先输入性别因子即可完成。

但图 4.24 中真实案例用到的变量，教育和党派关系不存在因果关系——或者如果存在，证据也没有性别和党派关系时清晰。你很难确定教育决定党派选择，还是党派选择决定教育水平。

然而，如果你决定使用第一类方法，顺序排列法，那么可以按图 4.25 进行分析。

	A	B	C	D	E	F	G	H	I	J	K
	G7			f_x	=G2*$G$4						
1	Prefer-ence	Party Vector	Education Vector	Inter-action			Party	Education	Interaction	Residual	
2	48	1	1	1		% of Variance	0.25%	52.89%	10.01%	36.85%	
3	47	1	1	1							
4	46	1	1	1		Total SS	77.21				
5	47	-1	1	-1							
6	46	-1	1	-1			Party	Education	Interaction	Residual	
7	50	-1	1	-1		SS	0.19	40.84	7.73	28.45	
8	51	-1	1	-1							
9	48	-1	1	-1							
10	51	1	-1	-1		> summary(aov(Preference ~ Party * College, data=unbal))					
11	54	1	-1	-1							
12	51	-1	-1	1			Df	Sum Sq	Mean Sq	F value	Pr(>F)
13	49	-1	-1	1		Party	1	0.19	0.19	0.068	0.80027
14	51	-1	-1	1		College	1	40.84	40.84	14.355	0.00355 **
15	52	-1	-1	1		Party:College	1	7.73	7.73	2.72E+00	0.13026
16						Residuals	10	28.45	2.85		

图 4.25　如果因子间关系性质不确定，则顺序排列法可能不是一个好想法

图 4.25 展示了单元格大小不同的四组对象。我已在区域 B2:D15 中创建了编码向量，但为了节省空间，我删除了因子的文本值，如共和党和是。区域 G2:J2 包括图 4.24 用到的分析，这决定了每个向量与结局共享的方差百分比，不包括回归方程中向量的共享方差。因此，如果有充足的理由认为党派关系在一定程度上影响着调查对象是否获得大学学位，则可以先输入党派，注意它与结局的共享方差为 0.25%（见单元格 G2）。

如果你倾向于考虑平方和，那么请见 G7:J7。这些值正是 G2:J2 的百分比乘以单元格 G4 的总平方和。这些平方和也减轻了 Excel 分析和 R 分析的比较，如 G13:K16。（分析用到的数据来自图 4.22 中区域 A1:C15。）注意，R 返回的平方和与区域 G7:J7 中计算的相同。你可以从 stats 软件包的 aov 或 anova 函数得到 R 的分析。我已在图 4.25 的单元格 F10 中展示了 aov 函数语句。你可以在调用 aov 时控制输入分析的因子顺序。例如，在输入党派关系因子前，先输入大学教育的命令如下：

```
> summary(aov(Preference ~ College * Party, data=unbal))
```

我要重申的是，分配平方和的顺序排列法（或者，等价地，共享方差的百分比）

对数据来说是一种不好的选择。先输入哪个因子不存在令人信服的理论依据。第二类方法或第三类方法可能是更好的选择。图 4.26 是使用经典试验方法——第二类方法的一个例子。

	A	B	C	D	E	F	G	H	I	J	K	L
1	Prefer-ence	Party Vector	Education Vector	Inter-action				Prefer-ence	Education Vector	Party Vector	Inter-action	
2	48	1	1	1				48	1	1	1	
3	47	1	1	1				47	1	1	1	
4	46	1	1	1				46	1	1	1	
5	47	-1	1	-1				47	1	-1	-1	
6	46	-1	1	-1				46	1	-1	-1	
7	50	-1	1	-1				50	1	-1	-1	
8	51	-1	1	-1				51	1	-1	-1	
9	48	-1	1	-1				48	1	-1	-1	
10	51	1	-1	-1				51	-1	1	-1	
11	54	1	-1	-1				54	-1	1	-1	
12	51	-1	-1	1				51	-1	-1	1	
13	49	-1	-1	1				49	-1	-1	1	
14	51	-1	-1	1				51	-1	-1	1	
15	52	-1	-1	1	Total SS	77.21		52	-1	-1	1	
16												
17	% of Var	0.25%	52.89%	10.01%	36.85%			% of Var	53.11%	0.03%	10.01%	36.85%
18	SS	0.19	40.8404	7.732	28.45			SS	41.01	0.02652	7.732	28.45

```
> Anova(lm(Preference ~ Party * College, data=Unbal,),type=2)

Anova Table (Type II tests)
Response: Preference
              Sum Sq  Df  F value  Pr(>F)
Party         0.02652  1    0.009   0.925
College      40.8404   1   14.355   0.004  **
Party:College 7.73182  1    2.718   0.130
Residuals    28.45    10
```

图 4.26 如果要改变输入回归方程的因子顺序，则 Excel 不是一种方便的应用程序

图 4.26 强调了 Excel 所有有用的工具会出现问题但 R 等应用软件不会出现的原因。为了符合第二类方法分配平方和的要求，你需要用两种不同方式安排源数据：本例中，一个安排是在分析中先输入党派向量（如区域 A1:D15），另一个则是先输入教育向量（如区域 H1:K15），原因是像 LINEST() 和 TREND() 这样的工作表函数需要预测变量从左到右连续排成列。（图 4.26 在平方半偏相关系数的公式中用了 TREND() 函数，如 C17:D17 和 J17:K17。）相比之下，R 等应用能够自动改变语句中输入分析中变量的顺序。例如：

> Anova(lm(Preference ~ Party * College, data=Unbal,),type=2)

type=2 参数告诉 R 首先处理党派因子，然后是大学因子，作为最终输入分析的主效应。如果你愿意，可以用 type = " II " 而非 type=2。

注意，该函数称为 Anova，第一个字母大写。该函数与 anova 不同，anova 函数不用 type 参数，它属于 stats 软件包。Anova 函数会用 type 参数，它属于 car 软件包，因此，需要在使用 Anova 之前先安装软件包。

图 4.26 中，R 返回的结果在区域 E22:I28。

图 4.26 中，B17:E17 和 I17:L17 中共享方差的百分比乘以单元格 G15 的总平方和，返回每个效应的平方和，第一次是先输入党派，第二次是先输入教育。注意这两点：

- 单元格 C18 是输入党派后再输入教育平方和的结果。它与单元格 F26 中 R 的 Anova 函数返回的教育平方和相同。
- 单元格 J18 是输入教育后再输入党派平方和的结果。它与单元格 F25 中 R 的 Anova 函数返回的党派平方和相同。

注意，图 4.26 中与党派有关的平方和与图 4.25 的单元格 H7 和 H14 相同，这是因为图 4.25 中的分析正好将党派作为第二个输入方程的向量，而在图 4.26 中，第二个输入党派作为第二类方法的一部分。另外，分析运行两次，一次是将党派作为方程中的第二个变量，一次是将教育作为方程中的第二个变量。

记住与 aov 或 anova 相比，Anova 函数的主要优势是在 Anova 中设定 type=2 比运行两次 aov 或者 anova 更方便，设定 type 改变了调用因子的顺序。

1969 年以来，已有大量关于不平衡因子化设计的论文讨论了分配平方和的不同方法。1969 年，Overall 和 Spiegel 发表了一篇论文，记录了这里讨论的三种方法。与上述文献不同，本书是一本关于 R 和 Excel 的书。因此，我限定于讨论 R（以及其他 SAS 等其他统计软件包）如何标记分配类型。第三种类型通常称为第三类方法，用 Anova 函数即可调用，这里设定 type=3 或者 type="III"。（默认是第二类方法。）在这种分配方法下，本节测试的双因子案例在其他两个效应（另一个主效应和交互效应）后输入每一个目标效应。这通常意味着你已经验证了交互效应，而且发现它是统计上显著的。

因此，在对教育主效应分配一定比例的平方和之前，先解释党派和党派与教育的交互效应。（在相关文献中，很多争论集中在显著的交互效应是否意味着不应该验证主效应，或者是否可以进行验证。）

图 4.27 展示了 Excel 和 R 背景下的第三类方法。

	A	B	C	D	E	F	G	H	I	J	K	L	M
1	Prefer-ence	Education Vector	Inter-action	Party Vector				Prefer-ence	Party Vector	Inter-action	Education Vector		
2	48	1	1	1				48	1	1	1		
3	47	1	1	1				47	1	1	1		
4	46	1	1	1				46	1	1	1		
5	47	1	-1	-1				47	-1	-1	1		
6	46	1	-1	-1				46	-1	-1	1		
7	50	1	-1	-1				50	-1	-1	1		
8	51	1	-1	-1				51	-1	-1	1		
9	48	1	-1	-1				48	-1	-1	1		
10	51	-1	1	-1				51	1	-1	-1		
11	54	-1	1	-1				54	1	-1	-1		
12	51	-1	1	-1				51	1	-1	-1		
13	49	-1	1	-1				49	1	-1	-1		
14	51	-1	1	-1				51	1	-1	-1		
15	52	-1	1	-1		Total SS	77.21	52	1	-1	-1		
16													
17		% of Var	53.11%	9.92%	0.12%	36.85%			% of Var	0.25%	0.72%	62.19%	36.85%
18		SS	41.01	7.66	0.0955	28.45			SS	0.19	0.55	48.0175	28.45
21					> Anova(lm(Preference ~ Party * College, data=Unbal, contrasts=list(Party=contr.sum, College=contr.sum)),type=3)								
23					Anova Table (Type III tests)								
25					Response: Preference								
26						Sum Sq	Df	F value	Pr(>F)				
27					(Intercept)	30749.5	1	10808.25	< 2.22e-	***			
28					Party	0.0955	1	0.03355	0.8583				
29					College	48.0175	1	16.87787	0.0021	**			
30					Party:College	7.7318	1	2.71769	0.1303				
31					Residuals	28.45	10						

图 4.27 该数据集中,两个主效应间有弱交互效应,你通常选择第二类方法

图 4.27 中,数据排列在区域 A1:D15,这样党派在教育和交互效应的后面,区域 H1:K15 中,教育在党派和交互效应的后面。第三类方法背后的想法是,显著的交互效应可能被分配到大量的结局变量的方差,以至于主效应——这里是党派或教育——不能被分配到足够的方差,得到显著的 F 比率。从这点来看,显著的交互效应使得明确解释交互效应中的主效应变得困难或甚至不可能。很多人支持这个观点,同样也有很多人反对。

最后输入党派和教育的模型的平方半偏相关系数通常在图 4.27 中的 C17:D17 和 J17:K17。相关的平方和见下一行 C18:D18 和 J18:K18。D18 中党派平方和与 R 的第三类方法结果中的党派平方和(单元格 F28)相同,K18 中教育平方和与 R 中的结果(F29)相同。F30 中交互效应平方和与图 4.26 中第二类方法分析的交互效应的平方和相等,其中,交互效应总是最后输入分析。

我认为，显著的交互效应中关于主效应的解释阐述不是特别恰当。我想指出，通过平方的半偏相关关系，生成解释方差的百分比，将百分比转换为平方和，通常会启发初学者或长期研究者。R 的分析结果对理解程序背后的逻辑没有太大帮助。

但是，R 是一种非常快捷的软件。

4.4.2 效应的指定方法

Aov，anova 和 Anova 函数（以及结果基于 lm 的任何函数）识别三个运算符，这有助于定义函数分析要得到的预期效果。

讨论这些运算符有助于区分主效应和交互效应。在同时分析的两个或更多因子的因子化设计中，每个因子本身代表一个主效应，两个或更多因子的联合效应称为交互效应。因此，在性别、药物和患者种族为因子的试验中，每个因子都是一个主效应。联合效应，比如，性别和药物是该设计中一种可能的交互效应，代表用药 A 的男性，用药 A 的女性，用药 B 的男性和用药 B 的女性间效应的差异。

当只有两个主效应时，问题非常容易处理，这时只需要解释两个因子和一个交互效应（比如性别、药物和性别－药物）。R 函数提供这些方法来指定所有主效应和交互效应：

```
> Results <- aov(Score ~ Sex + Drug + Sex:Drug, data = TwoWay)
> summary(Results)
```

这里，每个主效应和交互效应都分别在公式中表达出来。你将在 ANOVA 表中得到两个主效应和交互效应三行结果。加号用来分隔单个效应，冒号用来表示相应主效应的交互效应。

下面是一种更快捷的方法：

```
> Results <- aov(Score ~ Sex * Drug, data = TwoWay)
> summary(Results)
```

这里，星号代替了加号。星号告诉函数它左右两侧变量的效应：即包括主效应和它们间的交互效应。也就是说，ANOVA 表将包括性别、药物及其交互效应作为变异的来源。

在只有两个因子的因子化设计中，下面两行命令没太大差异：

```
> Results <- aov(Score ~ Sex + Drug + Sex:Drug, data = TwoWay)
```

和

```
> Results <- aov(Score ~ Sex * Drug, data = TwoWay)
```

上述两个公式返回相同的结果，用星号比加号和冒号仅节约了一点点时间。但倘若你有三个主效应呢？假定增加种族因子呢？现在你有 7 个变异来源：

- 三个主效应：性别、药物和种族
- 三种两两交互：性别 – 药物、性别 – 种族、药物 – 种族
- 一种三三交互：性别 – 药物 – 种族

这将需要分别指定很多效应。你可以用星号得到这些效应：

```
> Results <- aov(Score ~ Sex*Drug*Ethnicity, data = ThreeWay)
> summary(Results)
```

这里包括主效应和隐含的两个以及三个因子的交互效应。

当你想删减 ANOVA 表中变异的来源时，会用到加号和冒号相结合的方法。假定你完成了三因子所有效应的分析，发现只有性别效应以及药物和种族的交互效应显著。如果你想将另外五个效应的平方和和自由度加到残差中，命令如下：

```
> Results <- aov(Score ~ Sex + Drug:Ethnicity, data = ThreeWay)
> summary(Results)
```

ANOVA 表中出现的变异来源只有性别效应以及药物和种族的交互效应。

4.5　Excel 和 R 中的多元比较程序

假定你分析债券发行意见调查数据。调查对象是随机选择的几百位男性和女性。你运行一个传统的 ANOVA 或者一个编码向量的回归分析，找到两组均值间差异的显著 F 比率。因为这里只涉及到两组，所以你确切知道男性和女性均值间显著差异的来源。

现在假定你分析了一个类似的调查，但不是一组男性和另一组女性，而是三组登记的投票者，他们自己认为属于共和党、民主党或无党派。你得到显著的 F 比率，但这次不能明确看到三个均值是否显著不同，或仅仅两组均值是否显著不同——如果这样的话，应选择哪两个？或者是一个组均值显著不同于另两组均值的平均？

统称为多元比较的一组程序用于处理这种情况。它们有助于明确哪组均值显著不同，与所谓的多项 F- 检验（这种方法无法区分组均值）相反。因为每种多元比较

的适用情况不同，所以存在各种多元比较检验。例如：

- 在看到试验结局前，你指定要进行的比较，或者直到看到结果为止。
- 限制比较的统计量彼此独立（即正交对比），或者不加限制。
- 设定 alpha 水平应用到单个比较，或者应用到所有测试的比较。

另一个不同之处在于多元比较程序返回的统计量类型。这里用到 F 比率、t 比率和学生化区域或 q 统计量。Excel 是有限的，这是因为，尽管它提供了卡方、二项、泊松、t、F 和其他分布，但却没有提供 q- 分布。这太可惜了，因为最常用的多元比较方法，Tukey 的 HSD 方法或者 Honest 显著差异法，都将 q 作为参考分布。

让我们从 Tukey 的技术开始。

4.5.1 Tukey 的 HSD 方法

你可以在 Excel 中使用这项技术，但需要向外部信息求助。如果你提供概率和自由度，Excel 的 F.INV() 和 T.INV() 函数返回了 F 比率和 t 比率，但 Excel 没有 Q.INV() 函数——或者 Q.DIST() 函数。因此，尽管你可以在 Excel 中用 HSD 方法处理大多数计算，但还需要查看 q 值（中等水平统计学书的附录通常很值得参考）。

图 4.28 展示了 Excel 中这个方法的工作原理。

图 4.28 初步计算：HSD 程序需要来自 ANOVA 的数据

图 4.28 展示了区域 A1:B34 中数据的传统 ANOVA 的分析结果。数据集只有一个因子，运行数据分析插件的 ANOVA 单因子分析工具的结果见 F8:L22。（首次排列的数据见图 4.2。）

列 C 和 D 包括效应编码向量来表示组成员，用 LINEST() 工作表函数运行列 A 的得分变量，结果如 F2:H6 所示。注意多项 F 比率被 LINEST() 返回到单元格 F5，被 ANOVA 工具返回到单元格 J19。我们需要组内均值平方，通过 ANOVA 工具返回到单元格 I20，用于 HSD 程序。它不是被 LINEST() 返回，而是通过单元格 G6 中的残差平方和除以单元格 G5 中的残差自由度，很容易计算得到。

尽管大多数人的想法是统计上显著的，但是，F 比率没有确定组均值的大小，如图 4.29 所示。

	A	B	C	D	E	F	G
1	Anova: Single Factor						
2	SUMMARY						
3	Groups	Count	Sum	Average	Variance		
4	Grp 1	11	247	22.455	2.873		
5	Grp 2	11	255	23.182	0.364		
6	Grp 3	11	316	28.727	9.818		
7							
8	ANOVA						
9	Source of Variation	SS	df	MS	F	P-value	F crit
10	Between Groups	258.970	2	129.485	29.756	0.000	3.316
11	Within Groups	130.545	30	4.352			
12	Total	389.515	32				
13							
14	SQRT(MS_w/n)	0.629		$.95q_{3,30}$	3.486		
15							
16						p < .05?	
17	Grp 2 - Grp 1	0.727		=B17/$B$14	1.156	N	
18	Grp 3 - Grp 1	6.273		=B18/$B$14	9.973	Y	
19	Grp 3 - Grp 2	5.545		=B19/$B$14	8.817	Y	
20							
21	Half of .95 interval	2.193		Comparison	Lower limit	Upper limit	
22				Grp 1 - Grp 2	-1.466	2.920	
23				Grp 1 - Grp 3	4.080	8.466	
24				Grp 2 - Grp 3	3.353	7.738	

图 4.29 初步计算：HSD 程序需要 ANOVA 中的数据

为了方便，图 4.29 重复了图 4.28 中的 ANOVA 表。我们将每对组均值间的差异除以单元格 B14 中的值。该值是 ANOVA 表中组内均值平方的平方根除以每个单元格的观测数。因此单元格 B14 中用到下式：

=SQRT(D11/B4)

这里需要向外源信息求助。这个例子假定 alpha 为 0.05，因此，我们查找三个组的 q- 分布的第 95 百分数，自由度总数为 30，相对应于 ANOVA 中的残差或组内自由度，值为 3.486（见单元格 E14）。

回到 Excel。区域 B17:B19 包括三组均值间的差异。每个差异除以单元格 B14，得到单元格 E17:E19 中的三个 q 值。这三个值中，任何一个值的绝对值超过 q 的临界值 3.486，被认为 alpha 水平为 0.05 时显著。在这种情况下，组 3 的均值显著不同于组 1 和组 2 的均值。

HSD 方法的一个有用的特点是可以同时给出均值及其置信区间。见图 4.29 的区域 A21:F24。在单元格 B21 中，你通过将单元格 B14 中的数值乘以表中单元格 E14 的 q 值，计算了 95% 置信区间宽度的一半。单元格 E22:F24 增加/减少一半的置信区间到/从计算的均值差异，于是建立了定义每个置信水平的值。例如，组 1 和组 2 均值间差异的 95% 置信区间为 [-1.466, 2.920]。置信区间包括 0.0，因此，不能用 95% 置信区间说明组均值间存在可靠的差异。另外两个置信区域不包括 0，因此可以总结为，均值在 95% 置信区间显著不同。

这个工作量较大，让我们看一下如何用 R 进行处理，如图 4.30 所示。

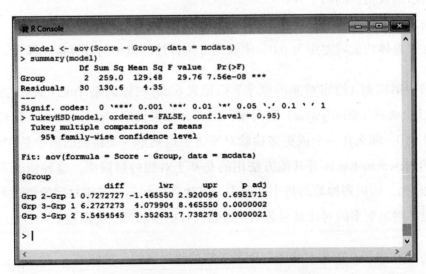

图 4.30　你可以运行 ANOVA 和两个或三个函数的 Tukey 多元比较

首先，用 aov 函数完成数据建模：

```
model <- aov(Score ~ Group, data = mcdata)
```

仅仅为了证实最初的分析，你可以用这条命令，展示调用 aov 的结果：

```
summary(model)
```

最终，调用 TukeyHSD 函数：

```
TukeyHSD(model, ordered = FALSE, conf.level = 0.95)
```

这里用到的参数如下：

- model。该对象名用于保存 aov 结果。
- ordered = FALSE。如果将参数设定为 TRUE，TukeyHSD 函数按照结局变量均值的升序排列各个组。在这种特定情况下，ordered 参数没有影响，因为用于函数的数据已按这种顺序排好。
- conf.level = 0.95。想要计算的置信区间类型。这里是 95% 置信区间。等价地，conf.level 是 1.0 – alpha，其中 alpha 是拒绝用户想要接受的真实原假设的概率。

对于每对组均值，函数 TukeyHSD 返回下述结果：

- 均值间差异；
- 被求的置信区间的下界；
- 被求的置信区间的上界；
- 如果总体均值间差距为 0.0，则观测 q 统计量的概率与计算值一样大。

结果中第四列（给定对照的概率）标记为 p adj 的原因是 Tukey HSD 方法用了（通常称为）族状（familywise）错误率：因此，如果设定 alpha 为 0.05（因此，置信水平是 0.95），那么在一个或更多检验对照组中遇到第一类错误的概率是 5%。下一节讨论的 Newman-Keuls 等其他方法用的是基于对照的错误率。这种情况下，错误率，比如 5%，运用到检验的每个对照中。其他条件相等，基于对照的错误率比基于族的错误率判定更多的对比是显著的（因此，有更多的第一类误差）。

p adj 值代表了在单个对比间分配基于族的错误率的一种尝试。

4.5.2　Newman-Keuls 方法

作为另一种多元比较程序，Newman-Keuls 至少在两个方面与 Tukey 的 HSD 方法非常接近：

- 与 HSD 相同，Newman-Keuls 法依赖于 q-分布。
- 两种方法均处理组均值范围，首先检验最大观测差异，当均值差异在选定的 alpha 水平下不显著时结束。

两种方法的主要不同是 Tukey HSD 法使用基于族的错误率，而 Newman-Keuls 法使用基于对照的错误率。

图 4.31 展示了 Newman-Keuls 在 Excel 背景下的工作原理。

	A	B	C	D	E	F	G
1	Anova: Single Factor						
2							
3	SUMMARY						
4	*Groups*	Count	Sum	Average	Variance		
5	Grp 1	11	247	22.455	2.873		
6	Grp 2	11	255	23.182	0.364		
7	Grp 3	11	316	28.727	9.818		
8							
9							
10	ANOVA						
11	*Source of Variation*	SS	df	MS	F	P-value	F crit
12	Between Groups	258.970	2	129.485	29.756	0.000	3.316
13	Within Groups	130.545	30	4.352			
14							
15	Total	389.515	32				
16							
17	Standard error		0.629				
18							
19		Mean difference	q	Critical q			
20	Grp 3 - Grp 1	6.273	9.97	$._{95}q_{3,30}$	3.486		
21	Grp 3 - Grp 2	5.545	8.82	$._{95}q_{2,30}$	2.888		
22	Grp 2 - Grp 1	0.727	1.16	$._{95}q_{2,30}$	2.888		

图 4.31　q 的临界值随着所选对照组的均值数的改变而改变

图 4.31 重复了 ANOVA 单因子工具的结果：它是得到组均值和组内均值平方的简单方法。组内均值平方，这里取 4.352，除以每组的观测数，再取平方根，结果见单元格 B17。

该值被分到每对均值间的差异上，结果与 q 的临界值相比，如 E20:E22。如果比例的绝对值超过临界值，则组均值间的比较在选定的 alpha 水平下是显著的。

一定注意，当对照组的均值数改变时，q 的临界值也发生改变。对于第一个比较，我们选三组比较中的最大差异，即总是最大均值减去最小均值。(这里 Tukey HSD 检验总与 Newman-Keuls 相同。)因此，为了得到 q 的临界值，我们看一下组别为 3，自由度为 30 的表格数据，或者组 ×(n−1)。

一旦像这里一样，对比被判定为显著，我们就偏向于两组对照集。我们已经完成三个均值的选择，现在正在两组（组 1：组 2 和组 2：组 3）中选择。因此，调整 q 的临界值以考虑较小均值，如图 4.31 区域 D20:E22 所示。

这里，Tukey 的 HSD 检验和 Newman-Keuls 返回相同结果，组 3 的均值与组 1 和组 2 的均值显著不同，组 1 和组 2 彼此没有显著差异。

R 可能用较少的力气得到相同的结论，如图 4.32。

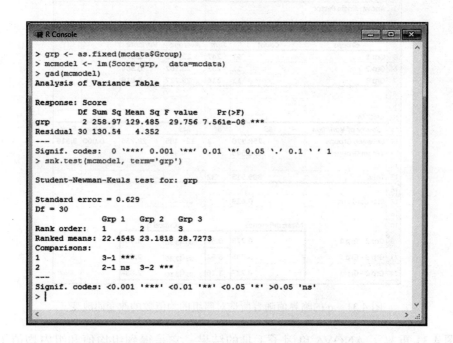

图 4.32 在使用该函数前，你将需要安装 GAD 软件包

需要 GAD 软件包来运行该函数。它被明确编码以处理固定因子或随机因子的交叉或巢式设计。这些不同对构建 ANOVA 的 F 比率时用到的平方和有影响。结果是，如果要用 snk.test 函数完成 Newman-Keuls 多元比较，那么你需要先告诉软件包，分组变量是固定的还是随机的。你可以用下述语句：

grp <- as.fixed(mcdata$Group)

这样 R 用原始组变量中相同的数值建立了一个固定因子 grp。组是前面讨论 Tukey HSD 检验时的因子，见 mcdata 数据框。

然后，用 stats 软件包的 lm 函数，构建得分作为组的函数的模型：

```
mcmodel <- lm(Score~grp, data=mcdata)
```

看一下通过 GAD 函数的拟合模型：

```
gad(mcmodel)
```

如果 ANOVA 表没有问题，则可以继续用下述命令运行 Newman-Keuls 检验：

```
snk.test(mcmodel, term='grp')
```

该命令运行了 Newman-Keuls 检验，在导入 mcdata 数据框后，使用固定因子 grp。检验的结果也如图 4.32 所示。注意这些结果与图 4.31 中 Excel 返回的结果一致。

4.5.3 在 Excel 和 R 中使用 Scheffé 程序

这里讨论的最后一种多元比较程序是 Scheffé。它比 Tukey 的 HSD 检验或 Newman-Keuls 更灵活，功效更少（从统计量角度）。在得到试验结果后，该方法基于 post hoc 分析，可以处理比简单配对比较更复杂的对比。Scheffé 检验有其他优势，但主要不足在于缺乏统计量功效，这导致用另一种方法判断显著的很多对比在这里不显著。

图 4.33 展示了如何用 Scheffé 检验评价配对比较，以及用本节前面案例数据集的一个更复杂的比较。

F2 =MMULT(B2:D2,$B$11:$B$13)

	A	B	C	D	E	F	G	H	I
1		Grp 1	Grp 2	Grp 3		ψ	$S_ψ$	Ratio	Critical F
2	Grp 3 - Grp 1	-1	0	1		6.273	0.889	7.052	2.575
3	Grp 3 - Grp 2	0	-1	1		5.545	0.889	6.234	
4	Grp 2 - Grp 1	-1	1	0		0.727	0.889	0.818	
5	(Grp 3 + Grp 1)/2 - Grp 2	0.5	-1	0.5		2.409	0.770	3.127	
6									
7	MS_W	4.352							
8	Confidence level	95%							
9							95% Confidence Interval		
10		Mean	n				Lower bound	Upper bound	
11	Grp 1	22.455	11			Grp 3 - Grp 1	3.982	8.563	
12	Grp 2	23.182	11			Grp 3 - Grp 2	3.255	7.836	
13	Grp 3	28.727	11			Grp 2 - Grp 1	-1.563	3.018	
14						(Grp 3 + Grp 1)/2 - Grp 2	0.425	4.393	

图 4.33 通过定义兴趣对比开始 Scheffé 程序

图 4.33 中区域 B2:D5 的对照矩阵定义了四种对照，一个组均值的权重通过矩阵中的数值进行定义。因此，矩阵第一行的对照组是组 3（1）减去组 1（-1），第四个对照组被定义为组 1（0.5）和组 3（0.5）的均值减去组 2（-1），对照组中的权重必须求和为 0。（你也将看到同样用作权重的 term 系数或 contrast 系数。）

区域 B11:B13 包括真实的组均值。这些均值乘以每组对照的权重，再求和。因为数据的排列方式，用 Excel 的 MMULT() 函数进行乘法和加法变得很方便。例如，单元格 F2 中用到的公式如下：

=MMULT(B2:D2,$B$11:$B$13)

公式的结果，通常称为 psi，是对照组权重和相关组均值的乘积之和。第二行是第一次对照，psi 是组 3 的均值减去组 1 的均值，为 6.273。第 5 行是第四次对照，psi 值是对组 1 和组 3 的均值求平均，减去组 2 的均值。

G2:G5 中 psi 的标准误差通过在单元格 G2 中用这种公式计算得到：

=SQRT($B$7*MMULT(B2:D2^2,1/$C$11:$C$13))

总而言之：

- 对照组权重的平方见 B2:D2；
- 乘以 C11:C13 中每个单元格观测数的倒数；
- 求和（乘积与求和是 MMULT() 函数的联合效应）；
- 乘以 ANOVA 中单元格 B7 中的均值平方；
- 求平方根。

> **注释** 当每个设计单元格观测数相等时，若任何其他对照的权重相同，则任何对照的标准误差是常数。

列 H 是每个 psi 与它的标准误差的比率。

列 H 中的每个比率与临界值比较，如图 4.33 的单元格 I2，对于这个数据，单元格 I2 用到的公式如下：

=SQRT(2*F.INV.RT(1-B8,2,30))

公式中的两处数字 2 表示因子（这里是组）的自由度。该设计的因子组有三个水平，因此，自由度等于 2。数字 30 表示 ANOVA 表中与组内均值平方有关的自由度。

公式参考 F- 分布返回了基于自由度为 2 和 30 的 F- 分布的数值。这里 1–B8 返回 0.05；它是 1.0 减去单元格 B8 中的置信水平。因此，F.INV.RT() 函数返回了切掉自由度为 2 和 30 的 F- 分布右尾 5% 的 F 比率。

我认为表述为分布的右尾很方便，但这只是个人偏好。如果你倾向于考虑临界值左侧分布的 95%，那么也会得到相同的结果。公式如下：

=SQRT(2*F.INV(B8,2,30))

为了确定由给定的对照定义的均值差异是否在 F.INV() 函数指定的水平下显著，比较 psi 绝对值与标准误差的比率和临界值。如果比例大于临界值，则对照被认为是显著的。图 4.33 中的分析，可以总结出行 2、3 和 5 中的比较存在显著差异。

下一步是构建 psi 的置信区域。对于每个 psi，减去（下界）和加上（上界）对照的标准误差和单元格 I2 中临界值的乘积。例如，单元格 G11 中的公式如下：

=F2-G2*$I$2

单元格 H11 中的公式如下：

=F2+G2*$I$2

置信区间包括 0.0，比如由单元格 G13 和 H13 定义的，判断相关的对照与 0 没有显著差异。置信区域重复了 psi 比率和临界值的比较结果，但它们给分析带来了附加信息。

Tukey 的 HSD 法和 Scheffé 程序返回的置信区域是同时建立的，而且反映了两种方法接受了族状错误率。与对照有关的置信区间，比如组 1 的均值减去组 2 的均值，没有与它相关的概率。

假定所选的 alpha 为 0.05，则创建的置信区间为 95% 区间。不正确的是，比如，对照 1 的置信区间包括 95% 运行次数中对照的总体值。

但正确的是，研究中创建的所有置信区域包括 95% 运行次数中对照的总体值。

也值得注意的是，对于严格的配对比较，Tukey 的 HSD 检验比 Scheffé 检验功效更高。比较图 4.33 和图 4.29 的 95% 置信区域。用 Tukey 法创建的置信区间较窄，因此，包括 0 的可能性较低，统计功效更大。

通常用 R 更容易，也更简洁，如图 4.34。

```
> model <- aov(Score ~ Group, data = mcdata)
> summary(model)
             Df Sum Sq Mean Sq F value    Pr(>F)
Group         2  259.0  129.48   29.76 0.0000000756 ***
Residuals    30  130.6    4.35
---
Signif. codes:  0 '***' 0.001 '**' 0.01 '*' 0.05 '.' 0.1 ' ' 1
> conmat <- matrix( c(-1,0,1,0,-1,1,-1,1,0,0.5,-1,0.5),ncol=4)
> conmat
     [,1] [,2] [,3] [,4]
[1,]   -1    0   -1  0.5
[2,]    0   -1    1 -1.0
[3,]    1    1    0  0.5
> ScheffeTest(model, contrasts=conmat)

  Posthoc multiple comparisons of means : Scheffe Test
    95% family-wise confidence level

$Group
                   diff     lwr.ci    upr.ci      pval
Grp 3-Grp 1   6.2727273  3.9821234 8.563331 0.00000043 ***
Grp 3-Grp 2   5.5454545  3.2548506 7.836058 0.00000386 ***
Grp 2-Grp 1   0.7272727 -1.5633312 3.017877    0.7185
Grp 1,Grp 3-Grp 2 2.4090909  0.4253697 4.392812    0.0145 *

---
Signif. codes:  0 '***' 0.001 '**' 0.01 '*' 0.05 '.' 0.1 ' ' 1
> |
```

图 4.34　比较矩阵的定义有点棘手

DescTools 软件包包括函数 ScheffeTest，该函数计算和评价组均值的对照。图 4.34 展示了该过程。在开始之前，需要注意以下两点：

- 最小的数据框包括一个因子和一个数值型变量。正如前例，这里的因子名为组，数值型变量名为得分。数据框称为 mcdata。
- DescTools 软件包必须通过 library 函数加载。

图 4.34 中的命令通过 aov 函数建立线性模型，称为 model。用 summary 函数可以得到 aov 函数返回的结果。

接下来定义对照比较。你可以用任何一种方法，但我更倾向于结合 c 函数和 matrix 函数。c 函数将数值放入向量或列表，matrix 函数将向量或列表转换为矩阵。因此，为了把对照权重保存到类似于图 4.33 中区域 B2:D5 的矩阵中，可以用下述语句：

```
conmat <- matrix( c(-1,0,1,0,-1,1,-1,1,0,0.5,-1,0.5),ncol=4)
```

这里 conmat 是一个包括矩阵的对象。在命令符处简单输入对象名，conmat，即可得到如图 4.34 所示的结果。

注意 matrix 函数包括指定结局矩阵列数的参数。这里是四列。在你看到的大多数关于多元比较的篇幅中，通常在矩阵中，不同行表示每个对照的对照权重或系数，不同列表示每个因子水平。可能为了利用函数编码中的一些效率，ScheffeTest 函数需要矩阵的转置。比较图 4.33 中区域 B2:D5 的矩阵和图 4.34 中的矩阵。交换行列。因此，例如，c 函数的前三个参数得到最终矩阵的第一列。这似乎与直觉不符，但要记住的是，无论选择哪种方法形成矩阵都没关系。

这里需要用 ScheffeTest 函数：

```
ScheffeTest(model, contrasts=conmat)
```

如图 4.34 所示，你返回每组比较的结果——通常，基于配对的均值间差异，加上返回均值组合间差异的任何更复杂的比较。你也得到基于对比值的置信区域的上界和下界。默认是 95% 置信区间，但你调用函数时可以指定不同的置信水平：

```
ScheffeTest(model, contrasts=conmat, conf.level = .90)
```

或

```
ScheffeTest(model, contrasts=conmat, conf.level = .99)
```

一定要比较图 4.34 和图 4.33 的 95% 置信区域，来证明它们是相同的。

4.6 Excel 和 R 中的协方差分析

本章最后讨论一下协方差分析（ANCOVA）。目前为止，正如你可能知道的，ANCOVA 将数值型变量加入 ANOVA，以便于根据一个或更多因子（比如性别和治疗）和一个数值型协变量（比如年龄或单位价格）最终解释结局变量的变异。

用平方和与单元格内交叉乘积在内的传统技术，ANCOVA 计算过程冗长且容易出错。除非我证明了它的不足，否则我从来不用传统技术进行 ANCOVA。我更倾向于回归方法。

4.6.1 在 Excel 中用回归进行 ANCOVA

当对单个或多个因子的 ANOVA 增加一个协变量时，至少有两点想法：

- 希望利用协变量和结局变量间的关系，帮助建立因子水平和结局变量的方程。

即使随机选择和分配对象，两个或更多组在开始时的基础可能也不一样。你可以用协变量和结局测度间的相关关系实现随机分配。这称为 ANCOVA 的*有偏缩减函数*。

- 通常，结局变量方差中的一个有用的部分可以归因于协变量而非单元格内误差项。当单元格内均值平方减少时，F 比率增加——结果是更敏感的 F- 检验。这称为 ANCOVA 的*功效提高函数*。

实际上，与 ANOVA 相比，ANCOVA 增加统计功效比减少偏差更可靠。

当对只有一个因子的 ANOVA 增加一个协变量时，你实际上增加的不止一个协变量——至少一开始不止增加一个协变量。这是因为，协变量可能与因子产生交互效应，正如两个因子（性别和治疗）也可能产生交互效应一样。有必要检验协变量 – 因子间的交互效应，并检验统计量显著性。图 4.35 展示了如何在 Excel 中实现该过程。

J21　=J16*(H13+I13)

	A	B	C	D	E	F	G	H	I	J	K	L	M	N
1			Group	Group	Covariate	Covariate		=LINEST(A3:A20,B3:F20,,TRUE)						
2	Out-come	Covari-ate	Vector 1	Vector 2	by Group Vector 1	by Group Vector 2		0.09	-0.09	-1.73	1.18	0.54	68.67	
3	77	18	1	0	18	0		0.18	0.19	4.26	4.16	0.13	3.16	
4	80	23	1	0	23	0		0.841	1.10	#N/A	#N/A	#N/A	#N/A	
5	80	18	1	0	18	0		12.65	12	#N/A	#N/A	#N/A	#N/A	
6	81	22	1	0	22	0		77.14	14.63	#N/A	#N/A	#N/A	#N/A	
7	77	19	1	0	19	0								
8	78	21	1	0	21	0		=LINEST(A3:A20,B3:D20,,TRUE)						
9	80	23	0	1	0	23		0.16	-0.72	0.54	68.66			
10	79	20	0	1	0	20		0.35	0.50	0.13	2.90			
11	82	24	0	1	0	24		0.836	1.04	#N/A	#N/A			
12	81	21	0	1	0	21		23.86	14	#N/A	#N/A			
13	83	25	0	1	0	25		76.76	15.01	#N/A	#N/A			
14	83	26	0	1	0	26								
15	83	26	-1	-1	-26	-26		Source	R^2 Delta	R^2 Delta	df	MS Delta	F	Prob of F
16	85	28	-1	-1	-28	-28		Gp by X	=H4-H11	0.004	2	0.0021	0.156	0.856
17	82	24	-1	-1	-24	-24		Within	=1-H4	0.159	12	0.0133		
18	84	27	-1	-1	-27	-27		Total	=J16+J17	0.164				
19	83	27	-1	-1	-27	-27								
20	82	23	-1	-1	-23	-23			Source	SS Delta	df	MS Delta	F	Prob of F
21									Gp by X	0.38	2	0.19	0.156	0.856
22									Within	14.63	12	1.22		
23									Total	15.01				

图 4.35　该工作表用模型比较法检验因子 – 协变量交互效应

为了节省空间，图 4.35 忽略了因子（组 1、2 和 3），用两个效应编码的向量表示因子。该图也包括表示因子 – 协变量交互效应的两个向量。这两个向量很容易得到：它们只是协变量和两个因子中某个因子的乘积。

当存在结局变量、协变量、因子向量和因子 – 协变量交互效应时，我们可以对全模型运行 LINEST()。LINEST() 结果如图 4.35 中的区域 H2:M6 所示。模型的 R^2 是 0.841，见单元格 H4。

一个约束条件更多的模型，即仅对协变量和因子作结局变量的回归，忽略因子 - 协变量交互效应，如 H9:K13。模型的 R^2 是 0.836，见单元格 H11。

因此，我们可以通过在模型中加入因子 - 协变量的交互效应，在结局变量上预测的方差多出 0.841–0.836＝0.005，即 0.5%。共享方差比例通过对区域 H16:N18 进行 F 检验，返回的结果是不显著的。用平方和而非方差比例，在区域 I21:N23 中重复上述分析（当然，结果相同）。

因此，我们无需担心因子 - 协变量间交互效应，而且可以分析作为主效应的协变量和因子的效应。ANCOVA 出现在图 4.36 中。

K15　=H15-$I$3*(I15-$I$18)

	A	B	C	D	E	F	G	H	I	J	K	L	M	N
1	Group	Outcome	Covar	Group Vector 1	Group Vector 2									
2	1	77	18	1	0		=LINEST(B2:B19,C2:E19,,TRUE)				=LINEST(B2:B19,C2:C19,,TRUE)			
3	1	80	23	1	0		0.16	-0.72	0.5401	68.66		0.67	65.61	
4	1	80	18	1	0		0.35	0.50	0.13	2.90		0.08	1.88	
5	1	81	22	1	0		0.84	1.04	#N/A	#N/A		0.81	1.04	
6	1	77	19	1	0		23.86	14	#N/A	#N/A		69.23	16	
7	1	78	21	1	0		76.76	15.01	#N/A	#N/A		74.55	17.23	
8	2	80	23	0	1									
9	2	79	20	0	1		Source	SS Formula	Unique SS	df	MS	F	Prob of F	
10	2	82	24	0	1		Between	=G7-L7	2.21	2	1.11	1.03	0.3817	
11	2	81	21	0	1		Within	=H7	15.01	14	1.07			
12	2	83	25	0	1		Total	=M7	17.23	16				
13	2	83	26	0	1									
14	3	83	26	-1	-1			Outcome	Covariate	Adjusted Outcome				
15	3	85	28	-1	-1		Mean, Grp 1	78.83	20.17		80.39			
16	3	82	24	-1	-1		Mean, Grp 2	81.33	23.17		81.27			
17	3	84	27	-1	-1		Mean, Grp 3	83.17	25.83		81.67			
18	3	83	27	-1	-1		Grand Mean	81.11	23.06					
19	3	82	23	-1	-1									

图 4.36　该工作表使用模型比较方法检验因子的主效应

在图 4.36 的模型比较中，区域 G3:J7 包括 LINEST() 对协变量和因子建立结局变量回归的结果，区域 L3:M7 包括结局变量对协变量作回归的结果。

通过平方和测度的两个模型间差异见单元格 I10，包括了两个模型回归平方和间的差异。区域 G10:M12 最后检验了这个差异的统计显著性，这只是由于 L3:M7 中的 LINEST() 分析少了一个因子。

G10:N12 中的分析检验了三组均值间的差异，进行调整，以使得它们在协变量初始均值相同的条件下，保持不变。该分析告诉我们调整后的均值没有显著差异。

你可以在图 4.36 的区域 H15:K17 中找到观测均值和调整均值。通过结合结局变量的组均值、协变量回归系数以及协变量组均值与协变量总均值间的差异，计算调整均值。例如，单元格 K15 中组 1 的调整均值用下式计算：

=H15−$I$3*(I15-$I$18)

总而言之：

- 得到协变量（I15）的组 1 的均值和协变量总均值（$I$18）之差；
- 将该差乘以协变量的回归系数（$I$3）；
- 该结果减去组 1 结局变量的观测均值（H15）。

> **注释** 你可以在三组调整均值的计算中用相同的回归系数，因为拒绝因子和协变量间交互效应非零的假设。如果发现需要保留这个假设，那么你需要通过用其他技术求调整均值。

注意，调整均值比原始均值更接近结局变量。很明显，三个组的协变量和结局变量在开始时存在相当大的差距，当这三个组的协变量相同时，结局变量上的差距压缩变小。

4.6.2 用 R 进行 ANCOVA

目前为止，本书大多通过 R 控制台的截图展示特定分析所需的命令。因为需要解释函数的使用，所以本节展示了 ANCOVA 的命令。而且，尽管 ANCOVA 本身可以通过最少的命令实现，但是均值的调整更烦琐。

本例假定已在 Excel 工作表建立了原始数据，打开工作表，并选择工作表中的数据。如果选定区域 A1:C19，那么结果与图 4.36 所示的数据相同。

将图 4.36 中区域 A1:C19 的数据导入 R，加载 DescTools 包。

```
> library(DescTools)
```

将数据导入到数据框 InputData：

```
> InputData <- XLGetRange(header=T)
```

通过上述命令，可以不用在每次命名变量时重复数据框的名字（例如，InputData$Group），或不必重复指定数据框名作为一个单独参数（例如，data = InputData）。因此，可以使用 attach 函数，将数据框导入 R 的搜索路径。而后用 detach 从搜索路径删除数据框。

```
> attach(InputData)
```

将组变量变为一个因子。我用 factor 函数而非 XLGetRange 的 stringsAsFactors 参数，因为 Excel 中存储的组变量的取值是整数，而非字符串：

```
> GroupFactor <- factor(Group)
```

你需要在结局变量上得到每组的非调整（即观测的）均值。一种好方法是用 tapply 函数，其中包括被总结的变量名（这里是 Outcome），构建组（这里是 GroupFactor）的变量取值，以及总结的类型（这里是均值）：

```
> Unadjusted <- tapply(Outcome, list(GroupFactor), mean)
```

因此，这里是结局变量的非调整组均值：

```
> Unadjusted
```

R 对组 1 返回 78.8，对组 2 返回 81.3，对组 3 返回 83.2。现在用 lm 函数，将数据拟合为线性模型，并将其存储到名为 AncovaModel 的对象。

```
> AncovaModel <- lm(Outcome ~ Covar * GroupFactor)
```

用 anova 函数形成 AncovaModel 中的模型，作为一种传统的方差分析表，将结果保存到 AncovaTable：

```
> AncovaTable <- anova(AncovaModel)
> AncovaTable
```

所得表格如下：

方差分析表

响应变量：结局

	自由度	平方和	平方均值	F 值	Pr (>F)
协方差	1	74.548	74.548	61.1342	4.75E-06
组因子	2	2.215	1.107	0.9081	0.4293
协方差：组因子	2	0.382	0.191	0.1564	0.8569
残差	12	14.633	1.219		

注意，lm 函数用星号联系变量 Covar 和 GroupFactor。该符号告诉 R，你不仅

想要两个效应，而且包括交互效应。因此，ANCOVA 表中所示的模型包括交互效应。你可以看到交互效应很弱，甚至没有通过统计显著性检验。一定要比较因子–协变量的交互效应与用 Excel 分析该效应的结果，如图 4.35 中的区域 I21:N23 所示。

一旦不考虑交互效应，可以重新运行不包括交互效应的 ANCOVA。仅将 lm 函数中的星号替换为加号，即可实现：

```
> AncovaModel <- lm(Outcome ~ Covar + GroupFactor)
> AncovaTable <- anova(AncovaModel)
> AncovaTable
```

省略因子与协变量的交互作用，表格如下所示：

方差分析表

响应变量：结局

	自由度	平方和	平方均值	F 值	Pr (>F)
协方差	1	74.548	74.548	69.5109	8.44E-07
组因子	2	2.215	1.107	1.0326	0.3817
残差	14	15.015	1.072		

如果将这些结果与图 4.36 中的结果相比较，则会看到与预期一致的地方：例如，单元格 L7 中协变量效应的平方和，单元格 I10 中组因子效应的平方和，单元格 I11 的组内平方和。但很难直接进行比较，因为在图 4.36 中广泛使用的 LINEST() 没有返回每个效应的平方和，仅给出总体回归的平方和。需要使用平方的半偏相关分解 R^2 值的每个效应，从平方和减去这些效应，直接比较 R 的结果。如图 4.37。

图 4.37 提取了 R^2 值以及回归方程中每个向量的平方和。R^2 值基于平方的半偏相关，本章最近一次看到该值是在图 4.27。平方的相关系数代表共享方差的百分比，而且将 R^2 乘以结局变量的总平方和得到相关的平方和。

使用这个方法，很容易证明 Excel 和 R 返回相同的结果。比较本节前面方差分析表中的 R 输出的平方和与图 4.37 中第 24 行的平方和。

我们仍需要得到结局变量上的组均值，下面调整协变量和结局变量间的关系。

首先创建一个包含因子水平的新变量：

```
> PredictionGroups <- factor(c(1,2,3))
```

	A	B	C	D	E	F	G	H
1	Group	Outcome	Covar	Group Vector 1	Group Vector 2			
2	1	77	18	1	0			
3	1	80	23	1	0			
4	1	80	18	1	0			
5	1	81	22	1	0			
6	1	77	19	1	0			
7	1	78	21	1	0			
8	2	80	23	0	1			
9	2	79	20	0	1			
10	2	82	24	0	1			
11	2	81	21	0	1			
12	2	83	25	0	1			
13	2	83	26	0	1			
14	3	83	26	-1	-1			
15	3	85	28	-1	-1			
16	3	82	24	-1	-1			
17	3	84	27	-1	-1			
18	3	83	27	-1	-1			
19	3	82	23	-1	-1			
20								
21			Covar	Group Vector 1	Group Vector 2	Within	Total	
22		R^2 for vector	0.812	0.022	0.003			
23		R^2 for effect	0.812		0.024	0.164		
24		Sum of Squares	74.548		2.215	15.015	91.778	

图 4.37 比较这里的效应平方和与 R 中 lm 和 anova 函数返回的效应平方和

> **注释** 函数将参数加入到向量或数值列表。这种情况下，结果随后转化为一个因子。

建立另一个变量，包括三个协变量总均值：

```
> PredictionCovariates <- rep(mean(Covar), 3)
```

正如这里用到的，rep 函数将变量 Covar 的均值重复了三次。

建立一个新数据框 PredictionBasis，变量名用于构建 lm 模型（GroupFactor 和 Covar），但取值仅仅在 Prediction-Groups 和 PredictionCovariates 中。

```
> PredictionBasis <- data.frame(GroupFactor = PredictionGroups,
  Covar = PredictionCovariates)
```

现在的数据框中，协变量的总均值分配到每个组：

```
> PredictionBasis
```

现在，将 lm 模型中协变量的回归系数用到 PredictionBasis 中的取值，结果保存在 AdjustedMeans：

```
1    1    23.05556
2    2    23.05556
3    3    23.05556
```

R 对组 1 返回 80.4，对组 2 返回 81.3，对组 3 返回 81.7。将这些均值与 Excel 返回的图 4.36 中 K15:K17 的均值进行比较。

> **注释** predict 函数运行多种模型，不仅仅是 lm 函数产生的模型。正如这里用到的，第一个参数是 lm 形成的模型，第二个参数是一个数据框，其中的数值是 predict 联合特定模型使用的，以返回预测值。更多信息，请通过下述命令验证（简洁的）文件：
> ```
> >??predict.lm
> ```

第 5 章

用 Excel 和 R 进行 logistic 回归

第 4 章介绍了某一类回归分析的很多内容：不同组均值差异的可靠性评价。当讨论这类问题时，通常有数值型变量，如胆固醇水平，来量化结果。也有一个或多个变量，通常称为因子，例如，取值为男性和女性，或者药剂和安慰剂。尽管这些因子在用回归分析数据时其编码为数值，但通常视为名义型变量。

你也可能既有数值型协变量（如年龄），又有因子。在这种情况下，你可能会问，在控制年龄水平的条件下，服用药物和安慰剂的人的平均胆固醇水平是否存在差异。

转换思路是完全有可能的，而且通常会是一个好想法。在这种情况下，你可能会问，在胆固醇水平和年龄已知的情况下，如何预测研究对象服用的是药剂还是安慰剂。

这种问题——分析最多有少数名义取值的结局变量——在 20 世纪通过判别函数分析的多元技术已得到解决，而且现在仍然广泛使用。20 世纪 50 年代以来，另一种技术 logistic 回归使用得更加频繁。如今，logistic 回归借助几率、对数和极大似然技术，用因子或协变量预测二分类变量（比如买/不买，男性/女性）。

logistic 回归也可以用来预测多分类变量的相对频率。仅有两类取值的变量，比如，取值为是/否或者男/女，称为二分变量。其他有多类取值的变量，比如，火车/飞机/小汽车或福特汽车/日本丰田汽车/通用汽车/奥迪汽车，称为多分类变量。

Excel 很容易处理二分类 logistic 回归，本章回顾了它的相关程序。用到的工具是实用的公式和函数，比如几率、概率和对数，都在 Excel 的求解器插件中可以找到。

多分类 logistic 回归有点复杂，而且（尽管 Excel 完全有能力处理）使用 Excel 的好处通常抵不过遇到的困难，例如，适当排列数据。

因此，本章不会在 Excel 中示范多分类 logistic 回归。R 提供了可以处理二分类和多分类 logistic 回归的 mlogit 函数。本章示范如何使用 mlogit。因为 mlogit 函数用起来有点复杂，所以我也介绍了 R 中的 glm 函数，尽管不能构建多元 logistic 回归，但它在处理二分类问题时比 mlogit 的语法更简单直接。

5.1 线性回归和名义变量中的问题

Excel 没有 LOGISTIC() 函数。除非研发一种用户自定义函数，否则你不能通过输入一个工作表函数（比如 LINEST()），就希望得到 logistic 回归分析通常返回的结果。

但 Excel 有完成 logistic 回归分析所需的三种功能：

- 计算对数。
- 计算卡方值的概率。
- 调用名为 Solver 的插件。

接下来看看这三种功能之所以重要的原因。

完全有可能对以分类（或名义）变量为被预测变量的数据集运行标准的线性回归分析。为了完成这项任务，需要将名义值，比如买还是不买，赢还是输，编码为数值，比如 0 和 1。

而且，可以使用数值型变量作为预测变量（就像用身高作为体重的预测变量一样）。如第 4 章讨论的，可以用编码的名义变量，比如 1 代表纽约，−1 代表洛杉矶。

正因为可以对名义型被预测变量使用线性回归——所以，像 Excel 中的 LINEST() 函数——这并不意味着你应该这么做。你通常用线性回归分析的基本结果，加以推广：例如，增加被预测值的置信区间，或者推断出抽取样本的总体的 R^2 是否真为 0.0。

在一般的线性回归中，将观测值减去预测值得到残差。但是，当用线性回归预测名义变量时，残差不满足常规的假定条件。这些假定条件包括正态分布和预测变量的方差同质性。下一节将讨论在不满足这些假设条件时，使用线性回归预测二分类变量会出现哪些问题。

5.1.1 概率问题

如果代码正确，就可以运行线性回归分析，预测二分类变量。但在完成回归分析之前，你可能不会像以前那样自信地进行后续推断。这些推断通常假定残差服从正态分布，而且至少方差是大致相同的。

当残差满足这些假定时，你才更有自信构建预测值的置信区间。沿预测变量轴，不同点的残差有相同的方差，可以比较该轴上不同点的置信区域。换言之，这条轴上两点的估计的标准误差相同。

而且，置信区域可能非常依赖于使用正态分布或者接近 t 分布。但如果你构建了二分类被预测变量不同残差值的频数分布直方图，就会发现图一点也不像正态曲线。

图 5.1 和图 5.2 说明了用二分类被预测变量的另一类问题。

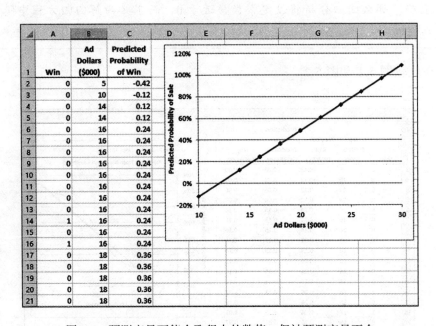

图 5.1　预测变量可能会取很大的数值，但被预测变量不会

图 5.1 展示了如果用标准的线性回归，根据数值型变量预测名义变量（这里是二分类变量），会出现什么问题。真实的名义变量可能是一个政治候选人是否赢得一个

选举区，那么将获胜重新编码为1，将失败重新编码为0。预测变量可能是每个地区的广告费用。

将被预测变量编码为1和0等价于用回归预测获胜的概率。尽管观测到的数据用1或100%展示获胜，用0或0%表示失败，回归方程根据广告费用，预测结果为0和1。

通常，根据被预测结果和观测变量结果，将绘制一条直线（它与Excel根据真实结果与预测变量绘制的线性趋势线相同）。注意，当广告费用超过28,000美元时，获胜的概率超过100%。而且当广告费用低于13,000美元时，获胜的概率为负。

数学上，这并不是问题。当百分比小于0%或者大于100%时，不存在算术瓶颈。逻辑上，这是另一回事。如果你是一个帮助全州办公室应征者的节目联络部主任，那么你会想得到更好理解的结果，而不是获胜的概率为–28%或112%。

> **注释** 这种逻辑异常是一些人——我认为是错误的——强行命令回归方法中常数或截距等于0的原因之一。这里的争议在于，如果进行回归，比如绘制产量和面积，那么面积是0时，预测产量也应是0。但是，如果模型合适而且数据准确，那么回归分析将设定常数接近于0，而不必曲解回归方程中隐含的其他关系。

现在比较图5.1和图5.2。

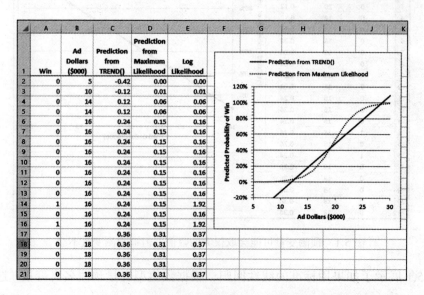

图5.2 极大似然技术绘制了一条曲线

线性回归通常返回如图 5.1 所示的直线。但这对于某些类型的数据没用。比如，各种时间测度，像掌握一项特殊任务所需的学习时间。合适的回归方程可能包括一个严格的线性成分（如 x 分钟）和一个二次成分（如 x^2）。尽管分析技术是标准的线性回归，但结果通常是一条曲线趋势线。

但这种情况下，我们并没有推导被预测变量和预测变量不同功效间的关系。我们使用高度训练的试错法，找到使似然函数最大化（预测值与观测值尽可能接近）的系数。

这个方法计算了几率和比率。它们在概念上类似于多元回归，但数学上完全不同——例如，计算不基于相关系数和平方半偏相关系数，而是基于概率和几率。

R 和 Excel 间存在很大差异。这种差异体现在很多分析中，但我发现，当比较 Excel 和 R 完成的 logistic 回归结果时，差异最为清晰。两种应用均返回相同的方程系数，都返回相同的对数似然，以及相同的 McFadden 伪 R^2 值。

但在 Excel 中，可以看到计算过程。在 R 中，只能看到结果。根据后续研究，可以很明确地选择平台。

5.1.2 用几率代替概率

几率的概念与概率密切相关。几率可简单地理解为一种概率补集的比率。例如，假设你明天去杂货店的概率是 0.75 或者 75%。那么不去的概率是 0.25 或者 25%。去的概率是不去概率的三倍，去的几率是 3:1。

有一些公式非常简洁地总结了概率和几率间关系。令 P 表示概率，O 表示几率。那么：

$O=P/(1-P)$

或，重返杂货店：

$3=0.75/(1-0.75)=0.75/0.25$

也可以反过来，用几率表示概率：

$P=O/(1+O)$

返回杂货店：

.75=3/(1+3)=3/4

为什么这种关系在 logistic 回归背景下有用？因为它解决了预测概率带来的一个问题：概率大于 100%。

再看一下图 5.2。虚线代表预测概率，但这些概率是通过计算相关几率得到的。根据一个地区的广告费用，预测方程预测获胜的几率，这些几率随着费用的增加而无限变大。

一旦几率被预测——可能高达 10,000:1，也可以是无限高——那么用所给公式就可以将几率转换为概率。而且无论几率多大，相关的概率都不会大于 100%。

当然，几率越高，概率越接近 100%，但永远不会大于 100%。图 5.3 可能解释了几率和概率如何作用，以保证概率控制在 0% 和 100% 之间。

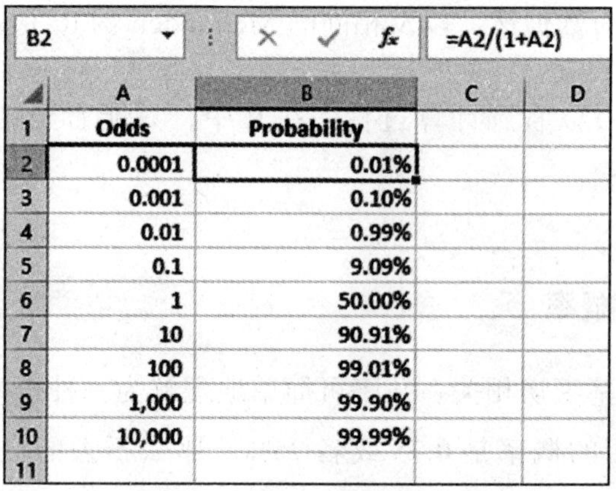

	Odds	Probability
2	0.0001	0.01%
3	0.001	0.10%
4	0.01	0.99%
5	0.1	9.09%
6	1	50.00%
7	10	90.91%
8	100	99.01%
9	1,000	99.90%
10	10,000	99.99%

B2 =A2/(1+A2)

图 5.3　概率和几率间的非线性关系将概率控制在适当范围内

5.1.3　使用几率的对数

为了解决预测概率大于 100% 的问题，将概率转换为几率很有帮助。但几率不能用同样的方式进行转化，相对小的预测变量返回小于 0% 的概率。几率计算公式的分子是一个概率值：

O=P/(1−P)

我们不想处理小于 0% 的概率，这意味着我们不想处理小于 0 的几率。如果方程分子上的概率为正，则几率也一定为正。那么我们怎么会允许方程的解答按照预测值进行，在不允许概率为负的条件下，返回负的被预测值？

答案是用几率的对数计算。如果在某种情况下：对数是底数的指数以使幂返回另一个值。假定底数是 2.718。那么 10 的对数为 2.302。即使用 Excel 语法：

10 = 2.718 ^ 2.302

2.718 是底数，即这用的是自然对数。更精确地表述为，10 的自然对数是 2.302。

对数（logarithm 或 log）使用广泛，但这种背景下的重要特征是可以取负值——理论上，可以取到负无穷——但是，如果倒推这个过程，把它们转化为底数，那么总可以得到正数。

如果数字小于 1，那么它的自然对数为负。因此 1 的自然对数为 0。0.5 的自然对数为 –0.69。0.1 的自然对数为 –2.3。这意味着我们可以用预测方程返回负值，然后将这些负值转化为对数形式。

在这个过程中，Excel 有两种有用的工作表函数 LN() 和 EXP()。例如：

=LN(10)

返回 2.302，它是 10 的自然对数。

=EXP(2.302)

返回 10，这个数在开始时表示为对数 2.302。（EXP() 函数实际上返回的叫逆对数。）在当前背景下使用 LN() 和 EXP() 如下。假定预测方程返回的几率的对数为负——比如，–15。与均值相比，当预测变量取值非常小时，这完全有可能出现。但是，我们并没有为负值困扰，因为我们知道正在预测对数。一旦有了被预测值 –15，就将它从对数转化为几率：

=EXP(–15)

等于 0.00000031。因此，尽管几率很小，但不是负数。

所有这些结果，可以用一个预测方程，返回比 0 小得多的值，使用对数（实际上是逆对数）将负值转换为几率，用公式 P＝O/(O+1) 将几率转换为概率。

还有一个要解决的问题是：用 Solver 最大化预测方程返回数值的精确性。这个问题将在用到 Solver 时再讨论。下一节展示如何用原始观测值、几率和对数，实现 logistic 回归。

5.2 从对数几率到概率

我们所用的数据有点类似于图 5.4。

	A	B	C	D
1			Coefficients	
2	Intercept	Sticker	Age	City
3	1.0000	0.0000	0.0000	0.0000
4				
5	Sell	Sticker	Age	City
6	No	34.261	12	Claremont
7	No	30.583	12	Claremont
8	No	31.522	9	Claremont
9	No	30.222	11	Claremont
10	No	26.516	4	Claremont
11	No	33.955	9	Claremont
12	No	25.347	11	Claremont
13	No	33.521	17	Claremont
14	No	25.600	13	Claremont
15	No	28.989	14	Walnut
16	No	33.754	14	Claremont
17	No	28.919	17	Claremont
18	Yes	29.164	11	Walnut
19	No	33.675	16	Claremont
20	Yes	34.124	17	Claremont
21	No	26.465	15	Claremont
22	No	29.180	6	Walnut
23	No	34.178	16	Walnut
24	No	25.327	15	Claremont

图 5.4 保留区域 A1:D3 供 Solver 使用

图 5.4 中的数据是不同自治市两个二手车提货点的销售数据：克莱尔蒙特和核桃市。提货点的店主想了解，年龄和二手车的价格究竟会不会影响销售概率。此外，他还想了解提货点的城市选址是否会影响销售。图 5.4 没有展示出所有记录，完整数据共有 41 行。

在开始分析前，将区域 A2:D2 的截距和系数值设定为初始值。第一步是将两个文本变量（销售（Sell）和城市（City）），转化为数值型变量，如图 5.5 所示。

图 5.5 所示的工作表是在 Excel 中运行 logistic 回归时需要付出最多努力的地方。下一节介绍图 5.5 中处理的任务。

5.2.1 重新编码文本变量

重新编码销售变量，将"是"（即汽车被销售）编码为 1，"不是"编码为 0。这些特殊值（1 和 0）很重要，因为在给定年龄、价格和城市时，我们想尽可能精确地预测销售概率。当汽车成功出售时，销售事件发生的概率为 1；只要没被售出，销售事件发生的概率为 0。

H2 =SUM(I6:I41)

	A	B	C	D	E	F	G	H	I
1		Coefficients							
2	Intercept	Sticker	Age	City			Sum log likelihood	-25.27742075	
3	1.0000	0.0000	0.0000	0.0000					
4									
5	Sell	Sticker	Age	City	Logit	Odds	Probability that Sell = 0	Prob of correct classification	Log Likelihood
6	0	34.261	12	1	1	2.718281828	0.731058579	0.731058579	-0.31326169
7	0	30.583	12	1	1	2.718281828	0.731058579	0.731058579	-0.31326169
8	0	31.522	9	1	1	2.718281828	0.731058579	0.731058579	-0.31326169
9	0	30.222	11	1	1	2.718281828	0.731058579	0.731058579	-0.31326169
10	0	26.516	4	1	1	2.718281828	0.731058579	0.731058579	-0.31326169
11	0	33.955	9	1	1	2.718281828	0.731058579	0.731058579	-0.31326169
12	0	25.347	11	1	1	2.718281828	0.731058579	0.731058579	-0.31326169
13	0	33.521	17	1	1	2.718281828	0.731058579	0.731058579	-0.31326169
14	0	25.6	13	1	1	2.718281828	0.731058579	0.731058579	-0.31326169
15	0	28.989	14	0	1	2.718281828	0.731058579	0.731058579	-0.31326169
16	0	33.754	14	1	1	2.718281828	0.731058579	0.731058579	-0.31326169
17	0	28.919	17	1	1	2.718281828	0.731058579	0.731058579	-0.31326169
18	1	29.164	11	0	1	2.718281828	0.731058579	0.268941421	-1.31326169
19	0	33.675	16	1	1	2.718281828	0.731058579	0.731058579	-0.31326169
20	1	34.124	17	1	1	2.718281828	0.731058579	0.268941421	-1.31326169
21	0	26.465	15	1	1	2.718281828	0.731058579	0.731058579	-0.31326169
22	0	29.18	6	0	1	2.718281828	0.731058579	0.731058579	-0.31326169
23	0	34.178	16	0	1	2.718281828	0.731058579	0.731058579	-0.31326169

图 5.5 对 Excel 中销售和城市变量重新进行数值化编码是必要的，但是 R 会完成这项任务

对于预测变量而非被预测变量（如销售）来说，情况完全不同。关于城市变量，我们尝试区分待售汽车选址（或出售时的地址）。我们确实希望该变量是数值型，以便与系数相乘。但是，当满足这个条件时，编码可以是 3.1416 和 67，像 1 和 0 一样容易。

5.2.2 定义名称

这个任务不是真正必需的，但它会使后续工作更方便。下面定义了四个名字：

- 截距（intercept）。单元格 A2 给出了截距。
- 价格系数（StickerCoef）。单元格 B2 给出了价格系数，和“sticker shock”一样。列出汽车的价格。标签“系数（Coef）”附到被定义变量名的最后面（正如最后的两个名字），清晰地展示出单元格内容是预测方程的系数。

- 年龄系数（AgeCoef）。自汽车生产以来，已过去的年数。
- 城市系数（CityCoef）。汽车的供应城市或销售城市。

定义这些名字只是为了便于理解工作表公式，增加可读性。下一节会介绍第一组公式。

5.2.3 计算 logit

单元格 E6 中计算 logit 的 Excel 公式如下：

=Intercept+StickerCoef*B6+AgeCoef*C6+CityCoef*D6

上式和标准多元回归很像，完成回归系数最优值的估计后，即可得到预测结果。在普通最小二乘回归中，公式的结果通常称为被预测值。logistic 回归中称为 logit。

图 5.5 的区域 E6:E41 中，logit 的所有取值都等于 1.0。这是因为还没有用 Solver 得到最佳预测的系数。将截距设定为 1.0，将所有的系数设定为 0.0，logit 公式没有起到作用，对每条记录返回 1.0。这很快就会改变。

5.2.4 计算几率

区域 F6:F41 中，所有数值均为 2.718 也是正确的。单元格 F6 中用到下式：

=EXP(E6)

这个公式返回了单元格 E6 中数值的逆对数，复制并向下一直粘贴到 F41。自然对数的底数是 2.718。一个数的自然对数是 2.718 的幂指数，是另一个值。如果你想得到 2.718，将自然对数的底数 2.718 提高到第一个幂指数，则结果为 2.718。

EXP() 函数返回逆对数。如果把自然对数（比如 1）导入 EXP() 函数，那么结果就是底数：即对数的幂指数。在图 5.5 的列 F 的，得到 1 的逆对数，2.718。即，底数 2.718 的第一个幂指数是 2.718。

本章前面指出，由于一些原因（包括阻止低于 0% 或者高于 100% 的概率），我们想用预测方程计算对数或对数几率：几率保证相关概率小于 100%，对数保证相关概率大于 0%。

这就是 logit：对预测变量组合结果的几率取对数。然后，当对对数几率（列 E

中 logit）取逆对数时，就会在列 F 得到几率。

5.2.5 计算概率

列 F 中得到几率后就能快速得到概率。单元格 G6 中的公式为：

=F6/(1+F6)

这里用到了本章前面更一般的公式：

Probability = Odds/(1+Odds)

或者

P = O/(1+O)

计算基本完成。尽管列 G 有概率但不完全正确。区域 G6:G41 包括给定预测变量下的概率，列 A 的数值表示汽车没卖出的概率——即 A6:A41 中值为 0。

我们想要的是基于三个预测变量值的概率，记录中有真实观测的销售变量值。这种转换非常简单。单元格 H6 中的公式如下：

=IF(A6=0,G6,1-G6)

这个公式的作用如下：如果变量 sell 取值为 0，则被方程预测的概率也是正确预测的概率。因此，将 G6 中的数值复制到 H6 中。如果 A6 中的值为 1，则 G6 中的概率是错误预测的概率。因此，将 1 减去 G6 中概率得到 H6。复制 H6 直到 H41。

5.2.6 得到对数似然

开启 Solver 的最后一步是得到每条记录相关概率的对数似然。该过程与用对数将 logits 转换为概率无关。而与预测方程整体精确度的估计有关。

假定观测数据非常精确，以至于你可以完美地预测结局变量。在这种情况下，每条记录的观测概率会是 1.0：你会预测销售概率为 100%，同样准确地，你将预测没有出售的概率。

假定销售的成功与否是独立事件，正确预测所有记录的概率是每个概率的连乘。即将所有记录的概率相乘，得到预测正确的总体似然。显然，单个事件概率越接近 1.0，全概率越接近 1.0。单个事件概率越接近 0.0，连乘将越接近 0.0。

> **注释** 本例中，假定"销售的成功与否是独立事件"表示一辆汽车的出售（或者卖不出去）对另一辆汽车的销售概率没有影响。

logistic 回归通常将概率（如图 5.5 中的区域 H6:H41 所示）转换为对数，再对这些对数求和。结局相同，但对对数求和比概率乘积更烦琐——或至少在 20 世纪 50 年代是这样的，那时 logistic 回归是一种正在发展的分析技术。记住，一列数连乘的对数等于这些数的对数之和。例如，使用 Excel 语句：

=LN(.9*.5*.1)

返回 –3.101，而且

=LN(.9) + LN(.5) + LN(.1)

同样返回 –3.101。

不管底数取多少，小于 1 的数字的对数通常为负。例如，本章用过自然对数，在 Excel 中的下述公式返回 –0.105：

=LN(0.9)

以下公式返回 –0.357：

=LN(0.7)

有两点需要注意：

- 概率取值范围是 [0.0，1.0]。因此，概率的对数都是负数。
- 当概率接近 1.0 时，相关对数接近 0.0。假定预测是完美的，所有的概率都是 1.0。那么它们的连乘为 1.0，相关对数的和为 0.0。

用 60 年前通用的工具（计算尺和工程表），计算所有概率的连乘是一项很吃力的工作。对每个概率取对数再求和比较容易。这仍然是现在的做法。图 5.5 中，单元格 H2 展示了区域 I6:I41 中的对数总和。

总和越接近 0，概率的连乘越接近 1。连乘越接近 1，方程返回的预测越精确。

> **注释** 理想的预测的连乘是 1，理想的预测的对数之和是 0。两者间的关系可能更容易记住，任何实数的 0 指数都为 1。因此，如果你将一组对数的底数（如 2.718）取 0 指数（理想的对数似然），那么结果为 1（理想的连乘）。

工作表经过适当设置后，就可以使用 Solver。

5.3 配置 Solver

如果你在此之前没有遇到过 Solver，没有关系，它是 Excel 的一个插件。至少在这个背景下，它的用途是优化图 5.5 中 A2:D2 的截距和系数，以便单元格 H2 中的对数似然和尽可能接近于 0.0。

5.3.1 安装 Solver

很久很久以前，Excel 有多个版本，在安装一个新版本的 Excel 或更新当前版本时，通常不得不在计算机上指定所需的 Solver。现在不再需要这样了，但还是需要在 Excel 中安装 Solver，以便于它出现在功能区。

这个过程与在功能区中获取数据分析插件的步骤几乎相同。采取的步骤如下：

1. 在功能区单击 File。
2. 在菜单导航处选择 Options。
3. 在 Excel 的 Options 窗口，单击菜单导航上的 Add-ins。
4. 确保 Excel 插件出现在窗口底部的 Manage 下拉菜单。
5. 单击 Go 按钮。出现 Add-ins 窗口。勾选 Solver 的 Add-in 复选框。
6. 单击 OK 按钮。

如果按要求完成所有步骤，你将在功能区的 Data 标签上找到 Solver 的链接。单击该标签，通常在数据标签的右端找到分析组。你应该能看到该组中 Solver 的链接。

5.3.2 用 Solver 进行 logistic 回归

安装完 Solver 后，转向包含图 5.5 中所有元素的工作表。选择单元格 H2，或者对所选区域求对数似然和。单击功能区数据标签上的 Solver 链接。Solver 参数对话框如图 5.6 所示。

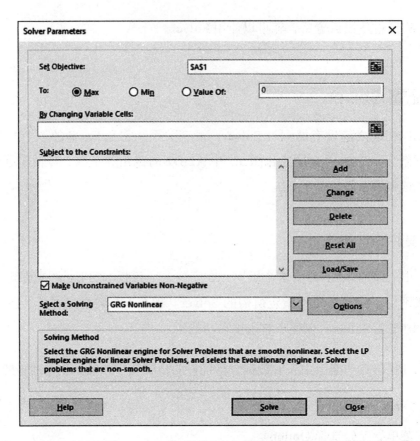

图 5.6 Excel 版本不同，Solver 主对话框也会有所不同，但重要的部分仍然存在

图 5.6 的对话框看起来有点吓人，但现在我们只用到其中一些选项。步骤如下：

1. 当单击 Solver 链接时，Solver 可能得到激活后的单元格地址。如果没有，只需单击 Set Object 编辑框，然后单击工作表中的某个单元格，这个单元格有计算记录对数似然和的公式。在图 5.5 中，是单元格 H2。

2. 确保选择了 Max 单选按钮。

3. 单击 By Changing Varible Cells 编辑框并拖动覆盖工作表中的 A3:D3。如果你已经重新排列了工作表，那么只要确定包括截距和要用的预测变量的系数。

4. 在 Select a Solving Method 的下拉菜单中，选择 GRG Nonlinear 选项。

5. 单击 Options 按钮。在 Solver 的 Options 对话框中，单击 GRG Nonlinear 标签。Options 对话框如图 5.7 所示。

6. 单击 Central Derivatives 选项按钮，勾选 Multistart 复选框。单击 OK。

7. 返回 Solver 参数对话框。单击 Solve 按钮。

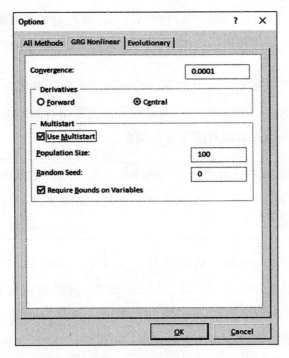

图 5.7　选择中心化导数，使得结果与 R 的结果更可能相同

运行几秒后，Solver 会得到解答方案。确保选定了保留 Solver 求解按钮，然后单击 OK。在图 5.8 中，你将看到这个工作表。

	A	B	C	D	E	F	G	H	I
1		Coefficients							
2	Intercept	Sticker	Age	City			Sum log likelihood	-20.21463676	
3	3.2517	-0.1079	-0.0332	1.9388					
4									
5	Sell	Sticker	Age	City	Logit	Odds	Probability that Sell = 0	Prob of correct classification	Log Likelihood
6	0	34.261	12	1	1.096304	2.993082982	0.749566937	0.749566937	-0.28825966
7	0	30.583	12	1	1.493017	4.450500638	0.816530615	0.816530615	-0.20269087
8	0	31.522	9	1	1.491438	4.443478498	0.816293938	0.816293938	-0.20298077
9	0	30.222	11	1	1.565189	4.783576678	0.827096612	0.827096612	-0.18983377
10	0	26.516	4	1	2.19756	9.00302055	0.900030196	0.900030196	-0.10532696
11	0	33.955	9	1	1.229012	3.417850283	0.773645566	0.773645566	-0.25664144
12	0	25.347	11	1	2.091011	8.093091065	0.890026396	0.890026396	-0.11650416
13	0	33.521	17	1	1.00995	2.745464977	0.733010452	0.733010452	-0.31059532
14	0	25.6	13	1	1.997254	7.368791156	0.880508429	0.880508429	-0.12725578
15	0	28.989	14	0	-0.34032	0.711539848	0.41573081	0.41573081	-0.87771732
16	0	33.754	14	1	1.084521	2.958023228	0.747348628	0.747348628	-0.2912235
17	0	28.919	17	1	1.506327	4.510132914	0.818516175	0.818516175	-0.20026212
18	1	29.164	11	0	-0.2595	0.771439402	0.435487322	0.564512678	-0.57179244
19	0	33.675	16	1	1.026574	2.791485764	0.736251153	0.736251153	-0.30618398
20	1	34.124	17	1	0.94491	2.572582576	0.720090445	0.279909555	-1.27328874
21	0	26.465	15	1	1.837486	6.280726673	0.862651072	0.862651072	-0.14774499
22	0	29.18	6	0	-0.09505	0.909325364	0.476254797	0.476254797	-0.74180228
23	0	34.178	16	0	-0.96648	0.380418748	0.275582136	0.275582136	-1.28886956

图 5.8　优化的回归系数见区域 B3:D3

图 5.8 中的内容与最小二乘回归方程类似。Solver 已尝试了预测变量系数和方程截距的不同取值，它们后面是用一些相当复杂的算法，在区域 A3:D3 中得到最终结果。

这样做可能是不明智的，但此时至少可以将方程应用到还未出售的汽车上。就像标准的最小二乘回归方程，你会将汽车的价格，使用时间和城市加入方程，以便可以与系数相乘，并通过截距对结果进行调整。

> **注释** 将这些结果用到不同的汽车上可能不够明智的原因是你还没有足够的理由相信，这些结果在不同的数据集下是稳健的。最好先用新数据重复分析，该过程称为交叉验证。

方程返回了一个 logit 值，对数几率。在最小二乘回归中，会有你想要的预测值：函数 TREND() 的结果，或者使用 LINEST() 返回的系数和截距的结果。在 logistic 回归中，得到数值后仍有一些工作要做。预测方程的结果是对数几率或 logit。通过下面步骤，可以得到销售的概率：

1. 通过使用逆对数函数，将 logit 转换为几率。如果你感兴趣的汽车的 logit 在单元格 J5，那么可以用下式：

=EXP(J5)

2. 通过使用适当的公式，将几率转换为概率。如果几率在单元格 K5，那么可以用这个几率得到概率：

=K5/(K5+1)

现在你有预测未发售汽车销售概率的最优方程，数据如图 5.8 中区域 A6:D41 所示。Solver 已经确保这是可能的最优预测，通过找到使单元格 H2 中对数似然和达到最大的一组系数和截距。

> **注释** 记住，(0, 1) 中任一个数的对数都是负数，因此，总和也是负的。因此，数量最大化意味着让它尽可能接近 0。–20 的对数似然的最大化意味着使它向 0 逼近，而不是向 –30 逼近。

当然，可以通过找到最优系数，来检验 Solver 是否最大化了 H2 中的对数似然。通过尝试将系数的其他取值输入到区域 A3:D3，观察对数似然是否改进了 Solver 调整返回的值。

5.4 logistic 回归中的统计检验

理论家和实践者已经投入了大量的时间和笔墨，致力于与普通最小二乘回归原理相同的 logistic 回归分析的设计。但是，进展并不像我们想象的那样顺利。

5.4.1 logistic 回归中的 R^2 和 t

例如，我们想看一下最小二乘回归中的 R^2 统计量，得到预测真实观测结果的回归方程效果的描述性结论（而不是单纯的推断）。用二项或多项结果的最大似然程序导出 R^2 统计量的努力功亏一篑。

这些努力的结果通常称为伪 R^2 统计量。最小二乘方程中默认的统计量不是伪 R^2。这是因为它不像 R^2 那样可靠。可能，最有名、表现最好的伪 R^2 称为 McFadden 的 R^2。

> **注释** 很多模仿最小二乘 R^2 的不同方法通过统计应用程序标记为伪 R^2。如果要在 logistic 回归分析中用伪 R^2，那么明确应用程序给出哪个 R^2 是明智的。

像最小二乘回归一样，用于 logistic 回归得到统计量的另一个难点通常称为 Wald 统计量。最小二乘回归提供了两种常用方法，决定预测变量是否有助于方程的精确性：

- 预测变量系数除以标准误差。结果是 t- 统计量。你可以用 t- 统计量和残差自由度来决定总体系数是否接近 0.0。（类似地，你可以用 t- 统计量构建系数的置信区间，这个区间可能包括 0.0，也可能不包括 0.0。）如果你决定总体系数可能为 0.0，那么就有一个好的依据从分析中删除这个预测变量。在这种情况下，这个预测变量加入到方程的任何信息将归于抽样误差。
- 用模型比较法（在 logistic 回归中称为似然比检验或 LR 检验）。首先运行全模型的线性回归分析，而后删掉一个（或多个）预测变量，再运行一次。你会发现，全模型得到较大的 R^2，除非出现一些异常因素。对两个 R^2 值的差异进行 F- 检验。如果从统计学意义上判断结果是不显著的，那么两个模型的唯一区别——有没有这个预测变量——不增加回归方程提供的信息。那么，你可以从方程中删除这个预测变量。

Wald 统计量与第一种方法类似，这取决于 t- 检验，只需要运行一次。它也可能用 Wald 统计量作为最小二乘分析的一部分。在这种背景下，Wald 统计量和模型比较法返回相同的结果。

但在 logistic 回归中，两种方法不一定吻合。经验表明，样本量相对较小时，模型比较法比 Wald 统计量返回的结果更精确。样本量较大时，两种方法通常等价。

因为模型比较法适应范围更广，所以在讲 Wald 统计量前先介绍该方法。（从 R 软件包很容易得到 Wald 统计量。）

5.4.2 似然比检验

包括 R 在内的大多数应用，会返回全方程似然比检验的构成。本章后面会在 R 中看到该方法。图 5.9 是 Excel 中的似然比检验。

	A	B	C	D	E	F	G	H	I
1		Coefficients							
2	Intercept	Sticker	Age	City			Log likelihood	-20.21463676	
3	3.2517	-0.1079	-0.0332	1.9388			Deviance or -2LL	40.42927353	
4									
5	Sell	Sticker	Age	City	Logit	Odds	Probability that Sell = 0	Prob of correct classification	Log Likelihood
6	0	34.261	12	1	1.096304	2.993082982	0.749566937	0.749566937	-0.288259656
7	0	30.583	12	1	1.493017	4.450500638	0.816530615	0.816530615	-0.202690872
8	0	31.522	9	1	1.491438	4.443478498	0.816293938	0.816293938	-0.202980771
9	0	30.222	11	1	1.565189	4.783576678	0.827096612	0.827096612	-0.189833768
10	0	26.516	4	1	2.19756	9.00302055	0.900030196	0.900030196	-0.105326965
11	0	33.955	9	1	1.229012	3.417850283	0.773645566	0.773645566	-0.256641435
12	0	25.347	11	1	2.091011	8.093091065	0.890026396	0.890026396	-0.116504159
13	0	33.521	17	1	1.00995	2.745464977	0.733010452	0.733010452	-0.310595318
14	0	25.6	13	1	1.997254	7.368791156	0.880508429	0.880508429	-0.127255778
15	0	28.989	14	0	-0.34032	0.711539848	0.41573081	0.41573081	-0.877717319
16	0	33.754	14	1	1.084521	2.958023228	0.747348628	0.747348628	-0.291223499
17	0	28.919	17	1	1.506327	4.510132914	0.818516175	0.818516175	-0.200262121
18	1	29.164	11	0	-0.2595	0.771439402	0.435487322	0.564512678	-0.571792438
19	0	33.675	16	1	1.026574	2.791485764	0.736251153	0.736251153	-0.306183978
20	1	34.124	17	1	0.94491	2.572582576	0.720090445	0.279909555	-1.273288745
21	0	26.465	15	1	1.837486	6.280726673	0.862651072	0.862651072	-0.147744989
22	0	29.18	6	0	-0.09505	0.909325364	0.476254797	0.476254797	-0.74180228
23	0	34.178	16	0	-0.96648	0.380418748	0.275582136	0.275582136	-1.288869559

图 5.9 对数似然乘以 −2 得到偏差

从这开始，术语有些凌乱。在给定预测变量的优化系数和一条记录的条件下，我们想要测度预测误差——事件真实观测概率和方程预测概率间的差距或偏差或残差。

而且，我们想让这个测度可以与参考分布，比如 q、t、F 或者卡方分布，进行比较。在这种情况下，我们可以客观测度在给定某个值时，总体中对应关系发生缺失的概率。然后可以推断 F 值为 3.0 或 4，中心化 F- 分布中只有 2.7% 的自由度是 50。

图 5.8 和 5.9 中单元格 H2 计算得到的对数似然是真实值和预测值间差异的综合测度。然而，它与任何标准的参考分布都不存在可比性：

- F- 分布以两个方差的比率为基础。方差不会取负值，因此 F 比率也不取负值。但在 logistic 回归中，对数似然总是负的。
- 卡方总是正的，你不能在卡方分布中找到负的对数似然。
- t- 分布和 q- 分布假定均值除以标准差存在差异。这些是似然比（这只是对数和）的不适当的比较。

尽管结果证明，如果将对数似然乘以 −2，那么你会得到它服从自由度等于方程中约束变量个数的卡方分布。因此你可以比较乘积结果和卡方分布，注意约束变量的个数。(我将马上讨论这个概念。)

同时，我们需要新统计量的名称。命名后，用起来会更加简单直接。不幸地，我们需要处理很多名称，每一个名称都被广泛用到有关 logistic 回归对数似然与 −2 乘积的文献中：

- 偏差，DEV 和 D。
- −2LL；也可以是 2LL。
- D_0 表示只有截距的模型，D_M 表示包括截距和一个或更多变量的模型。
- G，可能是拟合优度；也称为 G^2。

认识并记住同一个量的不同名字是令人头疼的。本章后面，我将用 −2LL，因为它相当普遍，也相当精确：−2 乘以对数似然。

图 5.10 展示了如何在 Excel 中进行似然比检验。

图 5.10 中区域 L9:P15 展示了三种似然比检验。每一种方法检验了预测方程加入一个变量后的统计量显著性。为了在图中展示所有的相关操作，我把截距和系数移到区域 K3:N3。

	I	J	K	L	M	N	O	P
1					Coefficients			
2			Intercept	Sticker	Age	City		
3				-3.2518	0.1079	0.0332	-1.9388	
4								
5	Log Likelihood			Log Likelihood	-20.2146			
6	-0.288260463			-2LL	40.4293			
7	-0.202691007							
8	-0.20298099			LL	-2LL	Delta from intercept-only	df	P chi-square
9	-0.189833843		Intercept only	-24.0569	48.1139	#N/A		#N/A
10	-0.105326715							
11	-0.256642077		Intercept & Sticker	-23.7855	47.5710	0.5429	1	0.4612
12	-0.116503844							
13	-0.310596124		Intercept, Sticker & Age	-23.7269	47.4538	0.6601	2	0.7189
14	-0.12725547							
15	-0.877717539		Intercept, Sticker, Age & City	-20.2146	40.4293	7.6846	3	0.0530
16	-0.291224257							

图 5.10 这个工作表是图 5.9 中工作表的重新排列

所有检验方法需要运行 Solver 四次。但每次运行只改变 Solver 中的参数，因此这个过程相当快速。步骤如下：

1. 将单元格 K3 中的截距设定为 1.0，L3:N3 中的三个系数为 0.0。
2. 选择单元格 L5 中的对数似然。
3. 通过单击功能区 Data 标签上的链接打开 Solver。
4. 确保 Solver 的 Parameters 对话框中 Set Objective 编辑框包括对数似然的工作表地址。本例中是 L5。选择最大化该值。
5. 在 By Changing Variable Cells 编辑框中，输入 Intercept 单元格（这里 K3）。
6. 确保清空了 Make Unconstrained Variables Non-Negative 编辑框。
7. 单击 Solve 按钮。

Solver 通过改变截距值，将预测变量系数保留为 0.0，最大化 L5 中的对数似然。结果有时称为 –2LL0。用这些数据，截距被优化到 0.4520。

> 注释 0.4520 是列 E 中 logits 的均值。在没有其他预测变量的条件下，最好把平均的 logit 当作截距。

将对数似然的值保存为一个值，而不是一个公式。如图 5.10 中的单元格 L9。在后面的分析中，它是一个比较值，前面的单元格随后会改变——这就是为什么要保存为一个数值。

这只运行了一次。你需要重复三次以上,这是因为要估计三个预测变量(价格、年龄和城市)。步骤如下:

1. 打开 Solver。
2. 在对数似然地址保留 Set Objective 单元格。
3. 修改 By Changing Variable Cells 编辑框,使它包括 K3(Intercept)和 L3(StickerCoef)。
4. 单击 Solve。

现在 Solver 通过改变截距和单元格 L3 的价格系数(StickerCoef)来使对数似然最大化。其他变量,年龄和城市,通过设定系数为 0.0,在分析中删掉这些变量,并从改变变量单元格列表中也删除这些变量。

当 Solver 完成时,复制对数似然,并将它粘贴为一个数值,以备后用。见图 5.10 中单元格 L11。

将上面四步重复两次,一次在截距和价格系数基础上增加年龄系数,一次在截距、价格系数和年龄系数基础上增加城市系数。如图 5.10 中的单元格 L13 和 L15,把对数似然记为数值。

在区域 L9:L15 中建立对数似然,可将每个结果乘以 −2,并在 M9:M15 中保存结果。下面还需要简单地讨论一下约束条件。

5.4.3 约束条件和自由度

准备比较三组模型:

- 只有截距 vs 截距和价格
- 只有截距 vs 截距、价格和年龄
- 只有截距 vs 截距、价格、年龄和城市

考虑第一组比较,只有截距 vs 截距和价格。第二个模型有一个变量,价格,其系数自由变化。

换句话说，当做第一组比较时，我们运行了两次 Solver。第一次运行 Solver 时，排列数据，使 Solver 只改变包括截距的单元格。其他三个变量的系数限定为 0.0——保持它们对方程结果没有影响。

第二次运行 Solver 时，我们允许它改变截距和价格系数。年龄系数和城市系数仍限定为 0.0。第一个模型，只有截距，比第二个模型多一个约束条件。约束条件个数的不同影响卡方检验的自由度。因此，第一种比较的自由度为 1。该自由度用于两个模型 –2LL 值的差距。–2LL 的差距见单元格 N11，通过 M9 减去 M11 得到。

因此，我们可以比较图 5.10 中单元格 N11 中 –2LL 取值与 Excel 中 CHISQ.DIST.RT() 函数的差异。我们把单元格 O11（两个模型约束条件的差异）中的数字 1 作为自由度参数。单元格 P11 中的公式如下：

=CHISQ.DIST.RT(N11,O11)

它返回 0.4612。这意味自由度为 1 的卡方分布的 46% 大于等于 0.5429。这不是分布中的一个特殊的卡方值，容易带来抽样误差。显然，对于销售概率来说，数据集中的汽车价格不是一个有用的预测变量。

第二组比较包括只有截距的模型，以及截距、价格和年龄的模型。因此，第二个模型只将城市变量的系数限定为 0.0，第一个模型仍是将三个变量的系数限定为 0.0。这里，约束条件个数相差为 2。这个值和两个模型在 –2LL 的差异一起被用到单元格 P13 中的卡方函数：

=CHISQ.DIST.RT(N13,O13)

这里，CHISQ.DIST.RT() 函数返回 0.7189。当自由度为 2 时，与卡方分布中出现的第一个 0.5429 相比，更可能出现更大的 -2LL 值。

第三组比较用到类似的推理和计算，它检验了只有截距的模型与 Solver 变化价格系数、年龄系数和城市系数的全模型。自由度为 3 时，–2LL 取值的差异足够大，以至于卡方值在 0.053 水平时是显著的。如果 alpha 的初始值为 0.05，将会得到边际结果，但这样一来，你需要决定预测方程是不可信赖的——聪明的作法可能是用更大的样本量再运行一次。

5.5 用 R 的 mlogit 软件包进行 logistic 回归

R 提供了一些进行 logistic 回归分析的方法。其中一种方法用了扩展软件包 mlogit，本节介绍了它的用途以及如何对结果进行解释。另一个在本章最后一节讨论的内容是，如何用更常用的 glm 模型在框架中得到类似的结果。与 logistic 相比，这个框架包括更多模型。

可能与你的预期一致，用 R 进行分析比用 Excel 的工作量小。R 减少了中间信息。如果你没有特别需要这些中间信息，那么就用 R。如要了解 logistic 回归运行过程中的细节，Excel 通常更简单（但要付出我提到的完成其他工作的代价）。

5.5.1 运行 mlogit 软件包

为了继续介绍这部分内容，你需要从 Excel 导出原始数据，通过数据框导入 R。我在本书中一直建议，最直接的导入法是用 DescTools 软件包，特别是 XLGetRange 函数。

图 5.11 所示的工作表有销售和城市变量的数值，为了更清晰地展示结构化原始数据集的选项。首先打开工作表。

	A	B	C	D
1	Sell	Sticker	Age	City
2	0	34.261	12	1
3	0	30.583	12	1
4	0	31.522	9	1
5	0	30.222	11	1
6	0	26.516	4	1
7	0	33.955	9	1
8	0	25.347	11	1
9	0	33.521	17	1
10	0	25.6	13	1
11	0	28.989	14	0
12	0	33.754	14	1
13	0	28.919	17	1
14	1	29.164	11	0
15	0	33.675	16	1
16	1	34.124	17	1
17	0	26.465	15	1
18	0	29.18	6	0
19	0	34.178	16	0
20	0	25.327	15	1
21	0	31.487	18	1
22	1	27.337	19	0
23	0	29.083	13	0

图 5.11　销售和城市变量的文本值要替换为数值

选择单元格 A5:D41。用 R 需要输入下面的命令：

```
> library(DescTools)
> CarData <- XLGetRange(header = TRUE, stringsAsFactors = TRUE)
> head(CarData,3)
> LongFormat <- mlogit.data(CarData, choice = "Sell", shape = "wide")
> head(LongFormat)
```

结果如图 5.12 所示。

```
R Console
> CarData <- XLGetRange(header = TRUE, stringsAsFactors = TRUE)
> head(CarData,3)
  Sell Sticker Age City
1    0  34.261  12    1
2    0  30.583  12    1
3    0  31.522   9    1
> LongFormat <- mlogit.data(CarData, choice = "Sell", shape = "wide")
> head(LongFormat)
     Sell Sticker Age City chid alt
1.0  TRUE  34.261  12    1    1   0
1.1 FALSE  34.261  12    1    1   1
2.0  TRUE  30.583  12    1    2   0
2.1 FALSE  30.583  12    1    2   1
3.0  TRUE  31.522   9    1    3   0
3.1 FALSE  31.522   9    1    3   1
```

图 5.12　注意汽车数据框每行是一条记录：即一行，一辆车。LongFormat 占两行：一行，一个备选

图 5.12 阐述了 mlogit 中数据集的基础内容。"mlogit"是 multinomial logit 的简称。二项 logistic 回归与多项 logistic 回归间存在明显不同，其中二项 logistic 的被预测变量取两个值，如买/不买，选举/不选举，多项 logistic 回归的被预测变量可以取两个以上的值，如福特、丰田和通用汽车。类似于一元（单预测变量）回归和多元回归一样，区别主要就是这一点（但是，它们是不同，一个在于被预测变量取值，一个在于预测变量的个数）。

二项 logistic 回归与多项 logistic 回归间的一个不同点是呈现 mlogit 函数的数据的形状，这里指"宽"和"长"两个形状参数。

不妨考虑汽车数据集。每条记录占一行，提供了所有必要且不重复的信息。一条记录——即，给定某一辆车——是否出售，用销售变量表示。无论是否出售，都只存在一种价格、一个车龄、一个提货点城市。

但倘若处理多变量，比如汽车数据集中有三个变量而不只是两个变量会怎样？可能你正在研究一位顾客如何选择购买福特、丰田或通用。现在汽车数据中变量每条记录只有一个值——比如，价格——可以有三个值：福特的价格、丰田的价格和

通用的价格。

关系数据库在处理这类问题时非常顺利：你可能会将每位顾客当作一条父记录，取值（比如顾客收入）属于父记录。通过 ID 链接到父记录的称为子记录，表示顾客正在考虑的不同汽车。子记录包括具体的汽车变量：价格、年龄、GPS 等等。每条父记录下的子记录数与顾客考虑的汽车数一样多。

但是，R 不是一个关系数据库管理系统，尽管像 VLOOKUP() 这样的函数也不是 Excel。当存在行和列两个维度时，我们需要在额外的行和列中加入其他备选信息，以便有多种选择。

如果在 Excel 中处理数据，你可能通过增加列来表示多种情况：例如，福特费用、丰田费用和通用费用。这种方法有利有弊。好处是一条记录占一行。有助于直接地进行从简单相关系数到数据透视表的各种分析。

mlogit 函数将这种排列称为"宽"形。使用这种排列形式，增加了被预测变量的其他备选信息列，所以数据集会变宽。一旦有人要考虑南斯拉夫牌汽车，除了福特、丰田或通用之外，就需要另一价格列。

或者你可能将一条记录排列多行。每一行表示一种备选方案。你可以认为每条记录的行数等于备选方案数。每行都有价格列。

> **注释** 在 Excel 中一条记录占多行是不寻常的选择，除非你的目的是输入数据，并移到 R 中进行分析。用这种排列方式，我能想到最简单的方法得到如价格和年龄的相关关系，是用高级筛选去复制表示一种选择的行到另一个地点，然后在提取的数据上运行相关函数。Excel 通常更便于处理 mlogit 的"宽"数据集。

这种方法得到另一种形状的数据集，mlogit 称之为"长"。即不增加列只增加行，使数据集不变宽而变长。

mlogit 函数更倾向于处理"长"形数据。如果你有"宽"数据集，那么 mlogit 命令会将它转化为"长"数据集。

图 5.12 中的命令如下：

```
> LongFormat <- mlogit.data(CarData, choice = "Sell", shape = "wide")
```

它通过 XLGetRange 函数将数据框导入 R。这检验了销售变量中的数值，因为命令指定销售（Sell）作为选择（choice）。（这里，选择是汽车是否售出；在另一个数据集中，它可能指出购买的汽车是福特、丰田还是通用。）发现数据集中销售变量有两种选择，这条命令对每条记录得出两行结果：一行是 TRUE，表示汽车已售出；一行是 FALSE，表示汽车未售出。当然，对于二项选择，这可能是冗余信息，但通常当存在三种或更多选择时，每种选择是唯一的。

命令中 shape = "wide" 表示 mlogit 指定的数据框排列形状。排列形状不是完成的唯一任务，因此即使一开始是长形数据，你也将运行 mlogit.data 命令。

下面两条命令建立并展示了下面的模型，包括方程和汇总统计量，比如对数似然：

```
> LogitModel <- mlogit(Sell ~ 1|Sticker + Age + City, data = LongFormat,
reflevel = "0")
> summary(LogitModel)
```

第一行命令将对 LongFormat 数据框运行 mlogit 函数的结果分派给变量 LogitModel。第二行命令展示了 LogitModel 的内容，如图 5.13。

```
> LogitModel <- mlogit(Sell ~ 1|Sticker + Age + City, data = LongFormat, reflevel = "0")
> summary(LogitModel)

Call:
mlogit(formula = Sell ~ 1 | Sticker + Age + City, data = LongFormat,
    reflevel = "0", method = "nr", print.level = 0)

Frequencies of alternatives:
      0       1
0.61111 0.38889

nr method
4 iterations, 0h:0m:0s
g'(-H)^-1g = 2.19E-07
gradient close to zero

Coefficients :
                Estimate Std. Error t-value Pr(>|t|)
1:(intercept)  -3.251735   4.671437 -0.6961  0.48637
1:Sticker       0.107861   0.148653  0.7256  0.46809
1:Age           0.033234   0.085474  0.3888  0.69741
1:City         -1.938803   0.777846 -2.4925  0.01268 *
---
Signif. codes:  0 '***' 0.001 '**' 0.01 '*' 0.05 '.' 0.1 ' ' 1

Log-Likelihood: -20.215
McFadden R^2:  0.15972
Likelihood ratio test : chisq = 7.6846 (p.value = 0.053)
>
```

图 5.13 与图 5.10 中的截距和系数进行比较

mlogit 返回的截距、系数和对数似然与图 5.10 中 Excel 分析返回的相同。接下来看下面的命令如何调用 mlogit 函数：

```
> LogitModel <- mlogit(Sell ~ 1|Sticker + Age + City, data = LongFormat,
reflevel = "0")
```

mlogit 函数中的第一个参数是一个包括三部分（在 R 文档叫 parts）的公式。这三部分通过竖线（比如：|）分隔。因此公式的格式如下：

(Sell ~ Part 1 | Part 2 | Part 3)

这个公式后面有更多参数。

下面从第三部分开始介绍：

- Part 3 是可选的，而且只用了备选的预测变量（比如制造不同汽车的价格，汽车制造是被预测变量）。这个例子中没有备选的预测变量，因此公式忽略了第 3 部分。
- Part2 指包括价格、年龄和城市的模型。这些在普通最小二乘分析中是预测变量。
- Part1，像 Part3 一样，包括备选变量，但却不能忽略。在赋值运算符（波浪线）和 Part2 左侧的竖线间插入 1。1 表示调用包括 1 在内的 mlogit 时包含截距。mlogit 函数的第二个参数用于识别数据来源。确保输入 mlogit 的是长格式数据框；这样做最确定最简单的方法是在 mlogit.data 中运行，如本节前文所述。

mlogit 函数的第三个参数是 reflevel。尽管默认情况下可以完全忽略它，但还是需要解释一下。然而，我想引起大家的注意：如果忽略它，则会得到与 Excel 明显不同的结果。但是，对于二项问题，它很容易将两种分析达成一致。

当结局变量可以取 K 个值，K-1 个由 0 和 1 组成的向量（被 mlogit 称为哑向量）可以用于计算预测变量。这些向量等价于，为了检验因子和协变量间交互效应，协方差分析创建的向量。

选择变量（本例是销售）有一种取值是向量中没有 1。这个选择中所有哑向量都取 0，而其他向量在其中的一个哑变量中取一个 1。默认情况下，不通过哑向量表示的数值是当读入公式时 mlogit 首先遇到的部分。

在二项情况（如本例）下，这没有任何意义。选择变量只能取两个值：比如，

0/1、真/假、是/否。那么 K 等于 2，而且只创建一个哑向量。因此，只能估计一个向量和预测变量系数的乘积。

相比之下，在多项情况下，如果选择变量包括三种汽车制造，那么可能用一个表示丰田（0 或 1）的向量乘以价格系数，一个表示通用（0 或 1）的向量乘以价格系数。可能默认删掉福特，作为 mlogit 遇到的选择变量的第一个值，但福特对丰田和通用向量都会取 0。

为了看二项情况下，在 mlogit 语句中指定一个特定值，0 或 1，作为 reflevel 时会发生什么。尝试运行 reflevel 等于 0 的 mlogit，再运行 reflevel 等于 1 的 mlogit。比较这两个结果。你将发现描述全方程的结局，比如对数似然，没有变化。二元情况下，只有截距和系数的符号不同。

例如，设定 reflevel = 0，方程的截距是 −3.2517。如果设定 reflevel = 1，方程的截距返回 3.2517。你可以在 Excel 中复制该结果，当然影响更明显。图 5.9 中的工作表中，单元格 H6 中的公式为：

=IF(A6=1,G6,1-G6)

记下截距和系数的值，然后进行下面的步骤：

1. 将 H6 中的方程改为：

=IF(A6=0,G6,1-G6)

2. 将 H6 中的公式复制粘贴到数据集的底部。
3. 再次运行 Solver，与以前的设定完全相同。

你将注意到，正如 mlogit、截距和系数的符号会改变，但它们的绝对值不会变。这取决于分析中 1 和 0 的交换，尽管 Excel 和 mlogit 用不同的方法完成了这个转换。

5.5.2 比较模型和 mlogit

图 5.10 展示了四个不同模型的对数似然和 −2LL：只有截距；截距和价格；截距、价格和年龄；截距、价格、年龄和城市。目的是检验方程增加变量后 −2LL 的增量。

在 R 中完成类似分析的一种直接方法是运行 mlogit 四次，正如图 5.10 中 Excel

运行 Solver 四次，其中每次定义模型的变量单元格数不同。R 有自动完成模型比较的函数，但是，如本书所述，mlogit 没有这种功能。下面的命令是对每个模型求对数似然的例子：

```
> LogitModel <- mlogit(Sell ~ 1, data = LongFormat)
> summary(LogitModel)
> LogitModel <- mlogit(Sell ~ 1|Sticker, data = LongFormat)
> summary(LogitModel)
> LogitModel <- mlogit(Sell ~ 1|Sticker + Age, data = LongFormat)
> summary(LogitModel)
> LogitModel <- mlogit(Sell ~ 1|Sticker + Age + City, data = LongFormat)
> summary(LogitModel)
```

mlogit 汇总最后面的似然比提供了适当的统计卡方检验。你也可以比较图 5.10 中 N11:P15 的 mlogit 汇总最后面的真实卡方值和 p 值。

5.6 用 R 中的 glm 函数

无论从语法还是对"长"形数据框的要求来看，R 的 mlogit 软件包中的 mlogit 函数都是复杂的。但是，在已知要适用于二项和多项选择变量的情况下，它的复杂性是可以理解的。正如在本章开头提到 mlogit 的部分，分析二项和多项数据的区别是主要的，而且可能证明了用更复杂方法定义模型的正确性。

R 也提供了一般线性模型函数，它可以完成很多基于模型的分析。这个函数是 stats 软件包的一部分。因此，你无须专门下载并运行扩展软件包。你可以指出，数据的排列如与 Excel 中的相同：即 mlogit 中的"宽"列表。或许不可避免地，该函数称为 glm。

用 glm 容易，但不适用于多项选择变量。如果你不需要分析多项变量（比如汽车制造至少包括三个种类），那么你可能用 glm 即可，不必困惑于长和宽形数据框和由三部分组成的公式。

图 5.14 展示了如何调用 glm 及其结果。

图 5.14 用到的 glm 函数得到的汽车数据框是通过 XLGetRange 函数从 Excel 直接得到的。区域如图 5.11 所示。

注意，glm 函数的参数 family 指定为二项（binomal）。这是因为这里正在进行二项 logistic 回归。其他 glm 中参数 family 还可以指定为 gaussian、Gamma 和 poisson。

```
> glmlogit <- glm(Sell ~ Sticker + Age + City, data = CarData, family = "binomial")
> summary(glmlogit)

Call:
glm(formula = Sell ~ Sticker + Age + City, family = "binomial",
    data = CarData)

Deviance Residuals:
    Min       1Q   Median       3Q      Max
-1.6055  -0.7603  -0.5285   0.9833   1.9267

Coefficients:
            Estimate Std. Error z value Pr(>|z|)
(Intercept) -3.25174    4.67144  -0.696   0.4864
Sticker      0.10786    0.14865   0.726   0.4681
Age          0.03323    0.08547   0.389   0.6974
City        -1.93880    0.77785  -2.493   0.0127 *
---
Signif. codes:  0 '***' 0.001 '**' 0.01 '*' 0.05 '.' 0.1 ' ' 1

(Dispersion parameter for binomial family taken to be 1)

    Null deviance: 48.114  on 35  degrees of freedom
Residual deviance: 40.429  on 32  degrees of freedom
AIC: 48.429

Number of Fisher Scoring iterations: 4

>
```

图 5.14　注意 glm 函数返回了系数的 z- 检验，而 mlogit 返回了 t– 检验

除了在系数检验中用正态分布而非 t 分布的差异外，logistic 方程与 mlogit 和 Excel 返回的结果相同。所有统计量不包括对数似然或 –2LL，但你可以用 logLik 函数找到对数似然（用来计算 –2LL）：

> logLik(glmlogit)

其中，glmlogit 是通过 glm 函数返回的结果。注意正确输入 logLik 的大小写字母。

第 6 章

主成分分析

主成分分析法超出了用 Excel 内置工作表函数可以实现的统计分析范畴。在处理描述统计、t 检验的推断分析、方差协方差和回归分析等问题时，Excel 中的内置函数 AVERAGE()、DEVSQ()、LINEST()、F.DIST.RT() 和 EXP() 就可以实现一个完整的分析过程。

但是，当分析不可直接观测的潜变量时，Excel 就需要借助其他的分析方法了。这些分析方法包括本章主要介绍的主成分分析，以及因子分析。

> **注释** 因子和主成分很难区分。不同的人会有不同的看法。一些人把主成分看作可测变量的组合，把因子分析中的可测变量看作是因子的组合。另外一些人则认为并没有本质差异。

这些分析方法主要是通过研究可测变量间的相关系数矩阵（或者协方差矩阵）来分析与可测变量联系的潜变量间的关系。

这样做的目的是从实际角度考虑以帮助搞清楚包含数百个变量的数据集。如果有四到五个潜在变量可以同时解释 100 个变量，则应该使用更小的数据集。

我们需要一种可以识别和从数据中提取潜变量的方法，但 Excel 并没有直接提供此类函数，如 EXTRACT()，或者 EIGENVALUE()，或者其他概念相关的函数。

> **注释** 在 Excel 里，编写一个从数据集中提取潜变量的函数是可行的。借助 VBA 可以编写自定义函数（UDF）来提取潜变量。本章工作目录包括一个 VBA 子程序。其编码是一个子程序而不是函数，但可以按照需要把它变成一个 UDF。

在以特征根或者特征向量的形式提出了主成分之后，根据需要可以进行 Excel 的工作表函数的转换。如果对主成分分析和因子分析不熟悉，那么建议通过跑程序去理解黑盒（主成分分析）中的如下几个问题：

- 如何把特征值的平方根与特征向量相结合形成因子结构矩阵
- 如何把特征值平方根的逆与特征向量结合形成因子系数矩阵
- 特征值的大小如何影响最终保留的因子数量

所以这一章介绍了在 Excel 中运行主成分分析的过程。通过这种方法，可以指导如何利用 R 函数得出同样的分析。和前面章节的目的一样，本章想要通过运行两种程序得出一套同样的结果，以使读者能轻松地从 Excel 过渡到 R 语言。

6.1 用 Excel 进行主成分分析

本章中的例子都是基于小数据集，如图 6.1 所示，它包括 3 个变量和 20 条记录。通常更倾向用 20 条记录以上的数据或用 3 个以上的变量去加强分析的外部效度。因为这种分析的主要功能是数据降维，经常可以看到，比如说 10 个及以上的变量，去验证主成分分析的效果。

但这里的主要目的不是去分析所有变量，它展现了同时在 Excel 和 R 的情况下去实现主成分分析方法。3 个变量和 20 个观测值足以实现这个目的，并且可以减少变量数和记录数，以此尽可能地呈现更清晰简洁的数据，如图 6.1 所示。

在 Excel 中创建一个主成分分析过程的第一步是打开名为 PCA.xlsm 的工作表。

应该先打开 PCA.xlsm，再打开包含待分析数据的工作簿。这是因为，如果先打开数据工作簿，再打开 PCA.xlsm，那么当打开数据工作簿时，可能在 Excel 功能区无法找到插件标签。

> **注释** 没错，尽管 PCA.xlsm 工作簿不是插件，但其中的代码可以通过插件标签获得。（如果文件扩展名为 .xlsa，则它是一个插件）。如果 .xlsm 格式的工作簿有关联的 Workbook_Open()，那么该工作簿会出现在功能区的插件标签处。我之所以将工作簿保存为 .xlsm 格式，是因为想让读者尽可能容易地检测和编辑 VBA 代码。

B24　=STDEV.S(B2:B21)

	A	B	C	D	E
1	Visit	Visit Length	Page Views	Pages	
2	1	7	4	3	
3	2	4	1	8	
4	3	6	3	5	
5	4	8	6	1	
6	5	8	5	7	
7	6	7	2	9	
8	7	5	3	3	
9	8	9	5	8	
10	9	7	4	5	
11	10	8	2	2	
12	11	9	5	2	
13	12	8	4	2	
14	13	9	2	3	
15	14	8	4	7	
16	15	3	1	4	
17	16	3	1	3	
18	17	8	2	6	
19	18	1	2	5	
20	19	3	1	7	
21	20	6	3	3	
22					
23	Means	6.35	3.00	4.65	
24	SDs	2.39	1.56	2.39	

图 6.1　你通常希望看到这些可观测变量之间的相关关系

6.1.1　浏览对话框

打开 PCA.xlsm 和数据工作簿后，单击插件标签功能区，然后单击主成分分析法链接，将会看到如图 6.2 所示的对话框。

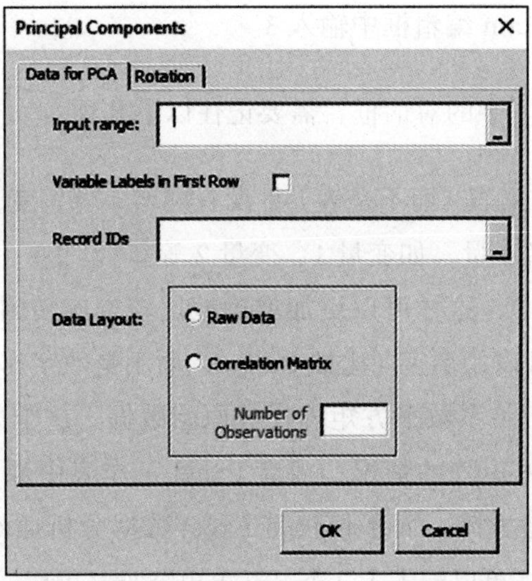

图 6.2　可以选择一个相关矩阵或者原始数据输入到 PCA 中

分析过程需要完成对话框中的选项，假定想要分析图 6.1 中的数据，采取以下步骤：

1. 单击 Input Range 框并拖动到 B1:D21，不包括 A2:A21。
2. 勾选 Variable Labels in First Row 复选框。
3. 单击 Record IDs 框并拖动到 A2:A21，注意不要包含 A1 单元格。
4. 选择 Raw Data 选项按钮。
5. 在对话框最顶部单击 Rotation 标签。如图 6.3 所示。

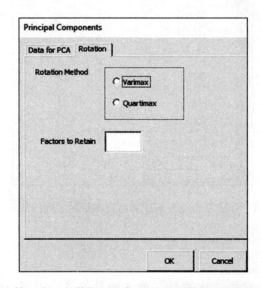

图 6.3　在第一次运行数据时，保留的因子数量和变量的数量一样

6. 选择 Varimax 旋转。
7. 在 Factors to Retain 编辑框中输入 3。

关于图 6.2 和图 6.3 中的对话框，需要记住以下几项：

- 如果使用 Excel 列表（而不是表）且没有列名，保留变量标签复选框为空。代码就会自动命名变量，如变量 1、变量 2 等。
- 推荐使用记录 ID，这样可以更加准确地比较未旋转因子和旋转因子的得分。如果愿意，你可以用名字（比如 Barry），而不是数字作为 ID。
- 可以使用一个相关系数平方矩阵代替原始数据。这个方法应用于无法获得原始数据但有相关矩阵的情况，或者 Excel 工作表中原始数据量太大的情况。注意矩阵必须是方阵，而不仅仅是 Excel 数据分析插件中相关系数工具产生的下三角矩阵。（可以输入上（下）三角矩阵吗？可以。）

- 如果输入为相关矩阵，那么需要提供相应的记录数。这时需执行 Bartlett 球形测试。如果提供相关分析，则不会得到个体因子得分。需要原始数据协同因子得分系数产生因子得分。
- 因子轴旋转不再像以前一样频繁。这里讨论因子轴旋转是因为它很容易实现，而且想与最大方差法旋转的结果进行比较。
- 对给定数据集首次运行 PCA，应该保留和变量数相同的因子个数。在后续的运行中可以判断选择留下更少的因子。然而，保留的因子数仅用于旋转解决方案。如果有 5 个变量，将在基本的非旋转因子分析结果中得到 5- 因子。

> **注释** 使用 Bartlett 球形测试时需要特别注意，因为它不仅涉及总体相关系数矩阵是否是单位矩阵，而且偏离多元正态性。

单击 OK 会得到 4 个不同的工作表。第一个工作表称为主成分，如图 6.4 所示。

	A	B	C	D	E	F	G	H
1	R Matrix							
2		Visit Length	Page Views	Pages				
3	Visit Length	1	0.665126158	-0.115614924				
4	Page Views	0.665126158	1	-0.212274306				
5	Pages	-0.115614924	-0.212274306	1		=MMULT(B3:D5,B9:D11)		
6						1.0000	0.0000	0.0000
7	R Inverse					0.0000	1.0000	0.0000
8		Visit Length	Page Views	Pages		0.0000	0.0000	1.0000
9	Visit Length	1.795582653	-1.204496745	-0.048087558				
10	Page Views	-1.204496745	1.855176395	0.254548482				
11	Pages	-0.048087558	0.254548482	1.048474463				
12								
13	Determinant of R matrix = 0.531827							
14								
15	For sphericity test, Chi-square = 10.84, and df = 3							
16	P(Chi-square) = 0.013							

图 6.4 该图仅展示了工作表中的部分分析结果

6.1.2 主成分工作表：R 矩阵及逆矩阵

主成分分析结果工作表包括 PCA 分析的大部分结果。（其余三个工作表包括旋转因子载荷、旋转因子系数、旋转因子得分（如果输入的是原始数据而非相关系数矩阵）。）

主成分工作表的第一部分包括原变量的相关矩阵及其逆矩阵。相关矩阵是定义主成分必不可少的部分，这里将简单地进行介绍。首先是相关矩阵逆矩阵的一些相关内容。

矩阵的逆与数字的逆类似。数字 9 的逆是 1/9，任何数字与它的逆相乘等于 1。矩阵乘法比数字相乘要复杂些，但也没有过于复杂。如果将矩阵乘以其逆矩阵，则得到单位矩阵。单位矩阵的主对角线为 1，其他元素为 0。单位矩阵不是一个 1，而是由多个 0 和 1 组成的矩阵。

图 6.4 展示了相关矩阵 R 乘以其逆矩阵 R^{-1} 得到的单位矩阵。（在写矩阵时，通常采用粗体的字母符号来表示。）矩阵乘法的结果是图 6.4 中区域 F6:H8 的单位矩阵。

注意 Excel 有一个工作表函数 MMULT()，可以完成矩阵乘法。矩阵乘法的基本规则（还有其他规则）是第一个矩阵的列数必须与第二个矩阵的行数相同。这里的主成分分析很少需要考虑适用条件，因为多数情况下是运行同阶方阵（后面需要考虑的是何时从分析中丢掉一个或多个成分）。

为了得到 MMULT() 的所有结果，需要在一开始选择大小合适的单元格区域，用 Ctrl+Shift+Enter 数组输入公式。

Excel 有两个应当注意的矩阵函数：

- MINVERSE() 返回逆矩阵。但如要完成，可以在图 6.4 所示工作表的一个 3 乘 3 的区域数组输入下式，这里只可计算方阵的逆：
  =MINVERSE(B3:D5)
- MDETERM() 返回矩阵的行列式。矩阵的行列式是一个与矩阵中所有元素有关的数字。只有矩阵的行列式非零才可逆。矩阵的行列式为 0，实际上是因为原始数据矩阵中的一列是其他一列或多列的完全线性函数。

因此，如果使用 PCA.xlsm 工作表（或分析主成分的其他方法），则会得到一组误差值而非有意义的数字，需要验证的是 R 矩阵行列式是否可逆。如果是 0，则原始数据有问题。你将在图 6.4 的单元格 A13 中找到该行列式。可以用下式重复结果：
=MDETERM(B3:D5)

为什么 R 矩阵的逆如此重要？这主要因为共同方差的适用性。主成分分析和因子分析的基本函数是生成不可直接观测但从定性角度与可测变量密切相关的变量。当可测变量与不可测变量（一个主成分或一个因子）共同方差较大时，就可以使用可测信息帮助理解不可测变量。

现在，如图 6.4 中例子的变量 Visit Length 与其他可测变量共有一些方差，主成分也是如此。它也有一些与其他变量不共有的方差。在很多情况下，我们想将分析限制在变量（比如访问长度）方差和共享或共同方差的比例上，不考虑非共享的、单个的方差。

在创建一组可测变量的标准相关系数矩阵时，通常在矩阵的主对角线上取 1.0：数值型变量与自己的相关系数为 1.0。但 1.0 包括与每个变量唯一对应的可变性。一些分析使用的不是主对角线为 1.0 的相关矩阵，而是变量的共享方差，即与其他变量共有的变量方差的部分。测度共享方差的一种方法是将变量视为多元回归中的预测变量。多元回归中的 R^2 会表示预测变量最佳组合共有的方差部分。就本章的例子而言，可以从 Page Views 和 Pages 预测 Visit Length 值相关的 R^2。

但不需要在分析中对每个变量进行多元回归。R^2 可从 R 矩阵的逆 R^{-1} 得到。如图 6.5 所示。

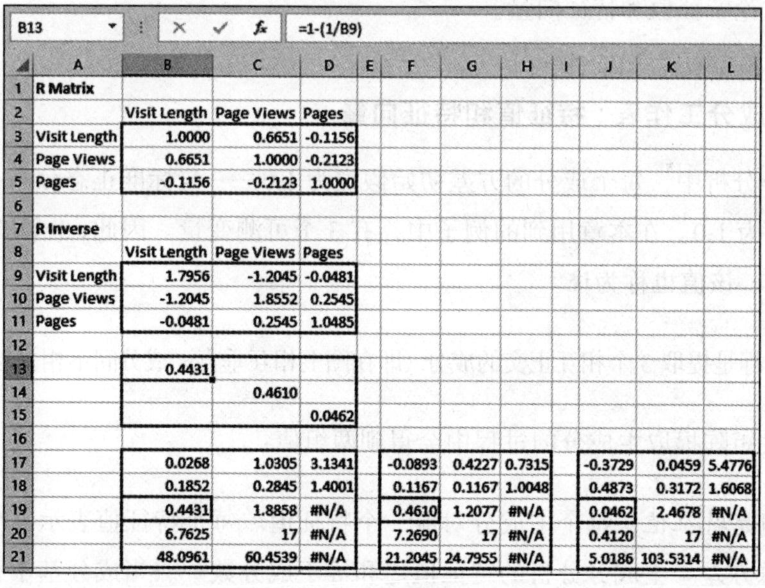

	A	B	C	D	E	F	G	H	I	J	K	L
1	R Matrix											
2		Visit Length	Page Views	Pages								
3	Visit Length	1.0000	0.6651	-0.1156								
4	Page Views	0.6651	1.0000	-0.2123								
5	Pages	-0.1156	-0.2123	1.0000								
6												
7	R Inverse											
8		Visit Length	Page Views	Pages								
9	Visit Length	1.7956	-1.2045	-0.0481								
10	Page Views	-1.2045	1.8552	0.2545								
11	Pages	-0.0481	0.2545	1.0485								
12												
13		0.4431										
14			0.4610									
15				0.0462								
16												
17		0.0268	1.0305	3.1341		-0.0893	0.4227	0.7315		-0.3729	0.0459	5.4776
18		0.1852	0.2845	1.4001		0.1167	0.1167	1.0048		0.4873	0.3172	1.6068
19		0.4431	1.8858	#N/A		0.4610	1.2077	#N/A		0.0462	2.4678	#N/A
20		6.7625	17	#N/A		7.2690	17	#N/A		0.4120	17	#N/A
21		48.0961	60.4539	#N/A		21.2045	24.7955	#N/A		5.0186	103.5314	#N/A

图 6.5　比较 B13:D15 对角处的值与位于 B19、F19 和 J19 的 LINEST() 的 R^2 值

因此，通过 R^{-1} 矩阵可以快速容易地得到 R^2——或正如主成分和因子分析通常命名为平方多元相关系数或 SMC 一样。如果用 LINEST() 在工作表上计算 SMC，不仅会对数据集中的每个变量运行一次 LINEST()，也需要重复数据集 K–1 次，这里 K 是变量数。(原因是 LINEST() 需要所有预测变量都是相邻的。因此，不能放置有待于预测的变量。)

这是在主成分工作表放置 R^{-1} 的主要原因。大多数情况下，可以不用它而继续分析。但若从 R 得到与预期略有不同的结果，会怎样？如果提供 R 文档所示的所有参数，又会怎样？倘若结果不只是差一点而是与基准相差很远呢？"差一点"和"差很多"都是不可接受的，但是明显错误的程度有时是发现问题的线索。通过特征值、模式矩阵和成分权重很难找到问题的来源。

在 R 中，我相信 PCA 软件包的很多函数中一定有返回 R^{-1} 的函数，但在所有完成 PCA 的 R 函数中，我却找不到它。如果想用 R 语言返回矩阵的逆（如前文所说的必须是方阵），R 的扩展软件包 MASS 中的 solve 函数可以求解逆矩阵。如果 mymatrix 是方阵，全填充的矩阵，那么在加载 MASS 软件包之后，输入下面的命令：

```
matinv <- solve(mymatrix)
```

将 mymatrix 的逆存储到 matinv 中。

下面讨论特征值和特征向量。

6.1.3 主成分工作表：特征值和特征向量

主成分分析中，每个成分的方差初始假定为 1.0——与标准正态分布一样，均值为 0，方差为 1.0。在本章用到的例子中，有 3 个可测变量。因此，3 个最大主成分，总方差为 3。该值也称为迹。

短期目标是提取 3 个相互正交的成分（即在图上相互垂直，成分间不相关且相互独立）。

从相关矩阵提取主成分的过程中会得到两组值：

- 一组是特征值，每个主成分对应一个特征值。每个特征值表示每个成分相关的总方差。主成分分析的特征值之和等于成分数——当成分基于相关系数矩阵而不是协方差矩阵时，每个成分初始方差为 1.0。更充分地定义和定向成分间相互关联的过程，改变了每个成分的方差贡献量，因此也改变了特征值。本例中特征值近似为 1.7、0.9 和 0.4。注意它们的和是 3.0，等于迹。
- 另一组是特征向量，重新调整主成分以使第一主成分方差最大，第二主成分方差次之，等等——但各成分间必须相互正交。

> **注释** 特征值的总和是矩阵的迹。特征值的乘积是矩阵的行列式。

特征值和特征向量与因子载荷（每个成分与每个变量间的相关关系）和因子系数密切相关（该值乘以每个变量每条记录的标准化取值，得到记录的因子得分）。图6.6包括主成分工作表的一些其他信息，展示了如何从特征结构计算因子系数。

 注释　特征结构是特征值和特征向量的结合。

	A	B	C	D	E	F	G	H	I	J	K	L
18	Eigenvalues											
19		Factor 1	Factor 2	Factor 3								
20		1.73827	0.93425	0.32749								
21										Inverses of square roots of Eigenvalues		
22	Eigenvectors						Eigenvalues					
23		Factor 1	Factor 2	Factor 3		Factor 1	Factor 2	Factor 3		Factor 1	Factor 2	Factor 3
24	Visit Length	0.66392	0.28896	0.68972		1.73827	0.00	0.00		0.75848	0.00	0.00
25	Page Views	0.68463	0.13614	-0.71606		0.00	0.93425	0.00		0.00	1.03459	0.00
26	Pages	-0.30082	0.94761	-0.10744		0.00	0.00	0.32749		0.00	0.00	1.74745
27												
28	Factor Score Coefficients											
29		Factor 1	Factor 2	Factor 3		Factor 1	Factor 2	Factor 3				
30	Visit Length	0.50356	0.29896	1.20525		0.50356	0.29896	1.20525				
31	Page Views	0.51928	0.14085	-1.25127		0.51928	0.14085	-1.25127				
32	Pages	-0.22816	0.98039	-0.18775		-0.22816	0.98039	-0.18775				

图 6.6　矩阵代数实现了从特征结构到因子系数的转变

在图 6.6 中，区域 B20:D20、B24:D26 和 B30:D32 可以由 PCA.xlsm 中的代码提供。我已经在列 F:L 中给出这些矩阵，用以展示如何从特征结构中获得因子得分系数。

区域 F24:H26 将 B20:D20 中计算得到的特征值重新排列为对角矩阵。这是为了便于矩阵乘法运算。

然后通过对每个特征值取平方根，区域 J24:L26 修正为区域 F24:H26 中的特征值，然后取逆。例如，单元格 J24 用到的公式如下：

=1/SQRT(F24)

注释　很多 Excel 的工作表函数简单地忽略空白单元格。例如，SUM(A1:A5) 无论 A3 是否为空返回的结果都是一样的。MMULT() 不同：需要在 MMULT() 参数中将 0.0 放到任何空白的单元格。

区域 F30:H32 包括公式：

=MMULT(B24:D26, J24:L26)

它是特征值的平方根的逆右乘特征向量。注意结果与区域 B30:D32 中 PCA.xlsm 返回的数值相同。在本章后面，展示了 R 语言的主成分函数返回相同的系数集合。

因子得分系数有助于计算潜在数据中每条记录落在每个因子的位置。通常，绘制因子而非原始变量更令人启发。

可使用相似的计算方法从特征结构得到因子结构矩阵，如图 6.7 所示。

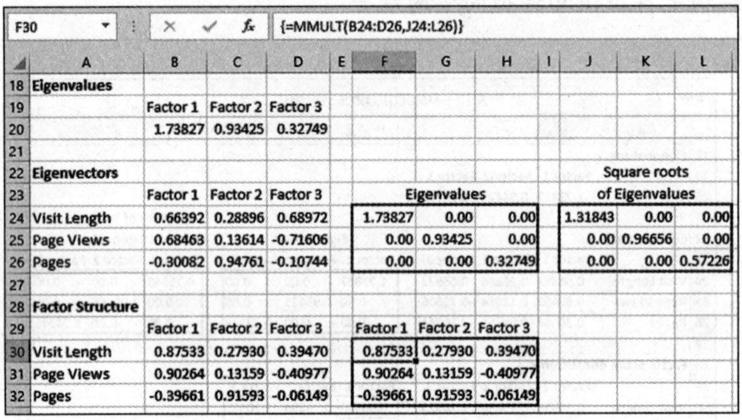

图 6.7　与图 6.6 的不同是由于没有取逆

图 6.6 和图 6.7 间唯一的区别是，J24:L26 中矩阵的主对角线元素是特征值的平方根，而不是特征值的平方根的逆。F30:H32 中矩阵乘法的结果是因子载荷：每个因子和变量间的 R^2。

可通过使用 Excel 的 RSQ() 函数来证实这种关系，计算 R^2，即两个变量间相关系数的平方。将 RSQ() 参数用于某个变量的原始数值，用于一个因子的非旋转得分。结果是如因子结构矩阵中所示的变量对每个因子的载荷。

> 注释　通常可能看到的是"因子模式矩阵"，而不是"因子结构矩阵"。但这两个概念是相同的。

图 6.7 中，B30:D32 中 PCA.xlsm 返回的因子结构与 F30:H32 中矩阵乘法返回的因子结构相同。

6.1.4　变量的公因子方差

公因子方差的概念是主成分和因子分析的重要内容。公因子方差通常表示为一个百分比，它与变量和主成分有关。公因子方差，记为 h^2，表示在给定变量的情况下因子可以解释的方差占比。

图 6.8 展示了每个变量的公因子方差。当主成分数量等于原始变量数量时，每个变量的全部方差都可以得到解释，每个变量的公因子方差是 100%。然而，正如图 6.8 所示，如果只保留两个公因子，则 Visit Length 的公因子方差是 77%+8%=85%。

公因子方差计算为结构矩阵中的载荷平方和。参见图 6.7 中的区域 B30:D32——含结构矩阵——载荷的平方即为图 6.8 中区域 B41:D43 的公因子方差比。

	A	B	C	D	E
39					
40	Variable	Communalities			SMCs
41	Visit Length	77%	8%	16%	0.443077712
42	Page Views	81%	2%	17%	0.460967699
43	Pages	16%	84%	0%	0.046233327

图 6.8　如果因子数不变，公因子方差不会改变。当因子删除时，总和在减少

SMC 显示在图 6.8 的区域 E41:E43 中。这些是在多元回归分析中将每个变量视为因变量，其他变量作为预测变量而得到的 R^2 值。（6.1.2 节中讨论过。）

6.1.5　因子得分

对图 6.1 中的 20 条记录来说，每条记录的 3 个因子都有得分。这些因子得分的计算方法有些复杂，但概念上很容易理解。

图 6.9 展示了原始 20 条记录的 3 个因子得分。因子得分由 PCA.xlsm 得到。

	A	B	C	D
45	Factor Scores			
46		Factor 1	Factor 2	Factor 3
47	1	0.628176578	-0.504953895	-0.346807632
48	2	-1.48233671	0.899087256	0.160233401
49	3	-0.107146868	0.099782322	-0.203977604
50	4	1.697232512	-1.019166481	-1.293811792
51	5	0.790757721	1.351314887	-0.960943353
52	6	-0.6120307	1.775003842	0.790234939
53	7	-0.126909625	-0.845627829	-0.551117913
54	8	0.905977529	1.886557539	-0.535252096
55	9	0.437262477	0.315381105	-0.50390953
56	10	0.266845513	-0.971093506	1.844333786
57	11	1.478719832	-0.574447461	-0.063946403
58	12	0.934310487	-0.790046243	0.235985523
59	13	0.38206532	-0.435850854	2.270025043
60	14	0.457025234	1.260791256	-0.156769221
61	15	-1.311185366	-0.866657895	-0.02980501
62	16	-1.215728315	-1.276825395	0.048745939
63	17	-0.11498269	0.669576494	1.530129991
64	18	-1.494263645	-0.616117067	-1.921014503
65	19	-1.597556518	0.363844604	-0.265457857
66	20	0.083767233	-0.720552678	-0.046875707

图 6.9　因子得分计算为均值为 0 方差为 1 的标准化得分

图 6.10 展示了如何计算因子得分。该图集合了所有数据，从不同位置计算数值，但在前面的图中已看到这些结果。

O2 =MMULT($F2:$H2,K$3:K$5)

	A	B	C	D	F	G	H	J	K	L	M	O	P	Q
1	Visit	Visit Length	Page Views	Pages	Standardized Scores			Factor Score Coefficients				Factor Scores		
2	1	7	4	3	0.2719	0.6427	-0.6903		Factor 1	Factor 2	Factor 3	0.6282	-0.5050	-0.3468
3	2	4	1	8	-0.9832	-1.2854	1.4015	Visit Length	0.5036	0.2990	1.2053	-1.4823	0.8991	0.1602
4	3	6	3	5	-0.1464	0.0000	0.1464	Page Views	0.5193	0.1409	-1.2513	-0.1071	0.0998	-0.2040
5	4	8	6	1	0.6903	1.9281	-1.5271	Pages	-0.2282	0.9804	-0.1878	1.6972	-1.0192	-1.2938
6	5	8	5	7	0.6903	1.2854	0.9832					0.7908	1.3513	-0.9609
7	6	7	2	9	0.2719	-0.6427	1.8199					-0.6120	1.7750	0.7902
8	7	5	3	3	-0.5648	0.0000	-0.6903					-0.1269	-0.8456	-0.5511
9	8	9	5	8	1.1087	1.2854	1.4015					0.9060	1.8866	-0.5353
10	9	7	4	5	0.2719	0.6427	0.1464					0.4373	0.3154	-0.5039
11	10	8	2	2	0.6903	-0.6427	-1.1087					0.2668	-0.9711	1.8443
12	11	9	5	2	1.1087	1.2854	-1.1087					1.4787	-0.5744	-0.0639
13	12	8	4	2	0.6903	0.6427	-1.1087					0.9343	-0.7900	0.2360
14	13	9	2	3	1.1087	-0.6427	-0.6903					0.3821	-0.4359	2.2700
15	14	8	4	7	0.6903	0.6427	0.9832					0.4570	1.2608	-0.1568
16	15	3	1	4	-1.4015	-1.2854	-0.2719					-1.3112	-0.8667	-0.0298
17	16	3	1	3	-1.4015	-1.2854	-0.6903					-1.2157	-1.2768	0.0487
18	17	8	2	6	0.6903	-0.6427	0.5648					-0.1150	0.6696	1.5301
19	18	1	2	5	-2.2383	-0.6427	0.1464					-1.4943	-0.6161	-1.9210
20	19	3	1	7	-1.4015	-1.2854	0.9832					-1.5976	0.3638	-0.2655
21	20	6	3	3	-0.1464	0.0000	-0.6903					0.0838	-0.7206	-0.0469
23	Means	6.35	3	4.65										
24	SDs	2.3902	1.556	2.3902										

图 6.10　Excel 的 MMULT() 函数是计算因子得分的简便方法

图 6.10 的内容如下：

- A2:D21 是原始数据集，与图 6.1 一样。A2:A21 中的值只记录了 ID，而没有进行分析。
- A23:D24 是 3 个原始变量的均值和标准差。这里是样本标准差，即平方和除以 $(n-1)$ 而不是 n。
- F2:H21 是原始数据的标准化得分。B2:D21 中每个值减去变量均值再除以变量标准差。
- K3:M5 是因子得分系数。由 PCA.xlsm 返回，与图 6.6 一样。
- O2:Q21 是计算得到的因子得分，这可能要比较图 6.9 中 PCA.xlsm 返回的结果。

这里讲述了 O2:Q21 中因子得分是如何计算得到的。每个因子有 3 个系数——见 K3:M5。每条记录的 3 个标准化变量得分乘以相关系数，求和后得到因子得分。因此，第一条记录在第一个因子上的得分可以计算如下：

```
=F2*K3+G2*K4+H2*K5
```

如果尝试用这种方法计算每个因子得分，则很多地方会出错。MMULT() 函数可以提供帮助：该函数也能返回第一条记录在第一个因子上的得分：

=MMULT($F2:$H2,K$3:K$5)

注意使用美元符是创建混合引用。一旦输入首个 MMULT() 公式，就可以向右拖动得到第 2 个、第 3 个因子得分。拖动前 3 个公式，得到后面 19 条记录的 3 个因子得分。混合引用使得在前面的单元格中，标准化得分在正确的列，因子得分系数在正确的行。

6.2　Excel 中的旋转因子

PCA.xlsm 工作表也能完成标准的因子旋转。这种旋转是最大方差法（Varimax）旋转，主成分轴的旋转校准简化了因子结构矩阵。这种因子简化旨在对任何给定的因子，其因子载荷接近 0.0 或 1.0。这种模式通常称为简单结构，通过寻找哪些变量的因子载荷更高，得到更容易解释因子含义的方式。

> **注释**　PCA.xlsm 工作簿也有另一种名为 quartimax 的旋转。最大方差法旋转倾向于简化因子成分的结构。quartimax 旋转（在最大方差法旋转法前提出的）倾向于简化变量，因此这些变量在一个到两个因子上有较强的影响，而在其他因子上影响较小。经验表明，最大方差旋转法和简化的因子结构比 quartimax 旋转和简化变量结构更便于使用和研究。

本书不会深入讨论因子旋转如何运行以及旋转方法如何得到不同的结构化因子。理解这些内容需要阅读大量文献资料，我甚至没有提到坐标轴间成一定角度的斜旋转，而不仅仅是像最大方差法那样垂直旋转。我们关注的是如何先在 Excel 中完成分析，而后在 R 中完成分析。因子分析和旋转有大量高水平的文献。其中两个是 Conrad Carlberg 所著，由 Que 出版的《预测分析：Microsoft Excel》和《决策分析：Microsoft Excel》。

当旋转完成时，因子载荷会发生改变。PCA.xlsm 将因子结构矩阵放入工作表的旋转法，称为旋转载荷。如图 6.11 所示。

	A	B	C	D	E
1		Rotated Loadings			
2			Factor 1	Factor 2	Factor 3
3		Visit Length	0.93580	-0.04435	-0.34973
4		Page Views	0.35919	-0.11187	-0.92654
5		Pages	-0.04171	0.99481	0.09282
6					
7		Unrotated Loadings			
8			Factor 1	Factor 2	Factor 3
9		Visit Length	0.87533	0.27930	0.39470
10		Page Views	0.90264	0.13159	-0.40977
11		Pages	-0.39661	0.91593	-0.06149

图 6.11　旋转载荷倾向于展示简单的结构

图 6.11 展示了用最大方差法旋转得到的因子载荷。为了方便起见，我已加入未旋转的载荷，见主成分工作表，我们在图 6.7 的区域 B30:D32 中已经见过。

图 6.11 中，注意区域 C9:E11 中的未旋转载荷没有太多解释意义。Visit Length 和 Page View 在第 1 个因子上有较大载荷。Pages 在第 2 个因子上有较大载荷，没有变量在第 3 个因子上有较大影响。

通过旋转坐标轴，改变数据点在坐标轴上的投影，可以清除因子结构。图 6.11 中区域 C3:E5 的旋转载荷简化了结构。Visit Length 对第 1 个因子有最大影响；Pages 对第 2 个因子有最大影响；Page View 对第 3 个因子有最大的影响。

尽管最大方差法旋转简化了因子结构，但没有提供太多信息。显然，3 个因子分别代表 3 个原始变量中的 1 个。

如果我们将旋转因子数量减少到 2 个而不是 3 个，那么结果会有些不同。

旋转的因子系数和得分

旋转必然会改变因子结构，如图 6.11 所示，也会改变需要计算每个因子每条记录得分的因子得分系数。

PCA.xlsm 在单独的工作表中返回了这些旋转系数，如图 6.12 所示。

	A	B	C	D
1	Rotated Factor Coefficients			
2				
3		Factor 1	Factor 2	Factor 3
4	Visit Length	1.249673	0.007277	0.483577
5	Page Views	-0.47143	0.099108	-1.27401
6	Pages	0.002697	1.016688	-0.12171

图 6.12 旋转系数始终与未旋转系数不同

可将这些系数用到原始值的标准化结果中（如图 6.10 所示）。最快速的计算是复制图 6.12 中包括系数在内的区域，再粘贴覆盖图 6.10 中的未旋转系数。结果如图 6.13 所示。

	A	B	C	D
1	Rotated Factor Scores			
2				
3		Factor 1	Factor 2	Factor 3
4	1	0.034994	-0.63616	-0.60327
5	2	-0.6189	1.290389	0.991555
6	3	-0.18259	0.147808	-0.08863
7	4	-0.0504	-1.35643	-1.93669
8	5	0.259352	1.131994	-1.42342
9	6	0.647728	1.788571	0.728793
10	7	-0.70768	-0.70594	-0.18911
11	8	0.783308	1.560392	-1.27202
12	9	0.037251	0.214548	-0.7051
13	10	1.162657	-1.18586	1.287543
14	11	0.776538	-0.99173	-0.9665
15	12	0.556693	-1.05847	-0.35003
16	13	1.686613	-0.75746	1.438939
17	14	0.562335	1.068299	-0.60463
18	15	-1.14624	-0.41407	0.992918
19	16	-1.14737	-0.83942	1.043838
20	17	1.16717	0.515555	1.083866
21	18	-2.49375	0.06889	-0.28142
22	19	-1.14286	0.861991	0.84016
23	20	-0.18485	-0.7029	0.013207

图 6.13　基于旋转成分的因子得分估计值

6.3　用 R 语言进行主成分分析

现在看如何用 R 语言而非 Excel 完成主成分分析。R 语言提供了很多返回主成分分析的软件包和函数。其中有 princomp（在 stats 软件包中），prcomp（也在 stats 软件包中），fa（在 psych 软件包中）和 principal（也在 psych 软件包中）函数。此外，还有一些其他函数。

我通过使用 psych 软件包中的 principal 函数得到了不错的结果。正如前面章节所做，使用 DescTools 软件包中的 XLGetRange 函数，将 Excel 工作表中选定的单元格区域导入数据框。

6.3.1　准备数据

本例中，图 6.1 是打开的 Excel 工作表，选定了区域 B1:D21。想要用列 B 到 D 的第一行标记变量名，因此设定 XLGetRange 中的 header 参数为 TRUE。

注意 Excel 中所选区域不包括列 A 的记录 ID。这不是分析需要的变量，XLGetRange 函数对记录计数，因此将列 A 加入到数据框中没有提供任何信息。可将数据框命名为 PCAData。如图 6.14 所示。

在运行主成分分析前,需要加载 DescTools 软件包和 psych 软件包,以用 XLGetRange 函数创建数据框,并运行 principal 函数。

在开始写本书时,R 是 3.3.0 版。当写本章时,R 是 3.3.1 版。但为了前后一致,仍使用 3.3.0 版。因此,R 警告当前版本的 psych 包安装在 R 3.3.1,我应该为不一致性做准备。

这里我不关心这一点,因为我知道 psych 软件包中的函数应该返回的结果,所以,如果需要,我将下载并安装最新版 R 和要使用的扩展包。而且,暂时使用 R 3.3.0 可能让你注意到 R 的警告信息,正如这里我的做法。

另一个可能需要注意的警告信息如下所示,见图 6.14:

```
The following objects are masked from 'package:psych':
    ICC, SD
```

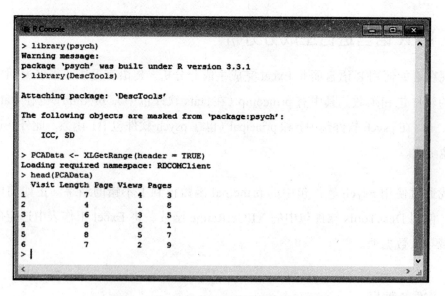

图 6.14 R 提供的一些警告值得引起注意

注意加载 DescTools 后会立即出现该信息。在这种情况下,信息的意思是 DescTools 和 Psych 给出两个对象——这里是函数——名字相同:ICC 表示组内相关,SD 表示标准差。但即使函数意思相同,它们没必要用相同的方法处理相同的问题。因此 R 仅能从两个软件包中的一个识别复杂的名称,从其他软件包掩饰这些名称。

如果要完全避免这种冲突，一种方法是在使用该软件包后，加载可能发生冲突的软件包前卸载软件包。这个例子中可以进行如下操作：

1. 用 library 加载 DescTools。
2. 使用 DescTools 的 XLGetRange 函数。
3. 用该命令加载 DescTools：

```
detach("package:DescTools", unload=TRUE)
```

4. 加载 psych 并继续。

另一种做法不是卸载软件包，而是在软件包名称后面加两个冒号来重复命名。例如：

```
DTICC <- DescTools::ICC(arguments)
```

和

```
PICC <- psych::ICC(arguments)
```

6.3.2 调用函数

下一步是调用 psych 包的 principal 函数，提供一些参数。调用如图 6.15 所示：

```
PCAModel <- principal(PCAData, nfactors=3, rotate="none", scores=TRUE)
```

结果保存到 PCAModel 对象中。这些参数是：

- PCAData：数据框包括要分析的变量。
- nfactors：从数据框变量中提取的因子数。
- rotate：使用的旋转种类。这里选择"无"表示没有旋转。可以指定如最大方差法的其他方法。
- Scores：每个函数文档，如果想要输出因子得分，就需要将参数设定为 TRUE。但只指定 TRUE 不会使函数输出得分：必须明确调用，并单独用一条命令。更多内容见本节后面内容。

使用 principal 函数供选择的旋转方法有（还有其他）：

- none
- 最大方差法
- quartimax

- promax
- oblimin
- simplimax
- cluster

	A	B	C	D	E	F	G
1	> PCAModel <- principal(PCAData,nfactors=3,rotate="none",scores=TRUE)						
2	> print(PCAModel, digits=5)						
3	Principal Components Analysis						
4	Call: principal(r = PCAData, nfactors = 3, rotate = "none", scores = TRUE)						
5	Standardized loadings (pattern matrix) based upon correlation matrix						
6		PC1	PC2	PC3	h2	u2	com
7	Visit Length	0.87533	0.27931	-0.39470	1	-2.22E-16	1.6197
8	Page Views	0.90264	0.13160	0.40977	1	7.77E-16	1.4444
9	Pages	-0.39662	0.91592	0.06149	1	-1.11E-15	1.3726
10							
11		PC1	PC2	PC3			
12	SS loadings	1.73827	0.93424	0.32749			
13	Proportion Var	0.57942	0.31141	0.10916			
14	Cumulative Var	0.57942	0.89084	1			
15	Proportion Explained	0.57942	0.31141	0.10916			
16	Cumulative Proportion	0.57942	0.89084	1			
17							
18	Mean item complexity = 1.5						
19	Test of the hypothesis that 3 components are sufficient.						
20							
21	The root mean square of the residuals (RMSR) is 0						
22	with the empirical chi square 0 with prob < NA						
23							
24	Fit based upon off diagonal values = 1>						

图 6.15　因子载荷和特征值与图 6.7 中相同

图 6.15 中区域 B7:D9 的载荷，与 Excel 返回的图 6.7 中 B30:D32 的相同。principal 函数称它为模式矩阵，也是结构矩阵。注意 principal 将主成分记为 PC1、PC2、PC3 等。

也能找到特征值——总方差分配到每个成分的部分——图 6.15 的 B12:D12。记为 "SS Loadings" 是因为它们是计算因子载荷平方和得到的。例如，第 1 个因子的特征值是 1.73827，可计算为

=SUMSQ(B7:B9)

或

$= 0.87533^2 + 0.90264^2 + (-0.39662)^2$

公因子方差记为 h2，见区域 E7:E9。当调用与变量数相同的成分时，应考虑等于变量数的全部可变性，公因子方差必须等于 1。另一个公因子方差记为 u2，见 F7:F9。名为 com 的列是 Hoffman 的复杂度指标。

结果中有三点需注意：

- principal 函数无法识别指定小数位数的参数。如要控制输出结果，需先将结果保存到 R 的对象中——图 6.15 中该对象名为 PCAModel。然后使用 print 函数在 R 控制台展示结果。图 6.15 中，命令是：

print(PCAModel, digits=5)

- R 3.3.0 的 principal 代码显然缺失了结果后面的回车符。R 的命令提示符在 principal 输出的最后一个字符后面。

设定 scores 参数为 TRUE 或 FALSE，或忽略该参数，对 principal 函数的结果没有影响。因子得分和因子系数都不是 principal 函数的结果。为得到因子得分和系数，可随意设定得分参数或者忽略它，将 principal 结果导入 PCAModel 中，输入命令 factor.scores：

> factor.scores(PCAData,PCAModel)

结果如图 6.16 所示。

	A	B	C	D
27	> factor.scores(PCAData,PCAModel)			
28	$scores			
29		PC1	PC2	PC3
30	[1,]	0.628178	-0.50495	0.346807
31	[2,]	-1.48234	0.899068	-0.16023
32	[3,]	-0.10715	0.099781	0.203978
33	[4,]	1.697235	-1.01914	1.29381
34	[5,]	0.790752	1.351326	0.960946
35	[6,]	-0.61204	1.774997	-0.79023
36	[7,]	-0.12691	-0.84563	0.551117
37	[8,]	0.905969	1.886571	0.535255
38	[9,]	0.437261	0.315387	0.50391
39	[10,]	0.266849	-0.97109	-1.84434
40	[11,]	1.478721	-0.57443	0.063945
41	[12,]	0.934313	-0.79003	-0.23599
42	[13,]	0.382067	-0.43585	-2.27003
43	[14,]	0.45702	1.260798	0.156771
44	[15,]	-1.31118	-0.86668	0.029804
45	[16,]	-1.21572	-1.27684	-0.04875
46	[17,]	-0.11499	0.669576	-1.53013
47	[18,]	-1.49426	-0.61614	1.921014
48	[19,]	-1.59756	0.363823	0.265458
49	[20,]	0.08377	-0.72055	0.046875

图 6.16　因子得分按记录 ID 展示

比较图 6.16 中得分和图 6.10 区域 O2:Q21 中 Excel 计算得到的结果。

可通过 factor.scores 用不同方法计算得分。详情见这些方法的简介文档。

> 注释　通过浏览器，可得到大多数 R 函数的文档和命令。在 R 命令提示符处输入：
> ```
> >??factor.scores
> ```
> 可得到 factor.scores 的信息。

factor.scores 命令也展示了因子系数。如图 6.17 所示。

比较 B53:D55 中的因子系数和图 6.6 中的区域 B30:D32。

尽管从相关矩阵提取主成分的方法得到的成分是正交的，因此是彼此不相关的，但是不能确保用因子系数计算得到的因子得分一定是不相关的。图 6.17 中区域 B59:D61 展示了计算得到的主成分因子得分间的相关系数。前面提到的计算因子得分的不同方法可以带来不同的主成分相关矩阵。

	A	B	C	D
51	$weights			
52		PC1	PC2	PC3
53	Visit Length	0.503563	0.298965	-1.20525
54	Page Views	0.519278	0.140859	1.251274
55	Pages	-0.22817	0.980389	0.187756
56				
57	$r.scores			
58		PC1	PC2	PC3
59	PC1	1.00E+00	-3.39E-16	-1.38E-15
60	PC2	-3.37E-16	1.00E+00	-2.17E-15
61	PC3	-1.42E-15	-2.18E-15	1.00E+00
62				
63	$R2			
64	PC1 PC2 PC3			
65	1 1 1			

图 6.17　区域 B59:D61 展示了基于因子得分的相关矩阵

6.3.3　R 中的最大方差法旋转

使用 psych 软件包的 principal 函数很容易实现旋转，语法是：

```
> PCARotated<-principal(PCAData,nfactors=3,rotate="varimax")
```

需注意 rotate 参数已从"无"变为"最大方差法"而且保留因子数为 3。图 6.18 用 print 命令展示小数结果。

可比较图 6.18 中区域 B7:D9 的旋转载荷与图 6.11 中区域 C3:E5 的旋转载荷。小数点后第三或第四位才倾向于出现微弱的差异，这可能取决于判断根是否收敛的精确性准则。

principal 函数返回了旋转成分的特征值,这是 PCA.xlsm Excel 工作簿无法完成的。在图 6.18 中标记为 SS loadings。注意每个成分的方差几乎平分给三个成分,尽管总方差为 3 是固定不变的。旋转成分中的标签是逆序排列的,尽管文档没有讨论旋转的基本原理。

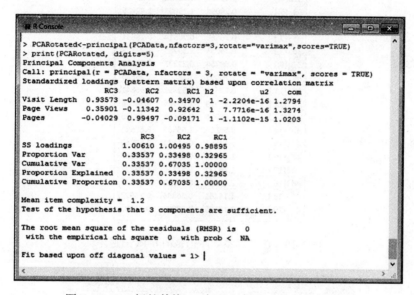

图 6.18　RC 标签替换 PC 标签以提醒这些是旋转成分

图 6.19 展示了对于原始数据框和 principal 创建模型,通过 factor.score 命令可得到旋转因子得分和系数。

成分的标签仍然是逆序的,尽管成分得分本身不是:与图 6.13 比较旋转得分。

旋转系数和旋转成分的相关矩阵在得分后面,如图 6.20 所示。

比较图 6.20 与图 6.12 中的权重。两图通过最大方差法准则得到成分旋转的权重,并达成一致。

主成分分析和因子分析的一个目的是使数据降维:即用小于原始变量数的成分尽可能多地解释数据集中的方差。本章的案例数据仅有三个变量,保持小的数据集使解释更清晰。因此简化三变量数据集可能没有意义。

但当数据集包括 25 个变量时,所有这些变量就显得尤为重要,而且其中一些变量存在强相关，数据降维看起来像一个浩大的工程。一个问题是回答需要保留的成分数。

	A	B	C	D
26	> factor.scores(PCAData,PCARotated)			
27	$scores			
28		RC3	RC2	RC1
29	[1,]	0.03408	-0.63688	0.60256
30	[2,]	-0.61705	1.29238	-0.99012
31	[3,]	-0.18239	0.14797	0.08879
32	[4,]	-0.05237	-1.35852	1.93517
33	[5,]	0.26094	1.13003	1.42469
34	[6,]	0.65029	1.78846	-0.72678
35	[7,]	-0.70869	-0.70514	0.18831
36	[8,]	0.78551	1.55785	1.27378
37	[9,]	0.03754	0.21371	0.70535
38	[10,]	1.16099	-1.18607	-1.28885
39	[11,]	0.77511	-0.99391	0.96541
40	[12,]	0.55518	-1.05965	0.34886
41	[13,]	1.68556	-0.75825	-1.43976
42	[14,]	0.56384	1.06682	0.60583
43	[15,]	-1.14681	-0.41133	-0.99340
44	[16,]	-1.14854	-0.83662	-1.04480
45	[17,]	1.16792	0.51510	-1.08327
46	[18,]	-2.49365	0.07213	0.28145
47	[19,]	-1.14161	0.86456	-0.83922
48	[20,]	-0.18585	-0.70262	-0.01400

图 6.19　注意标签顺序仍是图 6.18 的逆序

	A	B	C	D
1				
2	$weights			
3		RC3	RC2	RC1
4	Visit Length	1.249691418	0.006037826	-0.4835469
5	Page Views	-0.47131385	0.098354716	1.2741138
6	Pages	0.004141826	1.016546322	0.122845
7				
8	$r.scores			
9		RC3	RC2	RC1
10	RC3	1.00E+00	2.67E-16	-8.75E-16
11	RC2	2.68E-16	1.00E+00	-1.99E-15
12	RC1	-8.62E-16	-1.97E-15	1.00E+00

图 6.20　标签保持逆序，尽管权重与 PCA.xlsm 结果一致

Henry Kaiser 是一位最大方差法因子旋转的重要研究者。特征值为 1.0 的成分应该保留到后续分析。Kaiser 推断说成分的特征值是共享方差的测度，而非特定方差：成分的方差应该控制一个以上变量贡献的方差。本章列举的所有例子中，当成分从相关矩阵而非协方差矩阵中提取，所有变量贡献的方差都是 1.0。

因此，因为成分被认为代表共享方差，一个成分应该有至少为 1.0 的特征值。这是个直观的参数，但我总会发现它具有吸引力——不仅仅是碎石检验这样的工具，

这要求数值型而不是 Kaiser 准则的主观经验。

当下,有两个共有总方差的成分。图 6.6: 成分 1 和 2 的特征值为 1.738 和 0.934;第三个初始成分的特征值为 0.327,相当小。尽管第二成分的特征值小于 1.0,在真实世界中,再将它用于进一步分析。

因此再运行 PCA.xlsm,像之前一样指定最大方差法作为旋转法,但只保留两个成分。图 6.21 展示了结果因子结构矩阵,每个成分都有载荷。

	A	B	C
1	Rotated Loadings		
2			
3		Factor 1	Factor 2
4	Visit Length	0.918748	-0.01047
5	Page Views	0.898174	-0.15927
6	Pages	-0.08809	0.994213

图 6.21　简化模型中,通常得到比原始变量数少的成分或因子

简化的最大方差法得到的因子系数如图 6.22 所示。

	A	B	C
1	Rotated Factor Coefficients		
2			
3		Factor 1	Factor 2
4	Visit Leng	0.572077	0.125228
5	Page View	0.537218	-0.02978
6	Pages	0.092085	1.002369

图 6.22　每个因子仍有三个系数,但每个变量只有两个系数

因子系数矩阵不再是方阵,但图 6.10 用 MMULT() 得到因子得分的非简化方法效果仍不错。因子得分如图 6.23 所示。

检验这些结果和 R 的 principal 函数返回的结果。下面两条命令可得到汇总后的结果:

```
> PCARotated2 <- principal(PCAData,nfactors=2,rotate="varimax")
> print(PCARotated2,digits = 7)
```

结果如图 6.24 所示。

观察这些简化和旋转的结果,猜测第一成分与访问网站所花时间有关: Visit Length 和 Page Views 参数都可能随着访问站点所花时间的增加而增加。网页数对不同成分都有较强的影响,表明时间没有均等地分配给站点的网页,而一些网页用掉更多时间。

通过简化旋转方法和因子系数的因子得分完成这项工作。得分如图 6.25 所示。

	A	B	C	D	E	F
1		Factor 1	Factor 2		Rotated Factor Scores	
2	1	0.437266	-0.67703			
3	2	-1.12391	1.320026			
4	3	-0.07029	0.12844			
5	4	1.290078	-1.50165			
6	5	1.175971	1.033666			
7	6	-0.0221	1.877423			
8	7	-0.38668	-0.76268			
9	8	1.453838	1.50542			
10	9	0.514317	0.16169			
11	10	-0.05244	-1.00572			
12	11	1.222683	-1.01075			
13	12	0.63808	-1.04401			
14	13	0.225423	-0.53397			
15	14	0.83071	1.052807			
16	15	-1.51736	-0.40982			
17	16	-1.55588	-0.82918			
18	17	0.10166	0.671728			
19	18	-1.61225	-0.11438			
20	19	-1.40178	0.848271			
21	20	-0.14734	-0.71029			

图 6.23 因子得分在简化解法中发生改变,因为坐标轴旋转到不同的轴时仅需要两个成分

	A	B	C	D	E	F
1	> PCARotated2 <- principal(PCAData,nfactors=2,rotate="varimax")					
2	> print(PCARotated2,digits = 7)					
3	Principal Components Analysis					
4	Call: principal(r = PCAData, nfactors = 2, rotate = "varimax")					
5	Standardized loadings (pattern matrix) based upon correlation matrix					
6		RC1	RC2	h2	u2	com
7	Visit Length	0.918801	-0.00385	0.84421	0.15579	1.000035
8	Page Views	0.899299	-0.1528	0.832085	0.167915	1.057689
9	Pages	-0.09525	0.993553	0.996219	0.003781	1.01838
10						
11		RC1	RC2			
12	SS loadings	1.662006	1.010509			
13	Proportion Var	0.554002	0.336836			
14	Cumulative Var	0.554002	0.890838			
15	Proportion Explained	0.621888	0.378112			
16	Cumulative Proportion	0.621888	1			
17						
18	Mean item complexity = 1					
19	Test of the hypothesis that 2 components are sufficient.					
20						
21	The root mean square of the residuals (RMSR) is 0.0955395					
22	with the empirical chi square 1.095335 with prob < NA					
23						
24	Fit based upon off diagonal values = 0.9453229>					

图 6.24 只有两个成分,而不是三个,两个变量在第一成分上有较大贡献,第三变量在第二成分上有较大贡献

	A	B	C	D
1	> factor.scores(PCAData,PCARotated2)			
2	$scores			
3		RC1	RC2	
4	[1,]	0.44213	-0.67387	
5	[2,]	-1.13339	1.311899	
6	[3,]	-0.07121	0.12793	
7	[4,]	1.300859	-1.49232	
8	[5,]	1.168498	1.042105	
9	[6,]	-0.03562	1.877215	
10	[7,]	-0.38118	-0.76544	
11	[8,]	1.442961	1.515848	
12	[9,]	0.51314	0.165389	
13	[10,]	-0.0452	-1.00607	
14	[11,]	1.229931	-1.00192	
15	[12,]	0.645582	-1.03938	
16	[13,]	0.229263	-0.53233	
17	[14,]	0.823107	1.058761	
18	[15,]	-1.51437	-0.42073	
19	[16,]	-1.54987	-0.84036	
20	[17,]	0.096821	0.672443	
21	[18,]	-1.61139	-0.12599	
22	[19,]	-1.40785	0.838156	
23	[20,]	-0.14222	-0.71133	

图 6.25 此时可能要看因子得分如何与描述用户而非网站的变量有关

由 principal 计算的系数如图 6.26 所示。

	A	B	C
1	$weights		
2		RC1	RC2
3	Visit Length	0.571161	0.129345
4	Page Views	0.537419	-0.02592
5	Pages	0.084865	1.003006
6			

图 6.26 将这些系数与图 6.22 中 PCA.xlsm 返回的结果相比较

推荐阅读

统计学习导论——基于R应用

作者：加雷斯·詹姆斯 等 ISBN：978-7-111-49771-4 定价：79.00元

应用预测建模

作者：马克斯·库恩 等 ISBN：978-7-111-53342-9 定价：99.00元

实时分析：流数据的分析与可视化技术

作者：拜伦·埃利斯 ISBN：978-7-111-53216-3 定价：79.00元

数据挖掘与商务分析：R语言

作者：约翰尼斯·莱道尔特 ISBN：978-7-111-54940-6 定价：69.00元

R语言市场研究分析

作者：克里斯·查普曼 等 ISBN：978-7-111-54990-1 定价：89.00元

高级R语言编程指南

作者：哈德利·威克汉姆 ISBN：978-7-111-54067-0 定价：79.00元